难忘的考研岁月

2013

主 编 薛 浩
副主编 姚 军 曾 明 洪 林

苏州大学出版社

图书在版编目(CIP)数据

难忘的考研岁月：2013 / 薛浩主编. —苏州：苏州大学出版社，2013. 11
ISBN 978-7-5672-0697-7

Ⅰ. ①难… Ⅱ. ①薛… Ⅲ. ①研究生-入学考试-经验-中国 Ⅳ. ①G643

中国版本图书馆 CIP 数据核字(2013)第 269497 号

难忘的考研岁月 2013
薛　浩　主编
责任编辑　许周鹣

苏州大学出版社出版发行
(地址:苏州市十梓街1号　邮编:215006)
扬中市印刷有限公司印装
(地址:江苏扬中科技园区东进大道6号　邮编:212212)

开本 787×960　1/16　印张 15.25　字数 258 千
2013 年 11 月第 1 版　2013 年 11 月第 1 次印刷
ISBN 978-7-5672-0697-7　定价:28.00 元

《难忘的考研岁月 2013》编委会

序

今年春天，我校有367名应届毕业生收到国内外知名高校的录取通知书，成为2013级硕士研究生，考研录取率继续位居全省同类高校前列。欣闻此讯，备感振奋。在盐城工学院，备战考研，已经成为校园里的一道亮丽风景，成为推进校风、教风和学风建设的重要举措；决胜考研，已经成为我校学子超越自我、实现抱负、成就梦想的新的起点！

品味过程的艰辛，方可体味成功的喜悦；聆听胜者的心声，妙在激励后来人。我们编写《难忘的考研岁月》，旨在记录我校考研学子的心路历程，通过他们那些憧憬、渴望、欣喜、自豪等充满青春活力的文字，使读者能够直接感受到他们成功的喜悦与艰辛的付出，也为学弟学妹提供学习的榜样和精神激励。正如他们在书中写到的那样："考研历程真的很艰辛，对身体和精神都是挑战，但人生能有几回搏？追逐梦想是我们的动力，只要坚持就一定会成功！""我们最大的敌人就是自己，要想成功，我们就必须战胜自己，不放弃、不抛弃、不言弃！""从初试到复试，一路走来有心酸，有汗水，更有收获。无论是痛苦还是快乐，经历过的人都会将它视为自己走向成熟的一段经历、克服人生困境的一种能力，视为自己人生的一笔宝贵的财富……坚持下来，蓦然回首，风景却是别样的美丽。"

学子的成功与学校的奋斗同在，学子的拼搏精神与盐工精神同源。走过半个多世纪的盐城工学院，坐落在风景秀丽的黄海之滨、新四军重建军部所在地——盐城，而盐城，曾是新四军浴血奋战的地方，在抗日战争的血与火中铸就的"铁军精神"，成为我们党和国家取得战争胜利、进行社会主义现代化建设的强大法宝和力量源泉；新四军老战士用"铁军精神"办学，奠定了盐城工学院崇尚和践行"铁军精神"的光荣传统。半个多世纪以来,数代盐工人坚定信念,不懈奋斗,使学校从无到有,不断发展壮大,成为盐阜大地上的第一所本科院校,为江苏特别是苏北地区的社会经济发展作出了重要贡献。盐工的办学历史、文化底蕴、学科特色,以及社会对盐工的评价,已成为盐工的宝贵资源;以"铁军精神"办学,以"铁军精神"育人,已成为盐工充满生机、走向辉煌的不竭动力。

如今,盐工的围墙内外发生了巨大的变化,但我们"培养德才兼备、全面发展、适应社会与市场经济需要的人才"的宗旨没有变,盐工的大学精神与大学文化没有变。《国家中长期教育改革的发展与规划纲要(2010—2020年)》指出:要"关注学生不同特点和个性差异,发展每一个学生的优势潜能","尊重教育规律和学生身心发展规律,为每个学生提供适合的教育"。为此,我们在新生入学不久,以学生优势潜能的发掘为出发点,通过教师和辅导员的细心指导,激发学生兴趣,增强学生自信,引导他们正确地认识自我、确立目标、制定好大学时光的生涯规划;以扩展学生的发展空间为支点,给教师自由选择教学内容和教学方法的自由,给学生选择学习方法与发展方式的自由,在全校营造一种积极向上、平和竞争的学术氛围。我们深切地感受到,学校之所以神圣,就在于它是展示秩序与和谐之所,是培育自由与平和之地;心田洁净、目标清晰,为我们的大学生今后的人生和事业发展打下坚实的基础。无论考研与否,教人求真务实,是我们不变的追求。

《难忘的考研岁月 2013》由校党委常委、副校长薛浩教授主编,由苏州大学出版社正式出版发行,希望这本凝聚了集体智慧的小书,能起到抛砖引玉的作用,使更多的学者、教育工作者对考研指导产生兴趣,同时也为考研学子在茫茫征程中指明方向,让希望的火花照亮每个考研学子的心田。

姚冠新

2013 年 9 月 28 日

(姚冠新同志系盐城工学院党委书记,教授,博士生导师)

目录

天道酬勤

信息学院　钮　伟

我于今年考取南京大学电子科学与工程学院物理电子学专业研究生。

在准备考研的时候，我咨询了很多学长，想从他们那里学习些经验教训，让自己少走些弯路。几位学长的介绍，尽管我也听得很认真，但稍加整理还是觉得空荡荡的，零零碎碎不完整，收获十分有限。我在这篇文章中极为详细地记录了自己在整个考研过程中的学习过程、心路历程，认认真真总结了自己的经验教训。文中的每一笔我都写得十分慎重，每一句都十分用心、反复修改，力求真切、务实地表达当时的情况和感受。学弟学妹如能反复阅读，我想定能少走很多弯路，取得自己想要的成绩，考进理想的学校。

一、大三上学期

在这个学期，学校内有许多针对大三的考研讲座，可以去听一下，因为毕竟在这个阶段对考研的各个方面还知道得不是很全面。很多考研机构有考研全程策划，看后可以对自己的整个考研有一个很好的规划。但在这里提醒大家的是：考研机构给大家的这些服务终究是广告，关键要自己安排。在大三上学期结束前，要根据自己的实力和日标院校所考的专业科目确定自己的考研院校和所考专业。

在这学期，主要就是多收集考研的资讯。我当时为了获得最新的资讯，向当时大一的同学要了学校发的《光荣与梦想》，我把其中的每篇文章都仔细地读了一遍，并在笔记本上记下了之前各位学长所提及的各种好书和好的学习方法。我个人认为这个方法很好，因为这本书只发给大一新生，不论是谁想考研，我建议一定要找一本最近的来看，这里汇集着所有考上研究生同学的智慧和经验。

二、大三下学期

在决定考南京大学之后，我又找了许多学长交谈。当时由于成绩没出来，最后有人考上了，有人没考上。所以，我兼得了两方面的经验。我一直很奇怪，现在的学弟学妹交流经验，都只跟那些考研成功的人交流，很忽视别人失败的教训。我想，如果有可能，大家可以私下里去找这些人聊聊天、谈谈心，或者从侧面来了解他们的想法和历程。

过完寒假，我来到学校。那是 3 月份。我买了星火词汇，一共 3 本。但在教室里有好多人买了“新东方”的绿皮书。我感觉都不错，其实这两个任何一个都行，关键是要坚持。其实大三下学期的主要任务就是英语单词和数学。单词的记忆方法，我推荐大家可以从网上搜索《杨鹏 17 天记忆 GRE》这篇文章，建议大家认真看两遍，学习他的方法，单词不是死记硬背，关键是熟悉度、认知度。要是有条件、有时间，大家可以从网上下载“新东方”的《刘一男 5500》的视频，不过听说这个家伙现在跳槽到文都考研了。反正这个视频还挺有意思，听着不枯燥，大家就当娱乐，放松心情。这个学期，我还把《新概念英语 3》的文章都大声阅读和翻译了一遍，感觉收获不是很大。也许这些知识都润物细无声了吧。对于初期没有阅读的书籍，《新概念英语》还是不错的。

这个学期，我还尝试到不同的自习室自习，如图书馆、博学楼 102，我发现博学楼 102 最适合我。于是，我很早就占了座位。我想说，要考研，各项工作一定要提前准备，当时 12 月底就放假可以回家了，但为了占座，我又在学校待了一个月，终于占到了理想的位置。我说这些，因为我是个敏感的人，会很轻易地被各种事情打扰，所以我只能提前准备。大三时，我晚上坚持跑步，一边跑一边听单词，很疯狂，我的内心非常非常坚定。我自己打印了黑字——“目标高于一切”3 份：贴在我的书桌、侧墙和寝室柜子上方。我回到寝室，时时刻刻在任意一个角度都可以看到这些字条，提醒自己不要懈怠。

大三下学期，还有一件重要的事情，那就是去看学长的复试。你可以从你想报考的学校网站上查到学长什么时候、在哪个地方复试。我大三时，从网上看到南京大学什么时候复试，我请了三天假到南京大学。在那里，我从各位复试学长处要到了专业课的真题、复习要点还有复试真题，关键还有他们的 QQ，以防自己在复习时有问题能及时和他们沟通、联系。

三、大三暑假

这个暑假是关乎你考研成功与否的关键基础期。这个时候，天气很热，经常下雨。在家复习或者在学校复习是你需要选择好的。我的自制力很差，我选择了留在学校。学校的条件当然和家里没法比，炎热、食堂的饭单一、晚上蚊子多等，这些会一直左右着你，让你想回家歇歇。但这个时候，你更加要咬牙坚持下去。回家超过一个星期，之前的学习就废了，学习最怕不连贯。7 月、8 月是盐城的梅雨天，几乎一个月都下雨，但气温都在 30 度左右，我每天就是穿着大裤衩和拖鞋往返于食堂宿舍和教室。现在想想这一切都很美好。

四、准备初试

从7月1日到8月1日:复习全书、《概率论》、张剑的《阅读150篇》《星火英语》,这是这个月的学习内容。这四本书我是同时开始的,一天的安排大致这样:早中晚我都会背诵单词,没有具体时间安排,而是按照这一天的任务。我每天背诵20页单词,采取的是滚动式背诵。按照人类大脑记忆曲线,在背诵今天的单词前,我会先看昨天的,往前数第3天的、第7天的、第21天的,所以任务还比较重。这一期间,我都是默记单词,没有读。把自己不认识的做上标记,以便翻看。其余的时间,都是半天复习全书,半天英语。我按照自己的规划,一丝不苟地完成每天的任务。这一段时间,我的心情很好,斗志也很高涨。我觉得自己每天都学到了知识,所以很骄傲。每天做四篇阅读理解,做得比较慢,而且正确率很让我崩溃,我几乎丧失了对英语的自信。我一直以为英语是我的强项,结果我发现正确率不足百分之六十。在这里想和大家说,因为好多人选择的是张剑的《阅读150篇》,加之之前许多学长也推荐这本书,我也买了这本书。但第一次做错误的比正确的多多了,甚至有时一篇文章全错。能全做对一次,就好欢欣鼓舞。但我和大家说的是,我并没有感觉这本书有多好,完全是打击人的自信心,在之后做英语的考研真题,完全没有那么难。不过对于初期做阅读,这书还是很适合的。不过,大家不要在意你的正确率,完全没意义。关键是熟悉这种文章、文体和问题的形式。我一小时做四篇阅读,但是做完后要花一个多小时分析自己错误的原因。我不断地训练自己的英语思维。这个期间,我发现自己对单词的掌握还是比较到位的。每一次做完,我都要写下自己的感悟,下次训练之前,我都会看看这些教训,然后再练,有些效果。复习全书一定要按照自己的计划,就是被乱棍打死也要按时完成。我当时为了节省时间,每天中午在教室里趴着睡觉,得了胆囊炎,完全扰乱了自己数学的复习计划,复习全书一直拖到9月以后才看完。我想这是我数学分数考得不高的一个原因。

9月开学后,我开始复习专业课。由于我报考的是"985"院校,他们在专业考试方面要求比较严苛。既没有考试大纲,也没有考试真题答案,而且还考2门专业课,有3本厚书。全凭自己复习。这就占用了我大量的复习时间,其他科目的时间只能被压缩,这是数学没有考上高分的另外原因。

10月开始,数学复习全书看第二遍。这时政治可以开始看了,我和大家一样,买了肖秀荣的《2000题》、政治的《红宝书》、政治的《风中劲草》,但是政治的《红宝书》实在太枯燥，我根本没有看下去。我今年考研中政治的成绩最高，我觉得看《红宝书》完全没有必要，既占时间，又记不住。如果你有过目不忘的本领，看了《红宝书》定会有很大收获。如果没有，那就看《风中劲草》足够了。关键是选择题，一定要把自己不知道的知识点记下来。我的方法是，把自己不会的、记不住的用手机录音，每天吃饭、洗脸、上厕所、走路都听，效果非常明显。这时英语可以开始做真题了，真题是非常珍贵的材料，做一套少一套。所以一定要珍惜每次做真题的机会。我的方法是每年的真题要做好多遍，第一遍按照考试要求，不论大小作文，还是翻译，要全部按照考试时间做完。再快速订正，只想想自己做错的题目。第二遍至关重要，我把所有的阅读理解翻译了一遍，把所有的生词全部摘录并记忆，仔细思考问题所提问的方式和各个选项设置的方式。第三遍再次模拟一遍。其中第二遍非常重要，但极其枯燥与繁琐，只要真正坚持做几套，你就会发现对于考研英语你会有质的提高。

11 月时，经同学推荐，我看了毛纲源的数学复习书。他的书各项归纳非常详细，技巧性也很强，书中还有许多结题规律，很值得一看。考研论坛上评价很高，有人甚至说价值甚至超过李永乐和陈文灯的复习全书。我也这么感觉，但总觉得不看李永乐的复习全书心里不踏实。因为我复习专业课占用时间太多了，这本书只看了高数部分，各位学弟学妹如能多看几遍定会受益匪浅。数学真题在这个月也要做了。数学真题我做了两遍，第一遍完全按照考试要求。第二遍，细细过每道题目，不论大小，归纳它们的知识点、考点。

12 月到了冲刺阶段，这个时候政治成了主角。但其他各科一定不能放下，一定勤加练习，否则后果很严重，这又是我数学考分不高的第三个原因，一起复习考研的同学做了很多数学的模拟题，我也想，但专业课拖得死死的，没有时间去做数学模拟题，没办法，只能多做真题。

我把自己喜欢的几句警语给大家分享："只要努力，就能成功"，"天才就是长时间的忍耐"，"不被人嘲笑的理想是不值得追求的"！

我的考研“四部曲”

人文学院　孟　悦

我是B韩语091班的孟悦。不得不说,从韩语专业跨考汉语国际教育专业,还是感受颇深的。目前,已被江苏师范大学语言科学学院汉语国际教育专业录取为硕士研究生。现在静下心来写这些东西,谈不上什么经验,最多是对自己考研路的一个回顾。

一、目标

我庆幸我是一名盐工学子。从大二的时候我就看到仁和楼的阶梯教室每天晚上坐满了复习考研的同学,到了大三,校新图书馆建成,位于一楼的24小时自修室也是洋溢着浓浓的学习氛围。所以,我领略到工科院校的学生独有的一份执着与坚毅。大三上学期,我作为学校的交换生到韩国江陵大学学习一个学期。在韩国的一个学期,我看到了中文在韩国社会的用武之地。由于竞争激烈,好的机构更需要具有较高中文教学能力与韩文功底的优秀人才。当然,收入也是十分可观的。所以,结合自身的性格与专业背景,我在回国后毅然决定跨考汉语国际教育专业。

二、复习

为了获得充裕的复习时间,对于大四上学期的课,需要跟老师进行很好沟通,权衡轻重。复习的时候,我没有采取起五更睡半夜的方式。首先从不熬夜,每天七八点吃完早饭去图书馆看书,晚上熄灯之前回宿舍睡觉。早晨会有一小时的晨读,什么都读,看政治、韩语、专业课,都过一遍。因为只有一小时,所以速度要快,思维不可以懒惰。读的时候要有放电影一样的感觉,不能像小和尚念经一样,读完就抛到脑后去了。这就是一天中的承上启下。早上、中午、晚上分别看什么,或者穿插着看什么,这个根据自己的喜好。还有,累了就要调整一下状态。例如,晚上9点钟去操场跑步,跑三到五圈,神清气爽,而且可以考虑清楚许多白天想不明白的问题。毕竟看书不只有坐着看,还可以站着看、跑着想。

到了最后20天的时候,天气已经相当冷了,但那时大家学习都快学红眼了。晚上有人直接不回宿舍,学到凌晨,拿一床被子直接蒙头一盖就睡了,我是十分佩服这样的勇气的。到了距离考试还有10天的时候,我长这么大头一次觉得火烧眉毛了,那个时候开始熬夜,电话也关机了。夜里到两三点才睡,很奇怪,第二天并不觉得累,反而觉得像波浪一样,越来越有力量,好像就等最后的冲锋号一吹,就上战场了。当然了,如果早点准备,也不会这样临阵磨枪。

三、初试

考试的时候天气十分寒冷,考前一定要注意好保暖。准备的东西也要多次检查好,笔、准考证、身份证、学生证等,这些都放到一个考试袋里。考场的板凳比较冷可以带个坐垫。暖宝宝、毯子、水杯、巧克力、手表等也可酌情选择。进了考场,放下一切杂念,就此一搏了。考完一门之后也不要过多地交流,考完就考完了,应该认真准备下一门。不可以因为自我感觉没考好就放弃后面一门。事实也证明,大多数坚持到最后的人,取得了胜利。还有一件重要的事情,不要以为考研像大学里的哪门课考试,考完就把复习的书扔掉了。准备复试的时候,也是要看书的,不要一激动就把书,尤其是笔记丢了、扔了,甚至烧掉。到时候,怕是想用的时候就后悔莫及了。

四、调剂及复试

大年二十九的晚上,接到同学的一个电话,说是34所自划线学校里中山大学率先出分了。我是又惊又怕,不敢查。毕竟年都还没过完,但是不查吧,心里又痒痒的。索性长痛不如短痛,还是拜托同学查了。总分还可以,单科也还满意,只是排名比较靠后。当时就知道没戏了。失望、失落在所难免。年也没怎么过好。但是觉得自己辛辛苦苦付出了,还是想尽全力等到开学的时候,积极争取调剂。

从开学到网上调剂系统开放之前,我一直往全国各地打电话,只要哪个学校有我的专业,我都打了。但是大多数学校给的回答是,现在调剂系统还没有开放,所以校方也不清楚。有些学校会告诉你,往年这个专业基本都招不满,今年也可以继续关注。但是当我说出我的二外是韩语时,多数学校直接拒绝了。因为在四门统考科目里,我只有一门政治是全国统考的,其余外语、专业课一和专业课二都是学校自主命题的,这就很有局限性。本来是想通过自己考小语种,发挥优势,但是到了调剂却成了短板。没有办法,只有等到网上调剂系统开放,一直到4月中旬都没有结果。网上缺额的院校就只剩几个了,而且都填报过,也都被拒绝了。那时是彻底绝望了,一气之下,参加公司面试去了,准备工作。过了几天在网上又填了一个江苏师范大学,结果晚上11点多收到电话通知我去复试。兴奋的同时也伴随着紧张,毕竟专业课好长时间没看了，并且还是跨考，当天就熬夜到凌晨3点多钟。

面试的时候，着装要大方得体，不能过于活泼也不能过于正式。面试中会有英语口语、专业课问答和一些生活上的闲聊。由于我学的韩语专业，所以英语口语面试时，就告诉了老师自己的情况，老师也没有太为难我。专业课题目还是比想象中的要难，但是老师主要看你解答时的逻辑思维以及语言表达能力。还有一点就是：要展示自己的优点，如有一两项才艺展示的话也会给自己加分不少。所以，只要有一线希望就不要放弃。一些细节，可做可不做的，你做了，你就不同于他人。

考研其实是件很快乐的事

土木学院　房　磊

我是B土木095班的房磊。四年前大学刚入学的时候，我翻开了由当时考研学长撰写的考研心得汇编《光荣与梦想》一书，甚为羡慕，却从未想到四年后的我也能有幸为学弟学妹写点东西。

不知道大家有没有听说过“吸引力法则”，大意是如果非常想做一件事，那么一般最终都会达成。一年前我准备考研的时候，听了考取研究生学长的报告会，我当时坐在下面，暗暗告诉自己，一年后的我也要站在那里。自此，我开始了自己的考研生活。

一年的时间不算长，却也不短。我相信坚持了一年，不论考没考上，对自己都有不小的收获。我的经历也告诉我，最后考取的那些人，往往不是最聪明的，但一定是最勤奋的。总有那么一小批人，你去教室的时候他已经在那里，你走的时候他还没离开，而最终取得特别高分的往往也就是这部分人。这很容易理解，别人并不一定比你笨，大家智商都差不多。如果你智商一般，又不想付出超出常人的努力，最终的结果就可想而知。最怕的是，一些同学自恃聪明、基础好，而不付出努力，不屑于向其他同学请教。这样的同学，没关系，时间会给他的人生一个答案。

下面就进入正题吧。首先是学校的选择。依照我的经验，除非你有特别特别大的毅力和实力，不然不要报考顶尖的院校，诸如你所报考的专业是全国前几名。想一想，即使你的初试成绩还不错，进入了复试，但是在复试者成绩都差不多的情况下，如果你是主考官，你是愿意选择“985”院校或“211”院校出身的学生还是普通高校的学生？答案不言而喻。不要说我危言耸听，因为这是周围同学的惨痛教训，希望大家引以为诫。我在和一位低年级同学交流的时候，他告诉我他想考某大学的日语专业，因为尽管这所大学的日语专业在全国院校中并不算名列前茅，但是它本身是一所重点综合性大学，所以选择这所学校，对于以后直升本校的博士有很大帮助。这种长远的眼光不得不让人佩服，而依照自身实力拾级而上、循序渐进也不失为一种理想的选择。

至于学术型硕士和专业型硕士的选择，我没什么可说的，因为孰优孰劣最终只能由社会判断。专业型硕士出现的时间不长，目前发展态势良好，难度较学术型硕士小。我们班今年只有一个人考学术型硕士，结果也不是太理想。所以我建议成绩一般的同学可以优先考虑专业型硕士。我本人报考的是英语笔译专业，我觉得对于英语学习者而言文凭并不重要，一切都得靠实力说话。加之英语的学术型硕士要考二外，我的二外日语很差，所以当时毫不犹豫地选择了专业型硕士。我觉得学术型硕士也好，专业型硕士也罢，重要的不是那一张纸，而是再多给自己一个为期两年或三年的机会，让自己为梦想再奋斗一次。

再谈谈专业的选择，我觉得对于学习而言，能否学好，最重要的就是两个字——兴趣。我本科的专业是土木，学得不算差，但是我对它并不感兴趣，所以没有选择让自己再受几年的“煎熬”。因为喜欢英语，加之基础还行，所以毅然选择了笔译这个专业。这个选择到后来被证明是十分正确的，因为我喜欢，所以学起来就不觉得烦、不觉得累。当其他同学为了考研而考研，学得苦不堪言、焦头烂额的时候，虽然我也会感到困倦，但是心里却感到非常轻松和幸福。所以在这里我建议那些对本专业不是很感兴趣、有其他喜好的同学，如果你真的很喜欢另外一个专业，那么就大胆地跨专业考研吧。没有兴趣、没有追求的青春，与行尸走肉又有何异呢？失败又怎样，为了梦想，我们至少要好好奋斗一次。

下面谈谈几个需要注意的问题：

作息问题。不建议为了考研对自己的作息习惯做太大的改变。习惯早睡早起，那么就保持良好的习惯；习惯夜猫子生活的，也不要苦苦逼自己早起，将近一年的时间，哪怕每天只学 9 小时，只要持之以恒，我相信都可以考上。再加上考研这种持久战，比的不仅仅是谁在教室里待的时间长，更是拼个人的学习效率。我这么说并不是让大家不付出努力,而是说,保持一个良好的精神状态与效率远比死撑着更重要。至于你的身体一天能承受多长时间的学习压力就需要自己测试了,没必要和别人拼体力,学到弱不禁风、面黄肌瘦的可怜模样是完全没有意思的。选对方向,掌握好节奏,一年后的你一定会在心里说:考研其实是件快乐的事。

进度问题。就一句话,无论哪门课,比身边的同学快那么一点点,就没有问题。不要一味追求速度,当然更不能落在大部队后面。相比公务员等考试,考研的录取比例还是十分大的,所以首先做到高于平均水平,有余力的话再精益求精,你一定会笑看风云的。

心态问题。我考试的时候很少紧张,紧张都是因为对自己的实力不放心,或者平时不好好学,心虚造成的。那种"紧张所以没考好"的谎话都是用来骗人的,不信,当你在非常非常紧张的时候问问自己还记不记得字母表,还知不知道 1+1=2。实力决定心态,没有实力就换成努力。这个世界,无论什么时候,努力的人都不会吃亏。

复试问题。其实准备复试的时候是最浮躁的,大家基本都不再像准备初试时那般全身心投入。所以只要沉下去,踏踏实实地、有针对性地查漏补缺,一般都没有问题。

时间仓促,就写这么多吧。如果你立志考研,那就大胆地投入到准备中去吧!要考就好好考,三心二意永远一事无成。在准备的日子里,偶尔提醒自己"吸引力法则",告诉自己,一年后,我也要写一篇这样的文章。

让我们一起期待你的名字出现在这本书上。

你实际上比你想象的优秀多了

化生学院　王亚云

我并没有为考研还是工作纠结很久,我觉得我不太适合工作,也比较想继续搞研究。觉得自己工作能力强的同学,与其摇摆不定地坐在考研教室里看不进书,还不如踏上找工作之路。不管别人说什么,选择一条适合自己的路是至关重要的,现在太在乎别人的想法,将来后悔起来可是要自己买单的。考研成功有很多重要因素,我觉得最重要的就是持之以恒、绝不懈怠。

只要你认真复习,时间到了,功夫到了,基本不会有什么大问题。最后的成绩大半是和你在这门课上花的有效时间成正比的(注意是有效时间)。

关于考研,我想首先说清楚一个问题:考研没有想象中的那么难。我要给真心实意想考研的同学说说我的经历。我就是同学们平时说的那种学渣,平时不听课,考试前背习题。当时决定考厦门大学的时候,我妈都鄙视我,说我考个扬州大学就不错了。有同学说,你是说厦门理工大学吧?另一个同学问明我报考厦门大学之后,只说了一句"神"!当然这时候我还不知道厦门大学化学系很牛(如果我知道了的话绝对不会报考),我想考个"985"院校的渣专业也行。你肯定要问,这么多人怀疑,你就没动摇过?没有,真的一点都没有,很小以来我就一直相信,只要我努力,目标不是太荒唐,没有我办不到的事。相反的例子就是,考研中途换学校的同学,很多都很惨。

下面简单说说我的体会。

首先要说的是我的不足。第一点我觉得拟订一个大概的复习计划很重要,这一点我没有做到,到复习后期越发觉得时间不够,导致更紧张;第二点是,找个相对安静的复习场所。我原先在的教室后座的同学感冒咳嗽了整整两个星期,后来我实在忍不下去,毅然决定换教室。那两个星期少看了很多书。

再一个是很多同学关心的各科复习事项。

英语:主要就是背背单词,我买了一本《红宝书》,后来发现其实根本没必要。单词从4月份一直背到7月份觉得没什么效果,就不高兴继续背了。大概9月份开始做真题,把真题认真做了一遍,不认识的单词圈起来一个个背。考前一个月开始练习作文,2天写一篇。我平时英语不太差,所以没花什么时间。我最后考得也一般,64分。

政治:我是10月中旬开始看的,后来发现这个时间来不及,应该提前半个月看。政治我买了很多资料,《肖秀容1000题》《红宝书》《风中劲草》全套,后来实际在用的只有《风中劲草》。我是背一节的内容,做一节的题目,到考试还剩10天才结束,其实这个时候之前背的题、做的选择题全没印象了,考试时有几道选择题就是《风中劲草》上的,但实在想不起来。结果只考了61分,如果考前能把《风中劲草》再背一遍的话,分数起码能提高8分。对了,考前一定要做肖秀容的三套模拟题,然后背完,含金量很高。

专业课:我考的是两门专业课,但和考数学的同学相比一点也不轻松。我大部分时间都花在这两门专业课上,5月份看其中一门专业课。下面的内容为有报考厦门大学化学系的同学参考。我当时复习的时候没人咨询,相当痛苦。大家都知道厦门大学的无机化学难，物理化学几乎难到了变态的程度。论坛上有人问变态到什么程度，答曰：我第一年考了 76 分，第二年考了 102 分。但题再难，我觉得基础还是最重要的，无机化学书我前前后后看了 4 遍，物理化学书看了 2 遍，都是很仔细地看。我在网上买了厦门大学用的专业课教材（个人认为物理化学课本还是傅献彩版的好，我自己用的也是该版），习题集都是从我们学校图书馆借的。图书馆有一本宋天佑主编的习题册，题很全，你把那本书基本做两遍就行了，还有一本中国科技大学的小册子用于提高（这本书的题目特别难，根据个人情况使用）。物理化学资料是用的课本书后的习题解答和另一本封面差不多的习题集，还有中国科技大学版的小册子，有时间要把这本书的例题看看。总之，我把这些厚厚的习题都做了一遍，熟能生巧，经典题都做好几遍。还剩两个月的时候开始做真题，无机化学题我做了 3 遍，每年偶尔有几道选择题重复。物理化学试卷说实话我都没做完，每份试卷里都有若干题不会做，没人会做。刚开始做第一份觉得刷了那么多道习题应该没什么问题，做完了认真批了之后最多只能得 50 分，被打击得实在不轻，一度想放弃。后来做五六十分也就习惯了，决定放弃物理化学的真题，反正物理化学从来不会有重复的题，老琢磨难题浪费太多时间划不来。倒是把基础题再仔细看了一下，后来我物理化学考了 90 分，虽然不多，但对于这个分数我真的很满意。我有一个诀窍：不会做的题千万别空着，填满，想到有关的公式就写上去。对于政治更是这个道理。事实上我确定会做的大题只有 1 题半，我觉得都是批卷老师送的分。

最后，我想说说复习方法。我身边有很多同学是那种早起晚归的。我是我们寝室的睡神，每天睁开眼基本已 9 点。我每天基本是早上复习 2 小时，下午复习 2 小时，晚上复习 5 小时。我是不睡好根本看不了书的那种，但一到教室就能连续做题，回过神来看一下表都 11:30 了。第二天继续做一天，效率很高。有时候看不进书了，就会睡一早上，下午逛个街，但从来舍不得晚上出去玩。其实我觉得考研一点不辛苦，刷习题很好玩。我平时学习主动性不高，于是都不敢带手机，为看时间还特地买了个表，也省下了不少接电话的时间。看不下去书的时候，我会抬头看看前面一片同学，看到别人在埋头苦干就没脸神游了。

总之，坚定自己的想法，认真走好每一步。不去尝试，你永远不知道自己有多优秀，你实际上比你想象的优秀多了！从小文笔就不好，作文写得像流水账，希望对同学们有帮助。

耐心·努力·机遇

信息学院　郁　超

考研，是一件很辛苦的事，你需要拼出全力去打赢一场战役。然而，对于申请出国留学来说，赢得一场战役是绝对不够的，你需要用尽4年的努力，过五关斩六将，才能换来最终的胜利。我于2009年考入盐城工学院信息工程学院，并于2013年被英国爱丁堡大学录取为学术型硕士研究生。下面是我的一些经验，希望对想要申请国外大学的学弟学妹有些帮助。

一、耐心很重要

国外大学的研究生录取与国内不同，国外大学并不会将一场考试的成绩来作为录取的唯一依据，他们更看重学生的背景（包括GPA，研究经历，获得的荣誉等）。其中，GPA（绩点）对于申请国外大学来说十分重要。因为GPA是几乎国外所有大学的录取标准。这也就是为什么需要努力四年。对于"双非"（非"985"院校、非"211"院校）学生，GPA更加重要，因为国外大学普遍青睐"211"院校的学生，以英国为例，大部分学校对"双非"背景的学生GPA的要求更高。大学四年必须要有足够的耐心，认真对待每一门考试，哪怕是选修课也要坚持到最后，争取得到最好的成绩。否则，这第一关就过不了。

二、努力、努力再努力

想要申请到理想的大学，这并不是一件易事。首先你必须拥有优秀的GPA，并且你需要有一定的研究背景，还需要考TOEFL或是雅思，如果你想去美国留学，那么你还必须参加世界上最难的考试GRE。虽然说起来是多么多么的困难，但是有那么多人可以通过这些考试，我们为什么不能？面对这些困难，我想说，我们唯一能做的就是努力，努力做最好的自己。只要努力，无论什么结果，都是对自己最好的交代！

三、把握机遇

记得大二下学期，我参加了校程序设计竞赛并打败了大三的学长，获得了一等奖。其实这并不是偶然的，因为我为这次比赛做好了充分的准备，在比赛前一个多星期便开始练习。在大四上半学期前的那个暑假，我就开始准备申请大学的材料。成绩单、个人陈述、推荐信、个人简历以及其他各种材料，我仔细检查了一遍又一遍。记得去年的 10 月 1 日，英国学校申请刚刚开始不久，我就向爱丁堡大学、南安普顿大学以及纽斯卡尔大学分别提交了申请材料。在焦急的等待过后，我收到了爱丁堡大学的 offer。不久，又收到了另外两所大学的 offer。收到爱丁堡大学的 offer，让我着实兴奋了好久，因为爱丁堡大学是我的 Dream School 之一，爱丁堡大学的 AI（人工智能）欧洲第一、世界领先。能够收到爱丁堡大学的 offer，我觉得与较早提交申请也是分不开的，毕竟英国大学录取与美国有些不同，英国大学遵循先申先得、先到先得的原则，满足英国大学条件，越早申请就越容易成功。机遇永远只会垂青有准备的人。

梦想的实现必然需要超于常人的努力，成功的背后必然有他人看不到的辛酸。留学，注定是一个人的旅行，路上少不了艰辛和汗水。但这又能怎样？梦想实现的那一刻，所有的付出都将得到回报！最后，建议想要申请国外大学研究生的学弟学妹多多了解相关国家、学校的信息，多多与老师和有经验的学长交流，为自己的考研之路做好铺垫，这样才能事半功倍！

人生能有几回搏

土木学院　彭　来

我叫彭来，2009 年 10 月从盐城中学考入盐城工学院土木学院，进了城镇建设与管理专业学习，2013 年考取（调剂）了广西科技大学结构工程专业硕士研究生。

其实整个考研过程对我来说异常艰辛，每天的自我感觉就是在熬日子，有的时候感觉挺盲目的，机械式运转。整个考研对我有如下几大困难：一是小跨专业考试，我是城镇建设与管理专业，偏向建筑学，考研是结构工程，一些专业课程涉及很浅，导致基础比较薄弱，最后主要也败在了专业课程结构力学。二是孤军奋战，也有一起考研的同学，但无论是作息时间还是生活习惯步调都不一致，在图书馆的位置也相对较远，每天说话不超过十句话，很少交流，复习的时候主观情绪太多，导致后期心态异常不冷静，每天只好自己给自己鼓气，鼓励自己坚持下去，这点还是挺感谢自己能够坚持到最后一刻。三是调剂过程的忍耐。我的第一志愿没有切合实际而定得太高（这点尤其忌讳),最后没有进入复试线,只能选择调剂,调剂过程比较漫长,但幸亏有老师的帮助,也能够联系上热心的师兄师姐,这大大提高了调剂效率,虽然漫长,但也是一种磨炼。

有如此艰辛的经历,有些经验,更多的有不少教训,在此写下以备考研的学子参考借鉴。

首先就是考研学校的选择。这点我就是典型的案例,我报的东南大学结构工程,尽管这一直是我的梦想,但完全超出自身具备的条件,显得不切实际。这点我希望大家尤为重视,与此同时,我建议大家可以先定下两个学校(后期结合实际情况作决定),但这两个学校是有区别的,第一个是非常好的学校,即使达不到,但也可以高标准强化自己,全心投入复习(我也相信,如果我没报东南大学,说不定我连现在的分数都考不到,标准起点不一样),9 月份之前就只以这个学校标准要求自己;第二个就是保底学校,但也要非常切合实际情况,实际情况主要是自身的实力、老师的建议(这点尤为重要,对复试能起到决定性的作用)、资源(该校考研信息来源和试卷真题的获取)等,做出科学、合理的决定。

考研科目上主要就是政治、英语各 100 分,数学和专业课程各 150 分,总分 500 分,其中前三门是全国统考,后一门是学校自主命题,针对这几门课的复习,我是这样安排的。

考试分两天进行,两天的上午考政治和数学,两天的下午考英语和专业课,在复习过程中,我也是按照此类时间分配的,晚上还有大把时间自由分配,到最后一个月的时间里,严格按照此类时间,确保一致的作息时间。

政治:政治我考了 72 分,还算可以,政治的复习我觉得没有必要提前,自己认为这是个可以突击的一门课,但这个突击也是有不少条件的。我 8 月中旬开始复习政治,因为是上午考,所以我基本也是上午看,每天早上花 1 个小时看《红宝书》(各种资料大同小异,但最后的模拟冲刺题肖秀荣最后四套题的参考书绝对好),花 1 个小时练练手,当然,前期就是进度要赶上,后期是要做题目的。政治的学习,哲学上要注意把握脉络,它是自成体系的,系统的有条理的学习尤为重要,该背的要背,理解透彻的背得就快,不理解的也先背背,看看题目,结合真题,有时候也会弄清,当然不懂的可以向老师、同学求助。政治上的细节题千万不要放过,其实以时间、人物为线索把握上就显得轻松点,要做到:某年(某月)某人做了什么,开了哪些会,会议要点是什么等,这个千万不能混淆,但也是需要一定的时间积累的,需要记忆背诵的东西可以准备一个小纸片，记在上面，睡觉前背一两遍，起来后再看看，这样可以加深印象，不易遗忘。有些重要内容还是需要循环记忆的，大概一周时间吧，反反复复，否则时间久了，就会遗忘，那么前期就等于做了无用功，重新再背，浪费不少时间。

英语：英语一我考了 65 分，总体说来我英语是不大好的，从复习到结束，我整整有 4 篇阅读理解正儿八经做而全军覆没，至少我周围的同学不会有这个情况，再差也就错三四个，也不会全错。这里，主要说说一些心得和小技巧。大家都认为背单词才是王道，我还看到有人花大量的时间扑在单词书上，我觉得是没有必要的，背单词是有必要的，但只背那些高频词汇（历年真题上就可以发现，考来考去就这几类），一两千个，其他词汇只要认知，理解特殊翻译（结合语境），考研不考单词拼写，仅仅作文两三百个单词，所以，在牢牢把握高频词汇的基础上再拓展，主要是从阅读、作文入手。前期我也是背单词，但到背作文时发现还是有好多单词不会，自信心剧降，单词都不会，还谈什么背作文啊。这里阅读、作文有不少分类，词汇量也大，同时也是考研英语的两大项目。抓住这两项，英语基本就不用担心，而且分数也不低。当然有些阅读太难了，错的太多也不要沮丧，积累经验才是王道。如果太难就当拓展一下知识面，不需要太过较真，真正把握的是真题，发现错了要一个一个查漏补缺，千万不能放过。至于小技巧，就是历年的真题选择上都是平均分布的，完形填空 20 个，阅读理解题 20 个，几乎都是 5A、5B、5C、5D，所以在做题目的时候先尽自己的能力把会的先做出来，不会的排除两个选项，然后写入答题卡，按照平均分布，符合上述规律做题会大大提高自己的得分率，但也有风险，一错就有可能是一对，错两个就可能是四个，但这个风险相对而言还是比较小的，这是值得注意的地方。

数学：数学一我只考了 116 分，如果在七八月份，130 分不成问题，目标也是定在 130 分，但到后期的时候发现，以前做过的题目，会做的题目都下不了手，甚至想半天才抠出来，浪费了不少时间，花了一段时间反省原因。在七八月份我参加学校和机构的补习班，有大量的题目讲解分析，相对而言有不少训练，思维比较灵活，然而结束后，再翻阅课堂笔记的时候，有的就只看题目，看答案，没有动笔做，眼高手低，时间久了，对数学的感觉就非常差，这也是导致我后期心态极差的原因。数学这一门是至关重要的，拉分很多，在这一门不能体现绝对优势的情况下，要面对现实就会比较残酷了，除非其他几门非常好。数学一在线性代数和概率论方面，有三个特点：题型比较固定,难度不高,知识点范围比较广泛,所以这两门尽量不丢分,多练练题目,多与其他知识点相联系,不能单一化。难点主要是高等数学上面,这里题海战术还是有必要的,关键就是为了理解透彻知识点。书上一些重要的定理、公式不仅要记,有些重要的还需会推导,这也是数学思想和一些基本功的体现。这里,不要遗忘真题,从知识层面上,又不全考,也是有那么几类是高频考点,每年都有,或间隔几年就考一次等,这些是最为重要的。考试的时间分配上也尤为重要,这也取决于自己,千万不能被一题卡住就不动了。考研数学试卷最后几个题目不是很难,有线性代数和概率论大题,题型常规,难度不高的,能做的先做,不会做的,想个两分钟,还是没头绪就跳吧。总体说来,数学一门主要就是抓牢基本功,抓数学思想、数学方法,这几年的计算量都不是很大,有些题只要耐心计算,肯定会做对。

专业课:结构力学我只考了 74 分,这里没有可取的经验可说,有的只是惨痛的教训。此次教训的根本原因是基本功不扎实,概念性理解不到位,我自认为将东南大学的真题基本弄到手,研究真题,考试即使不能拿 130、140 的高分,拿个 110 分、120 分应该是可以的,主要是因为东南大学这几年的真题比较固定,思路也比较清晰,没有小题目,只有八九道大题,所以在复习练题的过程中忽略了小题的训练,还有个别重要题型的学习(差不多 10 年没考了,今年却考上了)。总的说来,还是自己准备不充分、复习不到位,这点我希望大家要注重基本功的训练,基本功扎实了、概念理解了还怕什么呢?在学习过程中遇到不会的,多多和同学、老师交流,因为他们也有自己的一套学习思路、技巧。在专业课复习的同时,不要忘了复试科目的学习(也是我惨痛的教训,导致满足有些院校调剂条件,但复试科目没学过,根本没时间看,放弃了)。既然决定考研,肯定是要打有把握的仗,平时也得看看复试科目,练练相关习题。专业课的复习,总的来说还是要多和老师交流,其他学院我不清楚,但土木学院的老师是非常好的,都热心帮助学生,只要你提出来,无论是考试前还是调剂的时候老师就会帮助,提供真题,帮你联系师兄师姐,对你来说绝对起到事半功倍的效果。所以在此我感谢土木学院的老师们,谢谢老师,你们辛苦了。

考研历程真的挺艰辛,对身体和精神都是一大挑战,但人生能有几回搏,追逐梦想是我们的动力,只要坚持,时时刻刻做个有心人,一定会成功的!

致我们终将逝去的青春

信息学院　顾彤辰

我于 2009 年考入盐城工学院信息学院电子信息工程专业，2013 年考入南京邮电大学电子与通信工程硕士研究生。

就像电影里所说："青春就是用来怀念的。"大学四年毫无疑问是我们青春当中最美好的一段时光，如果能在四年里做一些有意义的事情，以致很多年后我们谈起往事时能够会心一笑，这也算不虚年华了。很遗憾的是我浑浑噩噩地过了大学前三年，没加入什么组织，没参加过什么活动，没获得什么证书之类的，一无建树，可以说我对大学前三年的生活没有一丝留恋。

时光一转眼到了大三下学期，考研是我在高中时期就已经决定的。在沉沦了两年半后，我急需重拾信心，追逐梦想。在这里，我想提醒学弟学妹一下，既然选择了考研，那么选择一个正确的适合自己的目标院校就成功了一半。首先要反复问自己为什么要考研，然后全面分析自己的实力和在考研过程中能保持一个什么样的状态，这样可以基本划定报考学校的层次。我一开始选择的是南京理工大学，可是当我到 9 月份准备专业课时，发现南京理工大学的专业课太难，确实超出了我的能力范围，于是我很快把我的目标锁定在南京邮电大学，原因有几个：

南京邮电大学虽然不是"211"院校，但是电子和通信专业很强，比很多"211"院校强。并且，南京邮电大学的就业还是很好的，每年有很多人去了华为、中兴和运营商，符合我对就业的期许。南京邮电大学专业课不难，通信原理这门课考不了高分，但也不会考低分，大部分都在 110 分和 120 分。还有，南京邮电大学的复试很公平，最后录取时都会把具体的分数张贴出来，而且不会歧视二本的学生，如果报东南大学、浙江大学、电子科技大学之类的名校，我想复试多少会有歧视，建议本科阶段没有什么实践成果的同学谨慎报考。

关于每门学科的具体复习方法，我想有很多学长都会仔细地介绍，我不一一赘述，这些方法因人而异，最重要的是踏踏实实地学，如果每天的学习使自己感觉很充实那就很好了。我报考的是专业型硕士，考数学二和英语二，所以我想提醒一下各位学弟学妹：数学二题目不难，但是容易出错，重要的就是审题和计算,复习时不必纠结那些偏题怪题。英语二重在阅读,阅读比英语一简单不少,基本都能读懂,所以做的时候千万不要瞎蒙,要耐着性子把文章读完再做题目。我考试时阅读错了三个,已经很满意了。至于专业课,如果想考高分就不能把眼光局限于解题方法,死记硬背真题,而要对书上的原理和公式推导了然于胸,方能取得高分,我就是吃了原理没搞清楚的亏,专业课考得不理想。

决定考研就要勇敢地走下去,在青春岁月里为梦想而奋斗,可能以后再也没有一件事情能像考研一样让你心无旁骛地去学习,用汗水去争取未来。我至今仍留恋那段在图书馆上自习的时光,为一个题目讨论到晚上 11 点多,经常回去的时候大脑都已经麻木了。考研的日子里,每天茶余饭后交流学习进度,开一开玩笑缓解一下压力。这些日子虽然苦,但付出终究有回报,这些回忆就是我一辈子的财富。

同学们,用积极乐观的心态去考研,不用考虑结果,只为我们无悔终将逝去的青春!

考研那点事儿

化生学院　郭　杰

我叫郭杰,2009 年考入盐城工学院海洋技术专业。2013 年考取南京农业大学水产养殖硕士研究生。对于考研,我没有别人那种深刻的回忆,没有痛苦,没有喜悦,只是按部就班地度过了那几个月。考研那点事儿,不就是按部就班吗?

——获取信息,准确定位。考研不是闭门造车,在做出考研的决定前,我们要对它有所了解,不仅仅是对考研本身,还包括报考专业的就业前景。同时,还要对自身定位,考虑到兴趣,能力等。未来的一切问题都没有定论,一路上总是有两种言论让人摆来摆去,那不如索性一律不听、不看、不谈。只需明确心中的目标,并向那个目标迈进。既然选择了远方的路,便只顾风雨兼程。

——制订计划,量体裁衣。自己要给自己制订学习计划,并且要按照自己最舒服的生活方式进行,让考研复习变成自己的习惯。习惯是一种强大的力量,当把学习变成习惯时,就不会再认为学习是压力了。认真审视自己的疲劳点与兴奋点,并通过这两个点来制订合理的计划。人不能总是逼迫自己去做某事,否则潜意识里会产生抵触情绪,复习效果也会随之大打折扣,所以尽量按自己的生活方式去复习,这样才会增加自己的学习兴趣,将考研当作一种享受。我每天8点多起床,学习到10点半,然后吃饭,11点去实验室值班(考研的时候,我还干着兼职,考研的前一天,还在上班),下午从2点到5点,晚上从6点半到10点,然后回宿舍休息。

——如人饮水,冷暖自知。考研复习的道路是否艰辛,的确是如人饮水,冷暖自知。不要看到别人有说有笑地出入自习室就内心泛起波澜,不要看到别人已经工作得热火朝天就动摇,不要看到别人出国读研就既羡慕又自卑,要找到属于自己的小快乐,而且要给自己留出时间来享受自己的小快乐。或许你的复习陷入了瓶颈,或许自己对自己的前途感到迷茫,那又怎么样呢?不往前走的话,永远只能留在原地,不向前闯的话,或许永远都找不到对的方向。年轻就是要不断地尝试,不断地发现和寻找未来,值或不值只有你自己清楚。当周围的事物会让你动摇时,就想想自己对未来的规划。

——可以被打败,但不能被打垮。备考的岁月是甜美而充实的,不会面对社会的复杂和人心的浮躁,只是安静地读书,生活在自己的精神世界里。经历风雨后,当你如愿以偿,你就会觉得考研本身只是生命的一部分而已,辛苦的岁月也只是考研中的一部分。因为考研,生命的那一段才填充得很饱满,这便是生活。考研不是刀光剑影的痛苦历练,也不会轻而易举唾手可得,把考研当成幸福,跟着自己的幸福走!

考研路上的那些心酸、汗水和财富

人文学院　单媛媛

从初试到复试,一路走来,有心酸、有汗水、更有收获。然而,无论是痛苦还是快乐,经历过的人都会把曾经的苦与乐看成是自己走向成熟的一段经历、一种克服人生困境的能力和一笔无形的宝贵财富。考研之路走下来,当你回味这段岁月时会感到无尽的欣慰和感动。确实,从最初的踌躇满志,到中期的险些放弃,再到最后平静地走过。一个简简单单的考试,它的心路历程却这般复杂，我很庆幸自己坚持走完了这条路。这一路走下来，风景却是别样的美丽。

一、坚定信念不放弃

下定决心考研之前，我们一定要清楚自己到底为何考研。解决好这个问题是准备复习的先决条件，也就是要先想清楚，再下决心，以此为复习打下毅力基础。从最初的报名、备考、初试，一直到复试，这些都需要我们有坚定的信念和坚强的毅力来完成。就考研本身而言，与其说考研是在跟别人竞争，还不如说是自己对自己的挑战。很多情况下，考研往往是被自己吓倒的。准备考研的过程是枯燥而伴随着各种诱惑的，因此需要大家静下心来，要做出一些取舍，抛开一些事情。看到身边的同学忙碌着投简历，找工作，对仍然坐在图书馆里看书备考的我们来说都是一种诱惑，而考研最忌讳的就是经不起这些诱惑。我复习开始得比较晚，又是跨专业，如果不破釜沉舟、持之以恒，那么能够考上的概率几乎为零。我认为最终我能成功的原因，也就是我比别人多坚持了一会。

二、合理计划不空谈

考研复习是一场持久战，因此制订一个合理的计划非常重要。复习之初，可以去咨询学校的老师，有考研经验的学长，制订一个考研初步计划。制订计划还要注意以下几点：(1)切合实际，不要贪多。做计划要结合自己的实际，根据自己的能力，精心制订。(2)大计划粗略，小计划详细。月计划只要知道个大概即可，随时准备做出动态调整，但日计划必须精确到上午、下午、晚上。(3)严格按计划执行，这是需要毅力和决心的，如果按照计划坚持复习，那你离成功就不远了。

三、精良方法不可少

对于考研复习的经验、方法，大家肯定能各抒己见。但是大家一定要对自己有清晰的认识，有选择地借鉴别人的经验，毕竟学习方法也是仁者见仁、智者见智，没有一个固定的模式可寻。因此，大家要找到适合自己的学习方法，“鞋合不合适，只有脚知道”。

对于政治课的复习，不必买太多的资料，政治复习最关键的一点就是一定要在理解的基础上进行背诵。对于英语的复习，可以按照自己一贯的英语学习方法进行复习。想考好英语，其实不难，贵在坚持。如果你能把“新东方”的几百页单词书倒背如流，如果你能把十年真题熟记于心，英语对于你来说，永远不会是进入名牌大学的拦路虎。对于绝大部分同学来说，专业课的得分至关重要,成也专业课,败也专业课,因此需要在专业课上花费大量的时间。专业课的复习就是在找到充足资料的基础上静下心来,慢慢地啃专业课的书,一遍又一遍地看书,背诵知识点,形成知识体系,最好能达到猜出老师出题重点的程度。

考研是人生一笔财富,它能练就出一个更加坚强的灵魂;它能使我们从一个更高的人生高度认识自己和发现自己;它能使我们在以后的困难面前永不言弃。考研虽然已经过去了,我现在也如愿以偿踏入了理想的学府,但每每回忆起这段经历,总是让人百感交集,感谢在这一段时间里给予很大帮助的学院领导和老师们,感谢那些和我一起奋斗在战场上的研友们,感谢所有给我力量、让我前行的老师和朋友们。

我的考研之路:坚持到底

材料学院　林　斌

记得上届有位学长传授经验时说:"最重要的是坚持。"我深有同感。

我的复习是在大三下学期开始的,主要是看数学课本上的知识点和做习题,英语是背星火单词。开始积极性很高,充满热情和信心。现在想想如果我能以这样的速度和效率复习下去一定能得高分,可是身体的疲惫和心里的厌倦让我慢了下来。所以,注意休息,保持充沛的精力和良好的心态是很重要的。6 月份由于要期末考试,我暂停了考研复习,结果专业课虽然考得挺好,但完全是捡了芝麻、丢了西瓜。暑假回来,我报了三科辅导班,接连 20 天的课程使我被远远地抛在了后面。到了 9 月份,别人的复习全书已经做了很多,可我的还没开始。我自认为数学一直不错,想拿高分,对别人说的 110 分到 120 分完全不放在眼里。记得上届有位很牛的学姐说课本很重要,于是我决心下大力气和时间看课本拿个高分。可惜我资质有限,别人的方法也不一定适合自己,结果复习全书做得很匆忙,没有很好地吸收,事实上是没做完。在此提醒考研复习的同学:找到自己的方法,稳住自己的步伐很重要。最后匆忙地看真题,自以为自己会了,其实好多地方不理解,还没做完一遍就上了考场,结果不尽如人意,让我大受打击。后来听说别人都把真题看了好几遍,上一届的学长也这样嘱咐过,只是没有听在心里,所以大家都主张的经验真的很实用,希望你们重视真题的复习。

说到报班,我表示中立,我不想把辅导班的作用神化,因为我的英语和政治不太理想,也不想因此将它批得一无是处,那样多少有点站着说话不腰疼,毕竟自己可能有些潜在获益。只是想说,大家一定要根据自己的实际情况,一定要明白自己想从辅导班中得到什么对自己有帮助的东西。比方说吧,我的数学强化班就没有去,因为我觉得那个时候自己的高等数学第一轮还没有结束,去了之后关于线性代数部分听了也白听,只是耽误时间。再比方说政治,听了暑期强化班之后,我知道了怎么规划我的政治复习,政治复习的范围有哪些;英语听了之后,我知道阅读理解怎么做最高效,还有排序题怎么找关键词,怎么在最短的时间内直中核心,还有什么叫核心词法,都挺实用的。还有在讲课过程中,老师会穿插一些搞笑的段子,还有些对于以后做人做事很有用处的教诲。因为那些老师都是从南京过来的,而且在一定程度上都是博学有才之士,看问题做事的方法是很值得借鉴的。比方说,有位老师对于成功的一些见解,我觉得对于我们做人做事都是大有裨益的。他说:"马云成就了千万人的商务,千万人成就马云成为中国电子商务界的巨头。"对于我的启示就是如果我能够致力于为中国的千万人服务,做些能够方便他们的事情,他们自然而然能够成就我的成功。其实成功就是让别人先成功,受你帮助的人成功之后你自然是一个绝对成功的人!再者,暑期如果几千人能够在一起冒着烈日炎炎在那里听老师讲课,熬过去以后,这一定是一段美好的回忆,因为有很多人和你一起并肩战斗,一双双求知、渴望成功的眼睛和你在一起,那种感觉是难以言表的。总之,考研学到的并不局限于考研知识本身。闲话少扯,大家还是根据自己的情况选择吧,身边没有报班比报班的考得还好的大有人在。另外,几乎辅导班都是差不多的,只要报一个,好好利用一下。关于这个问题,暂且说到这里吧。

一路走来,始终要保持良好的心态,每天给自己一个积极的暗示,"我可以"、"我能行"、"我一定会考上",也会让你在别人动摇的时候不为所动,坚持到底!上帝是公平的,一分耕耘,一分收获。充满信心地坚持下去,你一定能看到最后的彩虹!

趁着年轻，追寻那梦想

博雅学院　薛风伟

但愿每次回忆，对生活都不感到负疚

——郭小川

我是BM英语091班薛风伟，今年以369分的初试成绩考入扬州大学外国语学院翻译硕士研究生。我很荣幸能有这个机会和各位学弟学妹分享我的考研心得，主要有四个方面体会：为什么考研、选择什么学校、考研如何准备以及如何提高学习效率。

首先是为什么要考研。最重要的是考研可以实现我们的人生价值。古希腊哲人亚里士多德曾说：人生最终的价值在于觉醒和思考的能力，而不只在于生存。意义难免有点深奥，但我想趁着年轻，追求自己的人生梦想，我们才不会在人生暮年感到负疚和悔恨。再者，当今社会竞争激烈，尤其是今年大学生的就业形势不容乐观。包括考研、考公务员、村官、西北计划等对我们未来的就业具有一定的优势。

其次是择校。在选报学校方面，要立足当下、摆正心态、深思熟虑、理性选择、综合分析。以前，我认识的学长报考的学校档次都有点高，像南京大学等比较热门的高校。其实我个人认为这并不是件好事。要依据自己的能力选报学校，过度提高自己的要求，就像拔苗助长一样，只会适得其反，不仅会加大自我心理压力，而且后期“成活率”很低。我一个物流专业的朋友考江南大学物流管理硕士，去年该校该专业招20人（有10人是保研），报考的却有100多人。今年报考人数就不用说了，所以竞争压力很大，这是我当初首先考虑的一个因素。扬州大学虽然不是“985”院校、“211”院校，但它的教学资源、文化氛围和学术研究一点也不逊色于其他同类学校。再者，这几年学术型硕士和专业型硕士的差距在缩小，国家对专业型硕士越来越重视，有的高校甚至打出只招收专业型硕士的招牌，我的二外学的不行，能力有限，所以选择了专业型硕士，选择了翻译，而扬州大学外国语学院符合我的规划。另外，我想提醒大家的是，江苏省内的高校一般很少接受调剂，这对那些初试成绩很高，又愿意接受省内调剂的朋友是很可惜的，所以审慎选择学校是非常重要的。有时候放弃一些得不到的,也会收获另一种成功。建议大家综合各类学校的优势,包括奖学金、公费、自费、学制、导师专业实力等情况,早日确定理想的学校。

再次,做好考研准备。完善的准备是成功的开始,包括考研用书、各类科目的报班、时间安排等。第一是用书。我当时是从网上买的往届考试真题,根据学校的出题意向决定复习方法,这很有用。第二,尽量和往届考研成功的学长多交流经验,征求他们的意见。第三,时间安排非常关键。我从大三下学期开始就准备考研,3 月到 6 月我主要看的是英语词汇、短语、句子翻译等,刘毅一万词汇、"新东方"考研词汇、专八词汇这些有用的书扩大了我的词汇量。特别推荐一些网站,如 http://www. en84. com/portal. php,上面的词汇非常全;此外,还可以买圣才考研网的 MTI 英语翻译基础考研真题与典型题详解,缩略词可以从网上下载,还有历年名校真题的缩略词。扬州大学的缩略词不难,但是词汇翻译有点难度。政治这门课,我是 9 月开始看的,解析大纲大略过了一遍,海文解析大纲看了一遍,其实政治辅导班最多报个冲刺班就可以了,求个心理安慰。

最后,健康的身体和学习效率。你可以改变世界,实现梦想,但若没有健康的体魄,一切只能是空谈。身体是革命的本钱,考研复习过程中我们必须注意劳逸结合,坚持每天锻炼身体,每天在操场上快走或慢跑两圈;饮食合理,多吃含维生素的水果、蔬菜、谷物,养成良好的生活习惯,规范睡眠作息时间;多喝水,注意防寒消暑,忌暴饮暴食。健康就像一把钥匙,打开我们身体的各个系统,然后让生命的泉水充分涌流、厚积薄发。朱熹曾说:"读书有三到,谓心到、眼到、口到,心不在此,则眼看不仔细,心眼既不专一,却只漫浪诵读,决不能记,久也不能久也。"从中可以看出提高学习效率的重要性。听听音乐,甚至掐掐自己的皮肉,时常给自己一些小放松,缓解一些压力,这对提高效率至关重要。

年轻就是资本,浪费青春可耻,虚度年华更是幼稚和愚蠢的。不管结果是成是败,付出了也就不会悔恨。但请相信,"只要功夫深,铁杵磨成针","沉舟侧畔千帆过,病树前头万木春"。有了好的目标、恒心、信心、好的准备、好的身体,成功终将属于你。我们最大的敌人就是我们自己,要想成功,就必须战胜自己,不放弃、不抛弃、不言弃!

希望的火种，必须由自己点燃

土木学院　戴　静

这次我能考取南京工业大学硕士研究生，首先，我要感谢院领导和我的无数次谈心和鼓励，才使我这个玩心很重的人潜心学习；也感谢各位在我考研路上帮助和鼓励过我的老师，以及陪我一起奋斗的朋友，是你们的帮助使我如愿以偿。

不得不说，大学严进宽出的制度是一个很容易磨灭人激情的地方，曾经怀揣的希望都可能在大学被磨灭，我们开始变得和其他人没有什么不同。但大三是一个分水岭，大三学生要开始选择自己的道路。有人选择考研、考公务员，有人选择考各种证书，然而也有的人选择继续宅在宿舍里玩游戏。无论我们选择什么，这都将是影响自己未来的选择，这都将决定自己未来的前途。所以，我们应该静下心来好好想想自己前进的方向，是奋进还是沉沦？我们应该为自己的人生拼一把！

当你定下一个很高的目标并为之奋斗的时候，无论最终实现与否，从某种意义上来讲你已经成功了。很多人觉得考研很难，因此没有参加考研的勇气。没错，考研是很难，因为它需要的不仅仅是学习能力和学习方法，更需要的是下定决心的勇气和坚持到底的精神。当我们自己下定决心为之努力并为之奋斗的时候，就已经成功了一半！

人生的目标不应是祈求风平浪静，而是架起希望之舟破浪前行！

坦白地说，我曾经不是一名优秀的学生，甚至是不合格的学生。就在大三的时候，我仍有很多挂科，还在为过英语四级而发愁。看着周围的同学，有的考研，有的考公务员，而我依旧宅在宿舍里玩游戏，依旧没有明确的目标。我开始责问自己："这是我真正想要的大学生活么？不！我要改变这一切，我想为自己的未来拼一把！"于是，我选择了考研，就算不成功，我也要试试自己到底能在这条路上走多远，试试自己能努力到什么地步。万事开头难，开始复习的阶段自身各种惰性、内心各种借口、外面各种诱惑纷至沓来，考研复习路很痛苦、很煎熬。张老师曾说："你做一件难事的时候，第一天、第二天你会觉得非常困难，但是当你坚持一个月、两个月的时候，它会成为你的习惯。"每当我感觉坚持不下去想放弃的时候，我就会告诉自己：这是我自己选择的道路！自己选择的路，就算咬碎了牙也要坚持下去！就这样，我一路坚持过来。我觉得自己并不像其他人那样有基础，也不像其他人那样有天赋，我的成功来源于我的坚持以及实现自己定下目标的决心。

改变自己就是改正自己的缺点，改变自己就是改正自己不良的习惯！面对未来的人生，我们要有努力改变自己的勇气，还要有努力改变自己的决心。希望的火种须由自己点燃，未来必须靠自己来创造，世界上没有救世主，掌握个人命运的唯有自己。让我们为希望去拼搏，让我们用考研向青春致敬！

最后再一次感谢老师的教诲和指导，感谢在考研路上陪伴我的同学，谢谢你们！也祝学弟学妹明年的此时与我一样收获人生的喜悦，点燃希望的火种！

梦·追梦·梦成真

机械学院　周　越

当再次回忆起这座象牙塔，我的心里便有了成熟之后的情感沉淀。四年前怀揣着梦想来到了盐城工学院，白驹过隙，此刻我已经拾掇好行李，即将在另一个城市扎根。那一年，因为要追梦，我选择了考研。也是那一年，用汗水播种以后，我等到了花开与结果。

法国思想家帕斯卡有一句名言：人是一支有思想的芦苇。我以该句名言展开我的考研之路的回顾，希望能够给学弟学妹有所帮助，带来积极的影响。我们都一样，寒窗苦读十数载，终于赢得了一张大学的门票，在这里我们的眼界开阔了，思想的空间任由我们翱翔。可能大家在大学一年级之时，逐渐觉得自己陷入迷惘，逐渐觉得那些年的梦已经悄悄模糊，那么属于我们这个年龄独特的梦呢？其实，梦还在那里，只是被外界的诱惑与喧嚣蒙上了一层灰而已。

然而，生命中的每一场经历都不是多余的。我也经历上述的特殊阶段，直到有一天，这场噩梦终于被现实吓醒，我发现我之前的梦想早已成为一个摆设，为了接受更好的教育，人生有更好的发展，我选择了考研！

考研之路，酸甜苦辣，在一路走过来的征程里，我的心里一直默念着这么一句话:把坏日子当成好日子的首付吧,坚持就是胜利！这篇心得,我侧重和大家讨论一下考研路的心态。我认为在面对问题时,我们要首先问自己三个问题,即“做不做”、“为什么做”、“怎么做”。以我为例,关于是否考研的思想挣扎,在一次与其他院校的学长沟通时,我看到了他身上因为考研成功后所带来的美好与荣耀。当你确定后你就应想想该怎么做了。我在安排复习科目的时候,先列出我所擅长的科目,列出复习这些科目我每天应该花费的时间。同时,将重金压在我不擅长的科目上,比如高等数学,这时我每天按照前一天晚上订的计划,第二天的付诸实践会很有效率。比如,我会按部就班地复习偏微分方程,慢慢积累做题的心得,最终高效达到为我所用、以我为主的状态。这样,在挣扎中也不失有小小成功的乐趣。关于英语学习,我们从大二开始,可能经历过英语四、六级考试之后,碰英语的主观能动性会大打折扣,可是你要知道,你想在考研中不至于被动的话,英语还是要准备的,那么最为关键的就是单词。我一直信奉着单词就是生产力这么一说。你储备好单词量,打起仗来你的子弹就会很多！还有对于专业课,我想说,做到静悟就已经很厉害了,专业课的题目都是万变不离其宗,只要你肯总结,每次复习之时全身心地投入,静下心来,好好领悟,我认为你不至于失掉你考研的半壁江山。最后谈谈政治,我认为学政治和英语是一样的,要将你的思想运用到你的答题当中,学弟学妹不妨将《党章》读一读,多关心时政,中肯的评论并且联系实际的回答会为你的卷面加分。

当你在心里清楚了“做不做”、“为什么做”、“怎么做”之后,你的蓝图已经勾勒好了,你正在逐梦。只要用辛勤的汗水浇灌,你就能等到花开!

成功的花,人们只惊羡她现时的明艳,然而当初它的芽儿,浸透了奋斗的泪水,洒遍了牺牲的血雨。学弟学妹,当你们有梦时,要珍惜你们的幸福。考研的路上肯定艰辛,但是你为何不这么想——世界以痛吻我,我要报之以歌呢?

一切均已在路上,你们准备好了吗？最后祝我的母校盐城工学院永葆青春,桃李满天下!

当坚持成为习惯

环境学院 张 雯

我于2009年考入盐城工学院环境科学与工程学院环境工程专业,2013年考取常州大学环境工程专业硕士研究生。

很多人无法确定自己要不要考研,因为不知道考研是什么。处于待就业的我们,总希望有份好工作,对于前景,我们有着各种奢望。考研可能就是那座桥梁,选择了,只要留下脚印,就能到达终点。

坚持重在开始。考研有个适应期,我起初也是三天打鱼两天晒网,总会被外界因素干扰。这时候就要给自己订计划,做到心中有数。比如早起,定个闹钟,坚持几天,会发现没那么困了,更发现早上看书越来越惬意。比如背单词,每天坚持看一点点,慢慢就变成自己的习惯。比如自习,刚开始高等数学看一会会就放空,因为不懂,每天一章一节地来,做做笔记发现它的题型并没那么难。千里之行,始于足下,放下那些乱七八糟的念头,快去考研教室占个座吧!

当上一届考研结束的时候,先预约一些资料,看看考研需要哪些东西,在暑假之前确定好自己的材料,以基础为主。我是暑假才开始看的,要是你能坚持从暑假不间断地复习到考试,就不要考虑来不及的问题。我觉得暑假是复习的重要阶段,这时候没有课程,没有干扰,教室充足,气氛浓郁,是打基础的最好时光。这个阶段主要看数学,我对照2013年考研数学的要求,把高等数学与线性代数在暑假结束前复习了一遍,知道考研考什么,找到感觉,并把其中要求掌握的定理、公式记在专门的笔记本上,睡觉之前可以背背,公式、定理一定要牢记于心,这样做题的时候才有思路。资料可以买最新的,图书馆也有很多值得借鉴的资料,主要看什么讲解适用于自己。英语在暑假期间先积累单词、词组、语法,做做阅读理解。政治内容比较多,不用把书都看遍,很多资料都把重点写得很详细。比如,暑假可以先看任汝芬的要点精编,比较详细,有个大体的了解。专业课的话,暑假可以略带,前提是确定自己考什么。

经过一个暑假,大致有了考研的状态。在9月、10月加紧脚步进行第二轮复习,并要大量做题,可以上午英语,下午政治、专业课,晚上数学,具体可以自己安排。每天保证充足的看书时间,会感觉每天都很充实。

做了大量的习题后,就准备应战考研真题。真题一定要在自己基本复习到位才可以下笔,给自己一定时间做完真题,并给自己打分,有错误及时改正,不会的知识点再牢记一遍。把专业课书认真复习完后,在网上下载前几年的大纲和真题,看看大致的考试内容。

到 11 月、12 月,就要放下一切事务,专心冲刺复习,争取真题再做一遍,查漏补缺,能基本不出现错误,并提高效率和笔速。

1 月份应该复习得差不多了,不用再做题,主要看真题中的错误,背背知识点、单词、作文。这个过程说起来简单几句话,要做到的话,就需要坚持和努力。

同学们,行动起来吧,当坚持成为习惯,你就是那颗闪耀之星!

盐工,梦想又一次起航的地方

纺服学院　葛明政

我叫葛明政,2009 年 9 月从溧水县第二高级中学考入盐城工学院纺服学院,2013 年 6 月考取苏州大学纺织与服装工程学院纺织工程专业硕士研究生。

高考失利,让我的苏大梦破碎了,于是刚进入大一,我就立志考上苏州大学。我认真学习基础课,努力学好高等数学、英语和专业课,为考研打下坚实的基础。考研如同独自走过一段独木桥,没有喝彩和掌声,没有鲜花和美景,有的只是枯燥的书本、繁重的学习任务和计划。既然选择了考研,我们就能甘于寂寞,朝着梦想义无反顾地走下去,最终才能到达成功的彼岸,即使失败了,自己也无怨无悔。

盐工,圆了我的苏大梦,梦想又一次起航。在 2013 年考研中,我取得了好成绩,数学 109 分,英语 59 分,政治 67 分,纺材 135 分,并顺利通过了复试。今天距复试已有一个多月,借此机会我把我在复习备考中的经历与体会写下来,希望能够帮助学弟学妹。

一、选择合适的目标

当你确立考研梦想的时候,首先应该选择报考的学校。因为每个人的基础不一样，所以每个人的目标也不一样，合理的目标至关重要。基础差的同学可以报考一般的学校，基础好的同学可以冲刺“985”院校、“211”院校。就拿我们纺织专业而言，报考东华大学意味着要比苏州大学、江南大学的同学多付出50%的努力。所以，每个人应该根据自己的实际情况，报考合适的学校。

二、制订合理的学习计划

考研复习基本上从大三下学期开始，一年复习足够应付考研。当然，越早复习越好。3—6月，是打实基础的阶段。这段时期，对于数学，要看透高等数学和线性代数课本，会做课后习题，吃透笔记，做完李永乐的复习全书。第一次做李永乐的复习全书可能有点吃力，错误比较多，但是不要气馁，做第二次、第三次就会越错越少。对于英语，加强词汇记忆，多读多背，增强语感，多做阅读理解和完形填空。6—9月，状态渐入高峰，也是考研准备的关键时期。暑期留校是个不错的选择，浓厚的学习氛围有利于提高自己的学习效率。开始准备政治和专业课，政治最好报个辅导班，帮助工科类的学生梳理课本知识。多看专业课书本和笔记，能做到烂熟于心。9~1月，状态跌落到低谷，信心逐渐不足，题目越做越多，错的也越来越多，总感觉自己考不上。这时，要学会放松，提醒自己努力过就不后悔。经过两三轮的复习，其实你已具备上战场的实力，调整好心态就能够成功。

三、合理饮食，多做运动

考研是一条漫漫路，身体是革命的本钱，身体健康，才能坚持到最后。在考研的中后期，要注意加强营养，每天早上吃鸡蛋、喝牛奶，保证摄入足够的蛋白质。早上7点到晚上10点半的复习时间足够了，不要为了延长时间而忽略效率。平时注意锻炼身体，每周运动3~4个小时，打打篮球、羽毛球，能够有效地提高我们的学习效率。

四、好好准备复试

不管你报考的是不是较好的学校，复试这个环节不能被忽视。我建议复试名单一出来，在最短的时间内联系自己喜欢的导师，如果时间过长，导师名额招满了就不收人了。从最近几年开始，全国各大高校开始注重英语听力的考核，加强英语听力在复试环节非常重要。

盐工的四年学习，提供了发挥自我的舞台，我的苏大梦又一次起航。最后，送给下届考研的学弟学妹一句话：努力过，奋斗过，即使失败也无怨无悔。

祝学弟学妹考研成功，盐工的明天越来越美好！

考研"海、陆、空"战略

人文学院　吴泽群

我叫吴泽群，来自江苏镇江。2009年，我从镇江市丹阳高级中学考入盐城工学院人文学院国际旅游管理专业，2013年考取南京师范大学应用心理硕士研究生。2013考研的战车刚刚碾过，2014考研的战场即将烽烟四起。作为2013考研中幸运的过关者，我总结一下考研的心得，希望能够给后来者一点帮助。

首先，是考研的信念和精神。我一直记得爸爸妈妈在送我来盐城路上跟我说的一句话："这并不是你的最终学历，人往高处走，什么样的层次决定你有什么样的成就。"我从大一进来就决定要考研，那个时候同学或者伙伴都当作笑话听，哈哈一笑。只有我自己知道，我并没有达到理想的预期目标，我要考研，我要改变自己的命运！回首大学四年，选择考研的信念就没有放弃过，从大三到大四这一年的努力也终于以这样的方式给了我一种心灵上的慰藉。

考研光有信念、光有勤奋也不行。仅次于信念和勤奋的，那就是考研的方法和策略。懂得如何针对考研的所考科目，制订合理正确的复习计划，是考研成功的前提。以个人愚见，所谓的考研之道，无非是"海、陆、空"面面俱到。

先说一下"空"。所谓"空"，就是指"空中课堂，网络教学"。很大一部分同学跟我一样，都是跨考，之前对专业课和英语、政治都是一无所知。很多学弟学妹向我取经，我只能说，选择一门好的辅导课程，能让你的考研之路走得很轻松，达到事半功倍的效果。

再来说说"海"。所谓"海"，就是题海战术。光看课本，不做辅导题，那也只是纸上谈兵，没有实战经验。应该购买什么样的参考书呢？实际上，什么样的参考书适合自己，什么样的参考书比较好，都是因人而异的。题海，也不仅仅是做题的数量多就好，所谓的题海，是指要学会给自己编一套适合自己的题库，把你购买的辅导书当作题库，去选择对你有帮助、有价值的题目做一做，而不是一本接着一本全部做，那样是毫无意义的。给自己编一本错题集，把做错的题目温故知新，也是很重要的。

最后，所谓的“陆”，那就是指每天的生活要像急行军那样，快速，高效。每天从睁眼的那一刻开始，就要严格按照自己的计划执行每天的任务。考研，一定要给自己制订一个严密、细致的计划。要细分到每个小时，这样就不会浪费时间。体力是保证，考研是个长期的学习过程，在这期间如果没有良好的心理调节能力以及好的身体也是不行的，学习本来也是件很累人的事情。这就要求我们合理安排时间，劳逸结合，才能更加高效。

目标·方法·信息

人文学院　黄　逸

说起考研，这或许是件影响我人生轨迹的事。原本打算出国的我，抱着“考着玩玩”的心态准备了考研，由于一开始没给自己设定什么非考上不可的目标，所以心态也就比较轻松。我的一志愿是苏州大学新闻传播学，后调剂到了南通大学中国古代文学专业，4 月初顺利通过复试。我的总分是 364 分，英语 65 分，政治 69 分，两门专业课分别是 103 分和 127 分。在这里，我谈谈我的考研心得。

首先，尽早确定考研目标，坚定考研信念。由于我当时没有很强的目的性，所以直到学校统计准备考研同学的基本情况时，我才开始思考自己的报考院校和专业。好不容易确定后，我开始去图书馆认真看书，但有时还是心不在焉。等到发现时间来不及了，离考研也只剩一个月了。此时，我才发现自己有成堆的书还没有看完，买的练习册都还是空白。晚上熄灯后，我们班其他同学已经开始捧着书在卫生间里背，我却还没把专业课过一遍。那个时候的我，几乎想要放弃了。但是身边的研友一直鼓励我，说我们好不容易熬到了现在，怎么可以放弃？于是，我坚定考研信念，做着最后一个月冲刺的准备。从那天开始，我每天 6 点钟准时起床，午饭和晚饭都用极少的时间解决，晚上 12 点睡觉，保证每天中午有半小时的午睡时间。终于，我用尽最后一个月的时间，将所有能补的漏洞都补上，调整好心态去考试。我现在还是常常后悔，如果知道自己到最后会来不及，为什么不早点确定考研目标？为什么看书的时候不认真一些？或许那么做，就不是现在这样的结果了。但是好在我坚持下来了，而且考上了，这就像是雨过天晴，所有的努力都没有白费。

其次，掌握正确方法，达到事半功倍。我能在一个月的突击中，弥补之前懈怠造成的漏洞，并取得不错的成绩，这或许是由于我掌握了正确的学习方法。下面，我谈一谈政治、英语的学习方法。

政治是一门“死”的学科，但近几年的试题告诉我们，它具有灵活性。它与时俱进，“两会”、党的十八大都是考研的热点；它贯穿古今，从近代历史到现代政策，细枝末节都会考到。我的方法就是“死看书，活做题”，即看书的时候踏踏实实，不要想投机取巧。在考试前，我将政治《大纲解析》和《风中劲草》一字不落地看了3遍，旧版本的看一遍，新版本的看两遍，并新旧对照，找出今年新增和删减的考点。虽然这些增减在考研网上也能找到，但是自己看一遍找出来，会得到更多的启发。大到大纲梗概，小到细枝末节，都要做到心中有数，然后再开始做题。政治的选择题我一共做了三本练习册，分别是《大纲解析》和《风中劲草》的配套习题以及历年真题。做完之后，在考试前再回归书本，查漏补缺。最后，我统计了一下，单选题基本全对，多选题大概错五道，而大题目就是在背诵任汝芬的最后四套预测题且灵活运用后，基本预测准确。

英语看上去很难，但只要找到方法就能取得不错的分数。习题做多之后就会发现，得阅读者得高分，而阅读题考察我们的分析、理解能力，这需要我们的细心和耐心。只要一一对应到原文中，便能排除错误答案。有时候，读懂一个关键词，就能选出正确答案。因此，阅读的关键在词汇，只要词汇都能认识，阅读得高分便不难。我的方法是，精读近10年真题中的每一篇阅读理解，在复习开始时不需要太计较正确率，重点是标出不认识的单词进行背诵，当然不需要每一个词都会拼写，只需知道释义即可。由艾宾浩斯记忆曲线得知，人的遗忘是呈先快后慢的趋势，这就需要我们反复不断地去记忆，温故而知新。我的习惯是每天清晨到图书馆的第一件事是将前一天在阅读中不认识的单词都过一遍，然后阶段性地抽一上午将前一单元的单词全部过一遍。考研复习多久，单词就要背多久。当然，也有的同学是背单词书的，只是我个人认为没有语境很难记住单词，所以背的是真题中的词汇。各人方法不同，适用就是最好的。我一共将真题阅读做了3遍，最后一遍时，我对阅读题型做了归纳，大致可以分为主旨题、细节题、词汇题、作者态度题等，掌握每一题型在文中答案的分布，便能迅速确定答案的大体位置。这有利于缩短阅读题答题的时间，以便有充分的时间完成其他题目。

最后，掌握最新信息，尽量得到专业课考试真题。我在考研时，一是由于本身专业的需要，二是由于自己常常会比较茫然，失去方向，因此每周都有逛一逛考研论坛和各大新闻网站的习惯。由于苏州大学出题时主观随意性较大，常常增减和修改参考书目，更改题型和题量，因此，最好能得到本校的历年真题以作参考。我的专业课原是两本书，但由于内容较深，需要查阅其他教材，合计5本。但在考研将近时，我无意中在论坛上闲逛，发现今年又新增了一本参考书目，这虽然没有强制性地放到苏大网站上，但是由于主编身份的特殊，也被加入到考试的范围内。最后，近一半的题目都考了这本新增书目，而坐我前面的同学考完后问我这些新增的题目是哪来的。这说明及时掌握最新信息是多么重要，整天对着面前的书而不去了解最新信息，有时候会使自己失去考上的机会。

我大体的考研心得就是这些，希望对各位考研的同学有帮助，也祝各位同学能够考上自己梦寐以求的学校！

考研，我们一路走过

电气学院　杨　慧

我叫杨慧，盐城工学院电气工程学院B自动化094班学生，2013年考取安徽理工大学硕士研究生。

很多人说考研是一项工程，这项工程最大的花费就是时间与精力，在精神层次上就是我们所说的坚定的毅力，在知识层次上就是学习的方法与付出。风风雨雨考研路，说它是一项工程不为过，但是我更愿意说考研是我大学生活的一部分，而且是很重要的一部分。

当初是带着考研梦来到盐城工学院的，大一大二的学习与生活很充实，但是并没有往考研的方向开始努力，每一天认真学习所学的知识，还参加各种学生工作与活动。大三了，慢慢开始忙碌了，心情也渐渐地开始紧张，因为这时身边的好多同学开始准备考研，而我因为学生工作，考研的步伐要比他们慢很多，但是内心却非常坚定，我告诉自己我一定要考研，这是我选择的道路，我有义务与责任去开启我人生的新的道路。

记得，有学长对我说过，考研的学生和不考研的学生有很大的差别。是的,自己一路走过,内心多了份宁静,多了份坚定,多了份善始善终……在准备考研的过程中,最大的幸福就是我们宿舍四个一起准备考研,每天近乎相同的学习与生活节奏,每天相互之间的关怀与鼓励,一路相随,一路相扶。在印象中,令我记忆犹新的是寒冷的冬天晚上 11 点多我们一起回宿舍时的情景,我们没有觉得很累,反而多了点欢声笑语。我们最终都取得了令人满意的结果,我们四个人分别考取了上海大学、江南大学、合肥工业大学、安徽理工大学。所以,考研不是一个人独自完成的,在这过程中需要相知相识的研友,而这也是考研最大的精神支柱与帮助,所以在考研中收获的不仅仅是最终的结果,还有在这个过程中与你相伴的朋友,在这个过程中发生的点点滴滴最美的回忆。

考研的复习方法很多,在开始准备考研时可以了解一下别人的复习方法。在这里,我想说的是我们学校出版的《难忘的考研岁月》是本很不错的参考书,但是最好能够找一找经历过考研的学长进行面聊,这样有不懂的可以直接问清楚。但是每个人的学习情况不同,学习方法不可以一概而论,所以具体的学习方法我不进行概说,我想说的是合理安排各科的复习时间与复习进度。数学与英语应最早开始复习,需要的是持之以恒,政治与专业课要晚一点,我是到暑期才开始复习的。初试分数在考研总分中占了很大的比例,要想取得数学高分一定要考得好;而在复试中,很多学校看重专业课与英语,所以各科都要均衡发展。最后我想强调一点,在这过程中要懂得在摸索中前进,要给自己制定一个短期目标与长期目标,最为重要的是学会及时调整自己的目标,因为计划远远赶不上变化。

因为我是在最后才做的决定调剂到安徽理工大学,调剂过程中也是颇多感慨。我第一志愿报的是南京邮电大学,根据以往的分数和打电话咨询,认为自己一定能进复试,结果在调剂系统开放前一天得知自己差了 6 分,那就像天塌下来的感觉,因为在过去的一个月里我一直准备的是南京邮电大学的复试科目,在这过程中也放弃了选调生考试,可是最终却是这样的结果。虽然安徽理工大学的复试科目与南京邮电大学不同,笔试科目是模电,而自己模电以前学得挺好的,所以在短时间内参加了复试并取得了成功。在这里想提醒各位学弟学妹,在初试成绩出来之后,一定要进行充分的咨询,看自己是否能进入复试,根据自己的分数确定自己是否要进行调剂,做最好的选择。

风风雨雨考研路,我们一路走过,有你,有我,有他……路在脚下,梦想在延伸……

考研有感

土木学院 陈德昊

我是陈德昊,土木工程(道路桥梁)专业,今年考取沈阳建筑大学硕士研究生,一路走来,感慨良多,写下来与师弟师妹分享,希望对你们有所帮助。

一、五点忠告

1. 选学校和专业要敢于挑战自己。有些同学在选学校的时候,畏首畏尾,瞻前顾后,标准一降再降,或者是刚开始复习的时候选了名牌大学,正式报名的时候又动摇了,报了一所二流学校,结果到最后连那个较次的学校都没考上,为什么?不管你承认不承认,一旦你在学校选择上降低了对自己的要求,复习的时间和效率绝对会随之而下,其实你选什么档次的学校都差不多,如果选了好学校,复习的时间与效率不自觉地就会上去了,所以大家选学校的时候尽量要把目标定高。

2. 考研需要真正全身心地投入。一般情况下,大三下学期即可着手准备,时间绰绰有余。千万要记住,一旦开始动手准备,就要全身心地投入,就像高速运转起来的齿轮一样,保持一种连贯性,千万不要干干歇歇。开始复习时可以每天 2 小时,逐渐递增,但进入状态之后至少要保证每天有 4 小时的复习时间。考试前半年的复习乃成败的关键,此时一般人最好每天复习 6 ~8 小时。坚持每天 10 小时以上的,那我只有两个字:佩服。

3. 要有一个合理的复习计划。从开始复习到考试之前,一共有多少时间,每本书要看多少遍,这是总计划。每本书的每一遍花多长时间看完,在什么时间段看完,这是分期计划。每天各科复习参考书要看多少页,这是每天的计划。三者缺一不可,每天的计划可以变动,但分期计划千万别完不成或者拖延,否则你会发现任务越积越多,最后你可能会感到非常郁闷。

4. 考研要学会取舍。大家都不是小孩子了,既然决定考研,一切皆是浮云,认真复习才是王道。这是很简单的道理,可就是有很多人不明白。总之,如果不克服浪费时间的坏习惯,要想考上名牌大学研究生,那肯定没戏!

5. 资料贵精不在多。一本好书读五遍胜过五本一般书读一遍!我在数学上花的功夫最多,暑假 2 个月里,我几乎所有的时间(从上午到深夜)都花在了数学上,效果是立竿见影。临考试前一个月,很多人的复习全书还没看完，而我已完完整整地看了3遍，考研数学的《真题解析》很重要，我也完完整整地看了3遍。对于考数学的同学，推荐李永乐系列参考书，确实很经典，尤其是里面总结的解题思路与同学误区要反复研读。

二、学习方法

数学：打牢基础，善于总结，数学参考书每本要读2~3遍，每种题型的解题方法有哪些，什么条件下用哪种方法，一定要总结出来并烂熟于心，考场上才不会出现似曾相识的题做不对的情况，如果你真的经历过考研战场上那紧张气氛的话，你就会充分理解我为什么强调这一点。

英语：千万千万不要做过多的模拟题，绝对是浪费时间。真题是王道，真题做10遍都不为过！单词是每天都要背的，但注意每天都要复习以前那些没记住的。推荐用王林编的《考研真相》（考研英语真题彻底细解），做阅读时要注意出题者的陷阱，把真题研究透了，考试做阅读时你会发现每道题都是那么亲切！

政治：考研政治中，共分五部分：马克思主义基本原理概论（占22分）；毛泽东思想和中国特色社会主义理论体系概论（占30分）；中国近现代史纲要（占14分）；思想道德修养与法律基础（占18分）；形势与政策以及当代世界经济与政治（占16分）。其实马克思主义基本原理绝对是经典著作，重点在于理解！在真正理解之后，你会发现它是多么让人热血沸腾，记得在考研的那段日子里，有空总想跟寝室的同学一起探讨马克思主义，尝试用其中的原理去解释日常生活中发生的事，效果如何就不用我说了吧。至于另外四个部分，我就不多说了，一个字：背。

三、注意问题

1. 决定考研成败的是三门公共课的成绩。现在有很多同学四处打探专业课的消息，如何买到试卷甚至是复试信息，如何提前联系导师等。我想这些同学都犯了一个致命的错误：本末倒置。我认为，初试成绩是重中之重，尤其是对于跨学校跨地区考的同学来说，最重要的是三门公共课的成绩，因为这三门课的成绩没有水分，谁复习得好谁就考高分。而专业课的水分可能是很大的。所以，如果你是跨学校跨地区甚至是跨专业的话，请记住这一点：三门公共课才是你能有所依赖的，尤其是数学。我一直认为，要考名牌学校的好专业，必须做到：英语要过线，数学分要高。

2. 因为没有信心所以才做不到。可以这么说，考研那么多人，有信心的能有几个？这也许就是每年有大面积的人落榜的真正原因吧！不是因为做不到而是没有信心,而是因为没有信心所以才做不到。其实考研并不难,难的是如何相信自己有成功的绝对实力。这是好多同学的通病,还没有考试心已胆怯,那样失败只是早晚的事情。他们可能在大学四年中成绩一般,可能现在就读于一所不入流的学校,而在考研的千军万马中不乏来自名校且成绩骄人的学子,所以可能未战已失去了一些信心,这是万万要不得的!事实上,平时成绩的好坏与能否考上研究生并没有太大的关系,好多成绩不好的学生,他们甚至有个别课程没有及格,英语没过四级,但这并不影响他们考上重点院校研究生!考研比高考相对容易得多,很多在高考没考上清华大学、北京大学的,在考研时实现了他们四年前的梦想。

3. 态度决定一切。我认为,始终要坚持把考研当成自己目前的事业来做。态度决定一切,一定要端正考研态度,给自己一个明确的定位,知道自己在做什么,该做什么,并且知道自己应该怎样去做。要勇敢地面对考研中遇到的困难和障碍,克服犹豫不决、精力分散、躲避面对、信心不足等消极影响,集中精力积极面对,只要能够在较长时间里保持注意力,并且坚持学习到最后,我想没有什么达不到的目的。

四、考研复试

1. 大部分学校的复试流程。大部分学校的复试一般分为笔试、面试、英语能力测试三部分。笔试大概就是考同一个专业的同学在教室里做一张专业课的卷子。面试就是3~5个老师依次对一个学生提一些专业问题或者是自己在一些题中抽一组题来回答。英语能力测试一般是听力或口语,也有可能是听力+口语。

复试第一天一般是资格审查,然后第二天体检(一般是走过场),第三天专业笔试+英语测试,第四天进行面试,面试完一般第二天就能出结果。

2. 注意的问题。

(1) 对待复试的态度一定要认真,即要认真准备!高分被刷下来的比比皆是!尤其是对于跨学校或者跨专业的学生,一定要小心应对。

(2) 复试的主观性很强。一碗水端平的学校在地球上是找不到的!如果你是外校的,复试完排名掉十几个名次甚至二十几个名次是很正常的,心态要平和些。

(3) 对于跨专业考的学生,老师一般都会在专业问题上刁难你,他要向你证明:我这个专业不是那么好进的,是很有内涵很有技术含量的,而不是你花几个月的时间学一门专业课就能搞定的。做好受打击的心理准备吧!

(4) 复试时一定要有礼貌,进去之后和出来之前一定向老师问好。老师再怎么打击你,千万不可跟老师争吵。

(5) 不管怎么说,老师都喜欢有发展潜力的学生。在复试的时候如果遇到不会的题目(这是正常的)不要说"我不会",然后就在那里呆呆地站着,你可以说一些与这一问题相关的内容,要委婉一点,老师一般不会为难你的。

(6) 复试时的气氛很重要。一定不要把气氛搞僵,否则你大约就不爽了,老师都不大喜欢不善言谈的人。

(7) 其实老师都挺平易近人的,不要自己先把自己给吓住了!

(8) 考研复试里最重要的是面试,分数占的比例相当大。

写这篇文章只是希望能给各位准备考研的朋友一些启发,此文虽谈不上字字珠玑、金玉良言,可对考研过程有一个总体的把握,能做到心中有数,少走弯路,从而考研必胜。改变自己的命运,就在自己的脚下,此时此刻,我很想把我最喜欢的四个字送给你们:等待与希望。加油,朋友们!

最后要感谢朱老师给我提供了很多很好的考研信息,并且帮我辅导结构力学,这次没考好感觉挺对不起她的;也很感谢彭老师对我的信任,以及大学四年里对我的培养;还要感谢陪伴我的战友们,有你们,我并不孤单,真的很谢谢你们!

觉得累,是因为正在上坡

人文学院　霍建楠

我是霍建楠,今年有幸考上苏州大学汉语国际教育专业硕士研究生。

记得在大一开学写大学生涯规划时,超过半数的同学选择了大四考研。但到了大二辅导员在一次班会上做考研统计时,只有三位同学表达了要继续考研。大三下学期参加人文学院考研经验交流讲座的同学更是寥寥无几。但到了暑假,考研人数反而迎来一个高潮,可能是来自就业和家长的压力,大家又突然"吃回头草",纷纷选择了考研之路。不管最后有没有走进研究生考试的考场,在我们学校,考研都是大家必须面对的问题,要么下定决心考,要么下定决心不考,切不可在考与不考之间纠结。

因为大学前三年我的学习成绩都不太理想,所以在9月份以前,我一直觉得考研与我没有关系。开学的班会上，辅导员和学院书记的讲话让我觉得有必要重新审视自己：这三年学到了什么？出去后能做什么？以后怎样发展？在社会上如何定位……觉得考研是一条拓展知识、提升自己的路，但还是有很多疑问和顾虑：时间来得及吗？考哪个学校？考哪个专业？选取哪些参考书？考研教室还有位置吗……经过近一个星期的考虑，我决定考教育学。因为时间紧迫，等网上报名时再决定学校。书籍的选用问题，就请教已经在考研的同学。9 月 11 日拿到了教育学专业的六本书和英语词汇。从拿到书那天到 1 月 5 日考试，我的准备时间也就 110 天。9 月中旬还要准备计算机二级考试，到 9 月底又经历了换专业的波折，直到 10 月 10 日才确定考苏州大学汉语国际教育专业。真正开始复习专业课的时间不到 90 天，所以我觉得从大四开始准备考研，时间上还是相对来得及的。当然，时间上来得及是建立在坚定的考研信念和日复一日的学习之上的。

考研的复习很艰苦、很漫长，所以要有坚定的信念。当然最好能有研友互相激励。研友可以是报考本专业的，也可以是别的专业的；可以是本校本学院的，也可以是外校的，这个因人而异，只要在一起能互相鼓励、互相交流就行。一个人埋头苦读容易走入误区，信息也闭塞。有了研友之后可以互相交换信息，可以给你鼓励。一起去吃饭时，有人交流也能缓解学习的压力，大脑也能得到放松。在考研准备阶段一整天能说话的机会不多，所以在去吃饭的路上如果有个人一起说说话，是很好的放松。

考研的时间不在于有多少天，而是在于怎样利用已有的时间。我每天学习的时间安排是 9 点到教室，晚上 11 点回去。上午看政治、做政治题目，下午做英语阅读、准备作文，晚上复习专业课。政治没有花时间背诵，而是采用先看书然后做题、整理错题笔记的方法。在整理做过的题目时将没记住或容易混淆的知识点做笔记，将有关哲学概念、历史事件等按照一定的方法分类、串联起来，自己整理的笔记可以对知识体系和框架有更深入的理解，在做题时自然就能将相关知识点连接起来。英语的大部分时间用在了阅读理解上，40 分的阅读理解比重最大。阅读理解的文章是个宝藏：词汇、翻译、作文都可以利用阅读理解来提升。词汇自不必说，翻译和阅读理解也十分相似，虽说阅读理解注重“理解”，翻译注重语法，但理解是建立在看明白、看懂的基础上。作文的行文逻辑可以参照阅读理解的文章，可以模仿好的句子。英文的文章行文风格和中文有很大的差别，将文章钻研透的话会发现奇妙无穷。专业课的复习主要是根据真题的题型确定复习方法，我的两门专业课大部分题型是选择题、填空题，所以对知识点和知识点之间关系的掌握就是我复习的重点。

在备考过程中，除了要和自己的惰性作斗争，形形色色的诱惑也会分散精力。战胜自己的惰性和抵制各种诱惑是心性成熟的标志，只有在困境中才能不断挑战自己，不断提升自己，诚如我的老师所言："如果觉得累，说明你正在上坡。"

选择考研并全力以赴，你一定会有收获！

目标＋坚持＝梦想成真

博雅学院　胡　敏

从走进这所学校的第一天开始，考上研究生就成了我的目标。在实现这个目标的过程中我付出了许多努力，也放弃了许多。

最初通过专转本考上这所学校，我曾经满足过，觉得自己已经是本科生了，可以放松了不用再努力了，但是当我发现一个本科生想要找到一份自己满意的工作是多么困难时，我决定考研。当那些和我一起转本的同学听说我要考研时，都觉得不可思议，觉得不现实，认为一定考不上。但是我用我的例子向他们证明：基础差不能成为不努力的借口，基础差不能成为我们失败的借口，失败并不可怕，可怕的是你不知道自己失败的真正原因。

作为一名专转本的同学，如果你想考研，那么你对自己就一定要有信心，你要相信自己的身上总有一个属于你的亮点。有人说我们英语差，考上的希望不大，可是对于考研英语而言，就算过了英语六级，如果你没有认真复习，你依旧存在着考不上的风险。相反，即使你英语四级没过，但是你从1月份开始就一步一个脚印，认真做好每一篇阅读，认真写好每一篇作文，做到做一篇能够完全理解一篇，随着你越做越多，你会发现，你的英语进步了。当你坚持了一个月，回首看看你做的每篇阅读，相信你会在其中找到成就感，找到坚持下去的理由。

考研是一件长久的事情，不是一两个星期或一两个月就能完成的，所以最少你也要准备一年的时间来复习应考。只要决定了要考，那么"坚持"就一定要做到。在复习的过程中，你身边和你一起准备的同学有的会因为压力大而放弃,有的会因为找到了好的工作而放弃,可能会有各种负面因素导致你也想要放弃时,咬紧牙关挺过去,就像打游戏一样一关一关挺过去,你就赢了。在复习的过程中,适当的休息放松是很有必要的,放松过后,你会发现一切变得豁然开朗,压力似乎也没有那么大了。

有很多想考研的同学在考研最初的时候会买很多资料,觉得什么都想看,但是往往到考完了也没做多少,我总结了一下,在考研的前几个月你手里要有一本适合你的英语单词书,不一定要像字典一样厚,但一定是你要看的下去的。有一本阅读理解的书,里面要有对整片文章的解释,要有对重点句子和单词的解析。到了复习的中期,你要加入政治和专业课的学习,但是在学习时间的安排上依旧是英语所占的时间要比政治和专业课长,至于专业课的复习是根据个人对专业课掌握的多少而定的,但是到了复习的尾声,政治占用的时间将会超过英语,因为到了这个时候每年的时政部分的相关资料就会上市,但是对于我们而言有一本就好,太多看不完,而且也记不住。

在考研的道路上,当你觉得压力大于动力时,朋友的支持是必不可少的。有个志同道合的朋友会成为你考研成功的一大助力,多和朋友交流,遇到不会的题目多和朋友讨论,考研的路上你就不会觉得孤单,信心也会更加坚定。

在这里我想对那些准备考研的学弟学妹说,好好加油吧,成功是属于那些有准备的人!对于那些还没有确定人生目标的学弟学妹,我想说,四年很短暂,好好利用这四年,它会成为你一生的财富!

水滴石穿

汽车学院　黄星星

我叫黄星星,2009 年考入盐城工学院汽车工程学院车辆工程专业,今年以 405 分总分考入上海理工大学车辆工程专业硕士研究生。

难得有心情回顾一下自己的考研历程,过去一段时间研究生复试到确定被录取之后,一直忙着搞毕业设计,心里却没有想象中的那种兴奋。说实话,比起浑浑噩噩的现在,真是有点怀念过去大半年的历程,虽然过程有着艰辛与曲折,但我敢说,这绝对是我大学里活得最充实、最有意义的一段时光。系统地复习了书本知识,可能看上去是考研经历的主体。确实,考研实质上还是在应试教育的范畴，复习考研必备的数学、英语、政治、专业课是必不可少的。但是在这大半年的时光里，我觉得更多的时间是沉淀在大学里的时光，经历了大学几年的浮躁的生活，可能每个人都经历了很多、认识了很多、也成长了很多，但对于未来，绝大多数人都是迷茫的，因为在大学这个优越的象牙塔式生活环境下，我们大多数人根本不需要也无心去规划自己的未来。所以能真正静下心来认真准备考研的同学，必定会有更多的时间思考自己的将来和计划，更加明白自己的选择和自己现在所做事情的意义。所以，我觉得考研复习中自己的思考与规划意义要大于考研复习本身。当然，如果当你很清楚地明白自己选择考研的意义时，考研对你来说可能就没有想象中的那么艰辛了，当你每天都知道自己做的事情可以让你离目标又接近一步的时候，我相信其中的乐趣要比在宿舍玩一天虚无缥缈的 dota 多得多；并且游戏带来的仅仅是暂时的快感，而你现所做的事可能会让你有一个更加精彩的未来。所以，考研的心态很重要，考研不一定适合所有人，考研也不一定会让所有人有一个更好的明天。但如果在你自己人生的规划中，这是必不可少的一步，那么，just do it。

当然，关于考研具体的复习计划和方法，我想大家各自都会有各种想法。网上有很多大神的复习经验和方法，我以前也看过不少，但每个人的实际情况不一样，每个人的习惯和思维也有差别，所以我认为没有什么最好的方法，只有最适合你自己的方法。就拿作息时间来说，有的人习惯熬夜，那是天生的夜猫子型，我自己就是这种类型，考研期间通常晚上一两点才睡觉，所以你让我每天像一些习惯早起的同学一样起床的话，我也做不到。别人的计划经验只能参考，具体的计划还得根据自己的实际情况来订。但这绝对不等于没有计划，计划无所谓大小，一个阶段、一个月甚至一天的小计划都会起到很大的督促作用。当然最重要的还是要坚持下去，什么"积少成多"、"水滴石穿"的知识大家从小也都明白，但是很难做到，多少人败给了这小小的"坚持"上。关于这一点，我自己也做得不够好，也会经常给自己找点理由放纵一下。但漫长的考研过程，每天对着一堆堆考研书本，有时候确实会让人抓狂，这时候适当的放松绝对是可行而且是必要的。我每个周末都会固定抽些时间，看看自己喜欢的娱乐节目或者打打球，但其中的"度"大家一定要把握好，不能玩过火了。学习毕竟是个积累性质的过程，中间如果荒废掉一段时间，以后会花好久才能把状态调整过来，这也是好多考研同学的共同感受。

青春因奋斗而精彩

信息学院 董 伟

在选择考研这条路时,我们首先要明确为什么要考研,这是最重要的。没有确定的目标,随大流,这是不可取的。因为你没有考研的确切目的,没有持之以恒的决心,在漫漫考研路上是很容易半途而废的。即使考上了研究生,也会莫名地问自己削尖脑袋钻进来到底要干吗?自己有没有"研究"的能力?我们应该为自己的选择负责。有几个问题还是需要掂量好的:考研往往希望自己能够拥有第二次选择,能够迈入名校的殿堂,普通学校毕业的年轻本科生和大龄的名校毕业生的竞争力孰强孰弱?三年的工作经历和有宽泛职业选择的本科生与刚出学校、专业定向性强的研究生相比,未来个人的发展谁更有优势?想明白这两个问题,再选择是否考研,我想这样才是对自己的将来负责任。

选择了考研就要风雨兼程,绝不给自己懈怠的机会。有人说,考研就是早6晚11的分秒必争,这个是有一定道理的,毕竟付出得多才可能在最后有更好的结果。但我也有自己的看法,考研是智力、毅力与体力的综合较量,老是这么高强度的学习对体力好的人来说没有多大问题,对像我这样体力不是太好、又没有勇气做出头悬梁、锥刺股举动的人来说,则是比较难熬的,所以对体力稍差的同学来说,我的建议就是睡足吃好。睡足不是要你奢望睡到自然醒,睡到早上7点多钟还是不算太过分的,吃好就是偶尔出去吃个荤,买点营养品补补。睡足了吃好了,剩下的便是好好学习了,否则怎么对得起比别人多睡的觉与多花的钱?我一直坚信效率比时间更重要,一个整天耗在教室里却疲惫得睁不开眼睛的学生和一个一到教室就立即进入学习状态的"迟到"学生,谁能够学到更多的东西?结果高低立判。我是比较支持在中午午饭后到宿舍小憩一会。很多考研同学往往在午饭后立即回教室,趴在桌上小眯一会,然后起身学习。我个人认为这对身体不是很好,在宿舍里躺着,休息的是全身,而且相对来说比较安静,可以得到很好的休息,更重要的是好的午休是为了更好地在晚上学习。中午睡得好,晚上效率高,这我是有亲身体会的。考研不是100米赛跑,而是万米接力赛,过早的透支和过多的透支,你会发现在最后的冲刺阶段疲惫异常。

怎样安排学习时间，就我个人的习惯而言，在考研初期，每天早上背半个小时的英语，上午学习数学，下午主要是英语阅读，晚上数学、英语搭配来学。考研中期，早上还是要学习半个多小时的英语，上午依然是数学，下午就要看专业课与英语阅读了，晚上学习数学，抽出点时间看一下政治解析大纲。考研后期，那就看个人的复习情况了，哪儿是自己比较薄弱的地方就多匀点时间学习。我给自己编的顺口溜是：数学一刻不放松，英语天天都要背，政治后期发点狂，专业知识重真题。

对于选择的考研辅导书籍，我觉得有必要说一下。先说数学，李永乐版的数学复习全书应该是同学必备的前期辅导资料，至少要看两遍，里面的题型概括得很全。数学基础过关 660 题主要是选择和填空训练，我做过一些，感觉题目比较难，扣的也比较细，如果你有兴趣和充足的时间可以做一下。全真模拟经典 400 题是 10 套模拟题，主要是打击一下在看完复习全书后觉得自己已经很无敌的轻敌心理，题目很难，做题很慢，想要以后数学考试得分在 130 分以上的可以尝试一下，实在没有时间就算了。数学最后冲刺超越 135 分则是对数学各个模块的总结，比较简单，在考研后期可以看一下。当然重要的还是历年的数学真题，这个是精华，百看也不为过，研究历年的真题，你会发现其中的出题规律，对于猜题型是有帮助的。

再说英语，学好英语是个细活，需要你日积月累地学习，首先是单词，单词一定要背好；其次是阅读，毕竟阅读在考研中占的比重很大，张健的英语阅读丛书是很值得一做的，难度和考研的差不多，阅读贵在坚持每天都做，不要让自己对英语太过生疏，练好了速度和正确率才是英语考高分的王道。至于新题型则是很有规律的题目，考研辅导书上都有详细的解题策略。作文的背诵就看个人了，脑袋容量够大还是多背点好，我就是在英语考试中吃了作文不少的亏，希望各位谨记。当然还要做好历年真题，这个重要性我就不多说了。

至于政治，那就更简单了，在 11 月份之后，每天拿着《红宝书》背，政治是个可以在短期内出成果的一科，只要肯下功夫背，不愁政治不过 70 分。至于辅导书，我个人认为米鹏的选择题还是不错的，任汝芬的政治序列丛书作用很大，要好好看，最后的时候买本 20 天 20 题狂背，那是必须的。政治何时买何书，除了看同学的情况外，到书店与卖书的阿姨交流一下可能会有意想不到的收获。

最后关于专业课，我想说的就是搞懂历年的真题，因为每年的考试题目都会有历年的真题原题，占的比重至少要达六成，这个真题的重要性我想大家心里都应该有数。

说了这么多，最后还想要说明一点，你只要决定了要考研就要踏踏实实，做好充分的准备与计划，不要半途而废。考研不像你想的那么难、那么枯燥无味，充实的生活其实对精神来说是最好的慰藉，累了就找个好朋友倾诉一下。考研也不是那么容易，考个普通研究生也许可以少一些付出，但要想考一个名牌大学的研究生则需要持之以恒的努力。

无论最后的结果如何，付出了也就无悔了。我觉得在考研过程中的拼搏经历也是一种宝贵的财富，它可以砥砺我们的意志，到我们年老时回忆起自己年轻时拼搏的一幕，不至于会留有遗憾。最后祝愿 2014 年考研的同学能够旗开得胜，选对学校和专业，考入自己理想的大学！

信念 + 毅力 + 方法 = 考研成功

纺服学院　刘　婷

经历过考研，我深深体会到：信念 + 毅力 + 方法 = 考研成功

考研不仅是对知识的考查，更是对生理和心理的考验。我的考研之路起步比较晚：一是个人原因，例如性别问题、英语基础不扎实等；二是听了许多人的意见，而不同的人给出的建议不尽相同，有的鼓励，现在工作这么难找，高一级文凭出路大一点；有的反对，认为现在考研也没有什么出路。这些原因让我纠结了很长时间，迟迟没有下定决心。最后是在父母的鼓励下，我还是选择了考研，并抛弃了许多杂念，心想努力过后就算不成功也不会留下太多的遗憾。我只能说不要等走上了工作岗位，因为大学时没有考研而后悔。结果并不重要，重要的是你尝试了。

自从我下定决心考研之后，期间有很多次想过要放弃，还有一段时间没有心思学习，但总的来说在复习的时候还是很拼命的，每天在考研复习上至少花费 11 个小时。在这个过程中，身边有很多人接二连三地放弃，他们患得患失，怕考不上又耽误了找工作。也有的想两者兼顾，到头来却只能以失败告终。在此我提醒各位同学：在你备考期间，学校的一切招聘会、毕业论文等，不要在上面放太多的心思，不要认为我万一考不上会不会来不及写论

文、找工作。在这里我可以肯定地告诉你们:一定来得及。现在回想起来,有舍才有得,人的精力是有限的,三心二意很难实现自己的目标。一般我会在完成课堂学习之后,马上专心投入考研复习。既然选择了考研,就不要顾忌太多,最多也就大半年时间,就让自己认认真真做一件有意义的事情吧,放下一切与考研无关的事,一心一意地备考,你一定会成功的。

成功有时候就是多坚持了一下,而所谓的毅力,就是你要比别人多坚持一段时间。就比如800米跑步,对于我而言,跑完那800米的感觉就像半条命丢了似的。我往往会在跑完一圈时就放弃,但是你咬咬牙、忍一忍,再坚持一会儿,你会发现已经还剩半圈了,再坚持一会儿,终点就在前方。考研也是如此,上午我要学习3个小时,学习一会儿后,你想休息了,可以喝一口水,上个洗手间什么的,调节一下。但是你坚决不能说我回去休息一下,下午再来学习,一定要坚持到最后。忍一忍,再坚持一会是考研的制胜法宝,只要你坚持到最后一定会有意想不到的结果。当你考完之后,你会发现考研原来也就是这么回事,没什么大不了的。

当然方法也是很重要的,我就谈谈公共课(政治、英语、数学二)的准备吧。对于公共课的复习,资料不在于多,要精。至于上不上辅导班的问题,我还是建议不要报,以自己的复习计划为主。安排好自己的复习进度和时间,不要盲从。

先说说政治,涵盖了《马克思主义基本原理概论》《中国近现代史纲要》《毛泽东思想和中国特色社会主义理论体系概论》《思想道德修养与法律基础》等政治考试内容涉及的几个科目。我建议大家政治主要放在10月大纲出来后复习,但在暑假期间可以在复习数学枯燥、累了的时候拿出来当小说看看,调节一下。对于辅导书方面,我建议大家用《红宝书》,肖秀荣的系列书,还有要强调的是肖秀荣以及任汝芬的考前预测题一定要做。平时练习只完成选择题部分,做过后对答案解析,对于错误的题目分析原因并用红笔做好标记;分析题不做,考试前直接背诵一些辅导书籍的分析题部分。反复练习,从做题中掌握更多的知识点。

对于英语,由于基础比较差,我采用的是应试复习法。从一开始就啃考研核心词汇,拿历年真题做练习,主要是掌握其答题技巧。英语阅读大概是每天做两篇,不是做得越多越好,考研英语要求是精读课文,理解每一句话的意思,甚至是每个单词,还要分析句子的结构、句子与句子之间的关系、段落的结构、段落与段落之间的关系等,真正吃透一篇文章,并不是那么容易的。我认为既然基础不好，就必须有针对性地复习。有些题型直接放弃会更好，例如完形填空、中英翻译，这些对于基础差的同学不好拿分。主要复习的是阅读理解和新题型，而到了12月份开始背诵作文范文，通过多篇模板结合整理出属于自己的作文模板，这样作文能够取得较高的分数。研究真题的目的在于总结，如果是为了做题而做题，那效果一定会大打折扣。关于参考资料，我建议大家用：俞敏洪考研词汇、张剑的黄皮书、张剑的基础阅读，提高阅读能力。

至于数学，一直以来我对数学还是比较有信心的。数学二只需考《高等数学》和《线性代数》。数学我准备的资料是我们的数学课本、李永乐的系列书籍。在这里我特别强调的是《复习全书》，一定要看3遍以上。对于一些基础比较好的同学来说，我建议你可以不看课本，直接看复习全书，看4遍以上。考研可以说"得数学者得天下"，大家在暑假之前一定要把课本或者复习全书看一遍。而后在暑假期间再看一遍，可以配套把《基础过关660题》以及真题做做。暑假之后再看一遍复习全书，把不懂得再看看，真题再做一遍，以及李永乐的系列书籍，比如《冲刺135分》等。最后一定要把复习全书再看一遍，真题再做一遍。在看复习全书时，遇到不懂得、不会的，可以先看答案，实在看不懂，就跳过去，以后再做时说不准就开窍了。但在做真题时一定不能看答案，哪怕做错了也不能看解题过程，直到最后快接近统考时才可以看解题过程，要将你的错误记到脑袋里。

我跟其他同学一样，都是经历了从复杂的心理活动，到慢慢调整自己状态的过程，才踏上了漫漫考研路。人有时候需要一点魄力，既然选择了考研这条路，无论这条路多坎坷都要坚持走完。考研需要耐力、信心，忍受寂寞，学会放松，相信自己，就会成功！

山积而高 泽积而长

化生学院 杨立志

我叫杨立志，是化生学院B生物091班的学生，我在2013年的考研中顺利地考取了自己目标院校的目标专业。在过去的这段考研时光里，我收获了很多，我很感谢家人、老师和朋友对我的支持与帮助。当然，我还要感谢自己,感谢自己坚持了下来,收获了一段美好的考研记忆!

考研初试和复试结束的时候,大三准备考研的学弟学妹会问问我们的考研体会,我们也像往届学长对待我们一样“倾囊而出”,把我们所有能想到的心得体会都告诉他们。

关于考研,首先要确定目标专业和目标院校,这个一般在大三下学期的寒假之前就要确定。目标专业是先定的,要考虑到自己的兴趣和能力,这个专业将来或许就是一辈子的事业。确定目标院校和专业有些纠结,总的来说要客观地定位自己。不要冲刺好学校、好专业,还是保守一些,先考上一个再说。只要定了目标,就要付出努力,努力不一定有收获,但不努力就一定不会有好结果。

考研的学习时间一定要安排充分,方法和效率兼顾。只有把各考研科目的知识学到位,在考场上才不至于太紧张。我真正开始考研复习是在2012年年初,但复习一段时间后,我并没有感觉收获到什么。这种学无所获的现象在考研中是普遍存在的,原因之一可能是三天打鱼两天晒网,这是考研大忌,实质上就是做无用功;原因之二可能是心没静下来,这时候该告诉自己不再和周围不考研的同学一样了,别人用来玩的时间,对考研的同学来说应该用来看书;原因之三可能是学习方法不对,比如说应该把看书和做练习结合起来,只看不练和只练不看这两个极端都不可取。

坚持很重要。考研是世界上最困难的事情,也是最简单的事情。之所以困难,是你要耐得住寂寞;之所以简单,是你只需耐得住寂寞。现在,脑海里仍能常常浮现在图书馆三楼自习室学习到傍晚时分透过窗户看到的美丽夕阳,它似乎总在鼓励我,又坚持了一天,山积而高,泽积而长,离目标又近了点!或许6点起床很困难,背单词很困难,静下心很困难。但是总有一些人,5点可以起床,一天背6课单词,耐心读完一本书。谁也没有超能力,但是自己可以决定一天去做什么事情。你以为没有路了,事实上路可能就在前方一点点。那些比自己强大的人都在拼命,我们还有什么理由停下脚步?

最后,我想强调一下考研时候的心态,心态在考研的后期显得尤为重要。考研过程中遇到各种各样的困难很正常,在后期争分夺秒的紧张氛围中,不紧张真的不容易。不管在前期的时候,你的复习状况如何,这时候都要全力以赴,相信自己。当你想放弃的时候,想想当初你为什么坚持到现在!

以上是我的考研时光带给我的一些想法,作为一个考研过来人,我自己走过的考研路和前人教给我的有许多不同之处，因此我想考研这条路还是需要各位准备考研的同学自己走才真实具体一点！

厚积薄发

土木学院　李延杰

我叫李延杰，2009 年 9 月从江苏省口岸中学考入盐城工学院土木工程道桥专业，2013 年 6 月考取解放军理工大学建筑与土木工程专业硕士研究生。

每个人都会惊叹花朵绽放时的美丽，但是又有几人曾注意过它在绽放之前曾孕育了多久。正如我们多数人在乎的是结果一样，又有几人曾注意到其实过程也是一种别样的美。

在未参加研究生入学考试的时候，那漫长的岁月，日复一日重复着同样的节奏使我曾巴望着赶快考试，赶快知道结果。现在才明白有时自己一个人在近 12 点时从教室里出来，虽然眼睛发涩，头脑发涨，却有一种莫名的充实感，因为今天我又学了很多东西。夜里拖着疲惫的身体回到宿舍，洗漱完毕，倒床便睡，虽然有时会觉得单调、乏味，但睡觉却是一种莫大的慰藉，所获得的是一种“别有一番滋味在心头”的感受，也许只有经历过考研的人才会有这种体会吧！

1. 寻找考研精神支持。考研精神上的支撑是最重要的，考研的艰辛众所周知，坚持到最后的是胜利者，我也曾想过放弃，可是我在朋友们的鼓励和帮助中还是咬牙挺过来了。考研过程中，你所处的环境也很重要，尤其到后期，复习课程极为枯燥，让人觉得无法忍受，你可以找其他同学交流交流，互相激励，这样你就不会觉得孤单了。

2. 制订科学的复习计划。准备一个适当的复习计划，一般来说安排三轮复习是比较科学的。第一轮要全面复习，按大纲要求对所有考点进行全面复习，边理解、边记忆、边练习。这段复习时间要相对长一些。第二轮要有针对性地复习，对重点、难点问题，可找相关资料吃透，并将相关知识点归纳总结。第三轮复习是最重要的阶段即冲刺阶段，在前两轮的基础上，有针对性地做模拟题。另外，要清楚自己的能力，要根据自己的基础，科学安排复习方法。英语较差的,第一轮复习就应多向英语投入。到后期,应在政治、专业课上多下功夫,期间穿插英语学习。最低先保证各科过线,一科没过就会遗憾终生。

3. 合理安排作息时间。好的作息时间是必需的,不论怎样,考研毕竟是拼体力、拼耐力。时间如果安排不好,休息不好,身体将无法承受巨大的考研压力,坚持不到最后。但对于一个考过研的人来说,都知道时间太宝贵了,分秒必争,因此安排适合自己身体承受能力的作息时间很重要。不要同别人比,因为每个人的自身条件不同。

4. 选择好的学习材料。学习材料的选择很重要,可以请教往年考上的同学。学习资料不要买一堆,每门课准备两本,一本教材,一本练习册。遇有难点可适当把其他教材的内容补充进去,同学之间也可以互相补充。教材要选比较权威的,也可以买与教材配套的练习册,及时巩固所学知识,增强自己的信心。其实基础知识很重要,要先吃透书本,不要抠住难题不放。临考前选些模拟题,以考试的状态要求自己。

5. 选择性地报辅导班。至少选择一个辅导班。我选择的是冲刺班,收获很大,老师点睛恰到好处,帮我梳理混乱的思路,抓出重点,所学知识清晰明了。另外,辅导班的学习,能增强我们的信心,鼓舞我们的斗志,还可了解有关考研的最新信息和动态。

6. 互相交流。为了保证你获得新的信息,应多与考研的同学交流,上网下载有关信息,周末到到图书馆查阅些资料,同时也可借鉴别人的学习方法,交换一下学习材料,你会发现有许多意外收获,千万不要完全封闭自己。

7. 锻炼身体。在考研复习开始后,每天至少安排 30 分钟的锻炼,这对消除疲劳、恢复脑力十分重要。另外,还要防止感冒生病,短短几个月,没时间让你三天两头卧床休息。

8. 心理调节。心理调节很关键,考研拼心态。要保持乐观的态度。烦躁时想想别人不比你强多少,大家的时间都差不多,智商也是差不多的。有很多考研的同学都说自己复习得不好,考得不好,可分数出来时,成绩却不错,所以一定要乐观、要自信。

我总相信,老天给每一个人的都一样多,苦到一定程度,幸运就会降临。学习上的苦,身体上的苦,精神上的苦,受够了,老天就感动了。天道酬勤!

考研之行　放飞梦想

机械学院　宋丽娟

不知不觉我已告别了我的大学生活，成了江南大学机械设计制造及其自动化专业的一名硕士研究生！

现在，我给大家谈谈我的考研心得，希望可以给那些跟我一样满怀梦想的考研准备者一些建议吧！但是这仅仅是建议，希望大家不要让自己去适应他人的复习计划，而是自己总结出一套学习方法，并进行实践！

第一，要确定为什么要考研，这是最重要的。毫无目标地选择考研，即使考上研究生，你也会对以后的研究生生活感到迷茫！我们应该为自己的选择负责。

第二，要端正考研的态度，对自己的能力及未来的出路都要有清楚的认识，然后定下自己要报考的学校及专业。调整自己的心态也是非常重要的。考研的过程中最忌讳放弃，既然决定了考研就要坚持下去，无论过程有再多的辛苦，这样才对得起你的心理准备！

考研之路必然辛苦。清晨，室友还在熟睡的时候，你已经收拾好东西准备去图书馆或者考研自习室，此时，请不要抱怨，你的付出终会有回报，比起那些不考研的室友或者朋友，你又比他们优秀了一些！因为你知道一劳永逸的道理。

第三，辛苦归辛苦，千万不要累坏了身体，偶尔也要忙中取乐。考研是智力、毅力与体力的综合较量，所以一定要注意自己的健康。要有充足的睡眠和营养的食物。充足的睡眠不是说一次睡个爽，睡到自然醒，而是保证自己不困就行。营养的食物，也不是说每天大鱼大肉地吃，而是吃自己喜欢的、对自己的身体有好处的东西。毕竟健康的身体是革命的本钱！

第四，注重自己的健康后，就要全身心地投入到学习中去。我一直坚信效率比时间重要，一个整天耗在教室里却疲惫得睁不开眼睛的学生和一个一到教室就立即进入学习状态的学生，谁能够学到更多的东西？结果很显然。比起吃完午饭后就急匆匆地赶往教室学习的做法，我更喜欢回宿舍小憩一会，这样，全身都可以得到放松，做到真正的休息，还可以为晚上的学习做好精力准备。我们要始终明白从全局把握的道理。考研是一场马拉松，不要在精力上过早或过多的透支,否则你会发现在最后的冲刺阶段会异常疲惫。

第五,有一个好的学习方法是极其重要的。对于数学,第一要把基础打牢,把书上的核心内容都理解透。第二要善于总结,每种题型的解题方法有哪些,什么条件下用哪种方法,一定要总结出来并烂熟于心。第三要练出自己解题的速度和正确率,所以一定要多做题,并且要训练自己在一定时间内正确做出多少题的能力。第四就是要每天做题,不要让自己在考场上手生。对于英语,一定要及时温习英语单词,收集优美的句子,为写出好作文做准备。对于政治,最主要的一点就是背知识点,并且学会灵活运用,关注时事,而且要写得一手好字。对于专业课,要去图书馆找一些相关书籍阅读。

说了这么多,就是想要说明一点,你只要决定了考研就要踏踏实实,做好充分的准备与计划,不要半途而废！累了,就和你有着同样目标的朋友交流一下,他会给你好的建议。考研是个漫长而又充实的过程,而我很自豪,成为考研之行的胜利者。事实告诉我们,梦想有多远,我们就能走多远。考研,就要把精力放在对理想的追逐上,坚持梦想,放飞梦想！

考研高分战略

材料学院　李　震

我是来自B材料092班的李震,在2013年全国硕士研究生统考中,我报考的是南京财经大学,跨专业考的应用经济学的一个分支——国民经济学专业,总分392。如今顺利通过了复试。

关于初试复习过程中比较细节性的东西,比如,英语要选择什么样的词汇书,哪一本阅读书的效果更好,后期作文一周要写几篇等,这些问题,我相信在网上许多人都会说到(考研网以及中国考研网)。我想说一下关于考研的战略性的东西。若对你有所裨益,则是我以及这篇文章的大幸。

在我们经济学里,战略要分为战略目标、战略方针、战略重点、战略安排等。

考研战略方针是指导考研学习生活纲要性、基础性的想法。以过来人的眼光看,考研并没有想象中的那么难,也许你现在不知道关于考研的许多信息，比如怎样选学校，怎样安排复习进度等。但只要你抓住问题，亲自思考，努力寻求信息，很多事都会水到渠成。比如，你不知道怎样选学校，你可以参考百度考研择校的一些指南或建议，根据择校的一些标准，再结合自己的情况来选择。考研不只是考查我们学习的努力程度，还考查我们获取信息、提取信息的能力。很多情况下，是在考查我们获取有效信息的能力。

战略重点又是什么呢？数学和专业课分值各 150 分，英语和政治各 100 分。相对于英语、政治，数学与专业课更容易得分也更容易失分。试想，对于英语的阅读，你比别人多做对 3 题，才高出 6 分。但是，数学你只要做对一道大题，就有 12 分，相反，则差 12 分。尤其是专业课，有的一道论述题 20 分。所以，数学与专业课就是我们的“战略高地”，要尽量在这两项上多拿分，才能在总分上有所突破。当然，另外两门也不可偏废。

战略目标主要是指报考的学校，建议大家报考的学校自己跳一下就可以抓得到。这样在复习当中就会信心满满的，考试的时候也不会因为压力过大，导致临场发挥状态不佳。因为到后期，压力还是挺大的，你会感叹有好多内容没有看，心理紧张是不可避免的。有很多同学后期因畏难情绪放弃考研，真的很可惜。这个时候信心最为重要。

战略安排就是在时间上的布置。一般 5—8 月以数学与英语的复习为主，9 月份开始专业课的复习，10 月份开始政治的复习。如若你感觉时间紧张，复习的工作量比较大，可以抓重点来复习。把好钢用在刀刃上，把有限的时间用在最重要的章节或知识点上。

一张一弛，文武之道。当然，不可以不谈谈放松。考研前期，我给自己每周放一天假，一般都是周末去跑跑步，和朋友逛街，并打理一下宿舍。后期基本上也是如此，有时会稍微缩短一下。这样有计划地给自己时间放松，可以使我在复习的时候全身心投入。

考研的日子很充实，这种奋斗的日子会成为我们珍藏在心底的财富。最后送大家一句话：沧海横流，方显英雄本色。祝诸君都能在考研的战场上大显身手，实现自己的梦想！

业精于勤

信息学院　何韩庆

我于2009年考入盐城工学院，所学专业是信息工程学院电子信息工程专业，2013年考取江苏大学计算机与通信工程专业硕士研究生。

回顾这几个月的考研路，不知道是辛酸还是甜蜜，没有想象中的那么高兴。考研路途是艰难又幸福的，只有你自己去体会那种过程、那种心情。当你知道自己被录取后，会有一种无限的畅快感、一种酣畅淋漓的心情。这种心情是在你的努力之后获得的。面对考研，我还是奉劝大家一句，即使你是天才，没有努力也不能成功，天道酬勤是亘古不变的真理。

考研是一项长期的攻坚战，第一要有恒心，第二要注意方法。

首先准备考研是一个比较艰难的阶段，因为一方面这是一个打持久战的过程，另一方面这又是一个锻炼自己毅力和心态的时刻。曾经有人对我说，如果考研的战线拉得太长的话，那么在后面的时间里，就会松懈，没有当初的斗志，所以不用那么早就开始准备。我认为，考研复习过程中心态很重要，要始终保持一种积极乐观的心态，不要给自己太大的压力，更不要和别人比，也切忌和自己比。每天给自己制订一个小计划，不断地鼓励自己，每天进步一点点。每当自己学习累了的时候，要适当地放松一下，去打打篮球、跑跑步，考研也需要睡好，这点是肯定的，没有良好的身体怎么能打持久战呢！

一、政治方面

我参加了政治辅导考研班，辅导班有好处也有坏处。辅导班的老师可以很系统地把整个教材熟悉一遍，让你搞清楚政治的大体框架，同时分清重点、难点，让你大体上对政治考试心里有个数。辅导老师讲解的一些解题技巧、答题方法也是比较有用的。但是要认清一点，辅导班不可全信，尤其是押题部分不可完全依赖于此。选择题中多选题比重大、分值高，单选题范围大、灵活，所以要多做选择题练兵，通过做题掌握理解政治方面的知识点。大题的话只要平时熟悉那些基本知识点，学会用政治语言答题，政治一般不会有太大的问题。

二、英语方面

英语一方面是靠平时的积累，另一方面也靠复习时候的冲刺。作文和阅读占了很大的分值,这也就意味着词汇量非常重要。很多同学都为背单词发愁,其实背单词也是有一定的技巧与方法。写作部分也很重要,一是靠平时多读多背一些经典的语句,二是要学会用一些模板,用很简单的单词来表达清楚自己的意思,同时要注意审题,切忌离题,注意掌握答题时间。英语真题很重要,虽然不会出现相同的阅读文章,但是重要词汇重复率很高,可以通过做真题来背重点词汇。

三、数学方面

数学这方面我不是很精通,经验就不敢讲太多,但是有几点非常重要:首先,你要把课本先看几遍,课本上的一些公式、定理都讲得很清楚。其次,要通过大量做题来巩固提高。数学复习资料我用的是复习全书,很适合我这样基础不是很好的学生。陈文灯的复习全书中有几章讲得还是挺好的,证明题就可以看看陈文灯的复习全书。另外,看一些视频也是不错的选择。我就是看了一些视频之后,一些之前完全不懂的,现在有点感觉了。

四、专业课方面

我考的专业课是通信原理,我觉得不同的学校考的专业课是不同的,这个复习方法因人而异。有些人的专业课比较难,所花的时间就很多,暑假就要开始复习专业课了;有些人的相对简单,时间就可少用些。专业课要通过去他们学校网站找参考书,找真题。真题是非常重要的,把真题弄懂了就比较简单了。

五、复试及调剂

初试后要留意报考学校发布的信息及每年该专业的录取分数线。如果感觉自己初试还不错,就要开始准备复试的内容;如果觉得初试成绩不理想,就要做好调剂的准备,上网查阅哪个学校有你报考的专业,即使该学校没有发布调剂信息也要及时联系调剂学校招办及导师,亲自打电话询问招办招生情况,为自己尽可能地争取机会。如果有时间可以亲自前往调剂学校,通过师兄师姐联系一下导师,介绍一下自己的基本情况和优势。

复试时要认真准备笔试内容,面试前要了解所报考学校的基本情况和导师的研究方向与进展,多练习一下英语口语,准备一份英语自我介绍。面试时着装要大方得体,要注意一些细节问题,对老师的提问,沉着应对、投其所好,简短直接地回答。同时要注意回答问题的条理性,面试最主要的就是要对自己有信心,“信心比黄金更重要”!

把握机遇　赢在未来

设艺学院　谢　星

考研对我来说是件意料之外的事情,在大学里的前两年里,我想都没有想过自己会选择走考研这条道路。以前,在我看来经验比知识更加重要,直到有一天在图书馆里当我翻阅了所有关于家具设计的书籍,当我看到南京林业大学有这样一个专业时,我动摇了!此刻摆在我面前的是截然不同的两条道路,而经过大学这几年,我深深地明白自己对家具设计的喜爱,我也明白能够遇上自己喜欢的专业是非常可贵的机会,直到现在我都庆幸自己当初的选择。

首先,我觉得人生中的每一次抉择对于我们来说都是一次机遇,我们不知道后面会有什么更加精彩的故事。在考研的路上,第一道抉择就是学校和专业,在这一点上,我们要把眼光放得长远点。我报考的学校也许不是大家心目中的学校,但是这个学校的家具专业在国内还是比较有名的,他们的教师资源也是相当丰富的,我相信这样专业的老师对我在这方面知识的学习会有很大的帮助。在选择报考学校和专业时,我觉得大家要把学校、专业、导师三方兼顾,这样对于以后的学习会有很人的帮助。

其次,我觉得考研的过程是痛苦并快乐着!痛苦的是考研过程的确有点艰辛,快乐的是考研后有一种发自内心的充实。在考研过程中,每个人都有不同的计划,但我觉得大体可以从这三方面考虑。

1. 时间安排合理。从我决定考研到结束也就半年的时间,只要合理安排,时间还是相当充裕的。在暑假里,我主要是把所有的科目书籍都看了两到三遍,做了相应的笔记。我觉得所有的复习资料都不比书来得直接,资料上的大多是重点,这是必须要看的,直接看书并不是说把书里的都记得,而是要留有印象,这样知识点就在你的脑海中留下了,两三遍下来,印象就更加深刻了。下面的时间我们可以根据自己的情况复习。

2. 复习方法得当。尤其是在政治和专业理论方面,这些知识点是需要记忆的,但我觉得万不可死记硬背,现在的政治试题越来越灵活,靠记忆来做题是行不通的,要在理解的基础上稍加记忆。而对于两门专业课,我觉得复习要趁早,专业课的比重还是比较大的。对于英语,我觉得多做试题是应该的，但不能盲目做题，要有计划和总结。

3. 保持良好的心态。都说心态决定一切，考研的过程是比较艰辛的，但千万不能抱着厌烦、仇视的心理去对待。要想着苦恼也是学习一天、快乐也是学习一天，那干吗不选择快乐呢，拥有好的心态就有更多的动力。

最后，我觉得做出自己最大的努力，总有人会看到你的光芒。考研的可贵在于它的过程，在于每一位考研人都愿意付出自己的努力，如果你不付出努力，你根本不知道会有怎样的惊喜。我相信，只要付出努力，把握机遇，我们就能赢在未来！

2013 我选择考研之路

化生学院　成　建

我选择考研之路是有些故事的。高考不理想，选择了个自己不喜欢的专业。有人说，干一行爱一行。我觉着，选专业就像选女朋友，搞不好就是一辈子的事情。正常人都不会想要同自己不感兴趣的她生活一辈子。所以我熬啊熬啊，终于到了大三，玩都玩腻了，本着充实生活和实现个人转型的目的，果断决定考研。因此，就这样初步做了这个决定（从海洋技术跨考管理）。说实话，做这个决定前就没打算必须考上，只是想自己学点有用的东西。然后莫名其妙亲戚朋友都知道了，后来迫于种种压力，于是决定真正去考研。

下面我想以一个过来人的身份说一些考研的感受。考研不简单也绝对不难，可能唯一难就难在了坚持到底，其实之所以有的人最后放弃了，基本上是苦于学习的压力。考研复习不是一蹴而就的，所以必须讲究效率，每天不在乎在教室的时间有多久，但我想说进去了就全身心投入，累了也不必硬撑。困了回去睡觉，烦躁了我就去打球，然后回来再继续学习，这样学习至少不会太累。总的来说，我是崇尚娱乐考研的，只要做好两者之间的平衡，结果就会事半功倍。最后数学没考好，总分还考了 373 分。

考研四门课程中，关于数学我最想给大家一些建议。我考数三，说实话今年数三特别简单（但是没考理想，这是个悲剧）。首先我把复习全书看了两遍，题目一定得做。然后就是做历年真题，最后做几套模拟题，最好准备个错题集，特别要注意做模拟题的方法。千万别跟我一样将一套题搞得四分五裂，我一般是今天把这套题的填空选择先做了，第二天做解答题，甚至解答做几道没做完又去干别的了。就是因为这种错误的做题习惯导致到了考场上完全没有做题的感觉，所以做模拟题一定要在3小时内严格完成。数学是得分的大头，千万要细心，因为考场做题总是与平时很不一样，那时我就因为少看到一个条件，结果一个特别简单的经济学应用题一分没得（不然也不用沦落到调剂了）。

至于英语，单词是肯定要一直记的。我准备了一个小本子，把自己需要特别记忆的又写了一遍，然后没事拿出来看看，因为感觉看自己亲手写的东西比较好记。这个过程比较煎熬，但这是必须的，因为这的确是最基本的。做英语阅读一定要注意错误项和正确项的设置方法，当然这都是在读懂文章的基础上才能做的。建议买本张剑的阅读书，上面讲得很全面。

总之，当你觉得考研并不是种煎熬的时候，你已经成功了。考研路漫漫其修远兮，祝每位有志考研的同学都能成功！

相信梦想的力量

电气学院　唐金亚

我叫唐金亚，2013年5月考上江南大学学术型硕士研究生。我一直相信梦想的力量，是它在我疲惫不堪和遭遇层层挫败之后依旧能乐观地看待未来，依旧相信只要努力就一定可以实现我的梦想！

回首备考一年来的拼搏时光，仿佛这一切就发生在昨日，各种经历像影像一样在我脑海里穿过。一切快乐、辛酸、病痛，坚持以及室友之间的相互勉励打气，共同奋斗的瞬间也同样是那么的清晰。有人会问，考研是不是很辛苦，我的回答是肯定的。每一个即将准备考研的同学都要认识到这一点，考研不仅是身体上的持久战，还是精神毅力上的持久战，这也印证了跟你作战的真正敌人不是别人，首先是你自己。考研的过程是艰辛的，可是结果是甘甜的，那份甘甜可以滋润你曾经所有的苦涩，苦尽甘来是对每一位辛勤付出过的人最无价的补偿。我们不能只看到别人考研成功的光荣与辉煌，而忽略在这之前默默付出的汗水与勤奋。“吃得苦中苦，方为人上人。”在我看来，要想在未来一年后收获比别人更高的荣誉、更丰富的果实，你就要做好比别人付出更多汗水和辛勤的准备。确立考研目标是每个人在准备考研之前必须深思的问题，到底要不要考研？考哪所学校？不要盲目自信，也不要一味地妄自菲薄，从自己的实际出发才能做出更加适合自己的决定。但是只要你下定决心，认为靠自己的努力就有希望的话，那就要坚定自己的决定，不要轻易动摇它，相信梦想的力量，相信自己，只要认真地付出与坚持，胜利一定就在不远处等着你！

古人云："得方法者得天下。"方法很多，可是寻求和探索出一套适合自己的方法才是王道。其实这是一个自我摸索的过程，一开始你可以参考别人的学习方法，然后给自己制定一个短期的学习时间安排表，后来实践中可以根据自己的实际慢慢调整，从而得出一套适合自己的复习方法。我就自己的学习方法提几点建议：

一、数学

数学题目一定要做，但是不是盲目地去追求所谓的遍数，那样即便你超过别人做了好几遍，你可能收获的还不如别人多。大家都知道数学题目是永远做不完的，我们做题目一是要掌握题型，二是要借题目深化对知识点的理解。每做完一个单元的练习都要自己从头归纳一下，这其中包括自己不懂的知识点和不太清楚的题型，第二天再拿出来看看或者请教别人。数学资料不要太多，我推荐李永乐复习全书、李永乐真题及我们的数学教科书。如果有条件可以报一个考研数学辅导班。

二、英语

英语重在语感的培养，前期的复习重点就是背单词，需要每天坚持，一天都不能间断，等你坚持下来你会以背诵单词为乐；反之，你一旦断断续续地不坚持，就会发现你越到后面就越找不到坚持下去的信心，所以从一开始就养成良好的习惯。在单词背完两遍之后，你可以尝试做英语阅读理解，阅读理解的资料也不要买太多，一本就好，坚持下去，满满的一本会给你无穷的信心和勇气。

三、政治

我个人觉得政治需要报一个辅导班，它可以帮你省很多时间，资料也不需要买，直接根据辅导班提供的资料就足够了。我就是在做选择题的过程中一遍遍熟悉书本上的知识点，到最后一段时间才开始疯狂地背知识点，这样下来感觉也挺轻松的。我喜欢这种模式，你可以根据自己的特点加上辅导班的指点做自己的选择。

四、专业课

专业课,我想说真的很重要也很简单,所以大家不要害怕。一般从暑假过后,也就是9月份开始自己专业课的学习。首先,你一定要去报考学校的官方网站查看你要考试科目指定的专业课书,没有的话就要去买,不要在这上面图省事或者马虎。其次,你最好能有你报考学校的学兄或者学姐,他们那边有很多关于初试真题试卷和笔记之类的重要资料。这是信息的时代,如果你抓住了重要信息(考试要点、重点),你也许可以获得事半功倍的效果。

最后我想强调一点,等你复习到最后的时候心态很重要,一定要不断提醒自己能行,这样会给你很多正力量,让你不断获得更多的信心。只要你是一步一步地认真付出的话,你就不需要怀疑自己,只要做最大的努力,你实际上已经胜利了。加油吧,为梦想加油!

我的考研历程

材料学院　孙旺旺

时间过得真的很快,一年的时光匆匆而过!从去年此时打算考研,到今天最终考上,中间经历的种种一言难尽!不过真的还是很感谢盐城工学院,很感谢盐城工学院的师兄们,在我考研的过程中,给了我很多帮助!当然也很感谢那些在考研过程中认识的好朋友,是你们在我彷徨时给我坚持的信念!最后感谢那些顺利考上的同学们,能在今年9月与你们一起学习真的是件很幸福的事情!

自进入盐城工学院那刻起,我就打算考研。在大学的前三年因为缺少动力,曾一度迷茫过,不过还好学业比较顺利,但基础不是很好。因为受班级有一考研决心很大同学的督促,真正下定决心考研是在去年4月份,后来一直受他的鼓励,在此特表感谢,我想说找对一个互相激励的研友是件很关键的事。因为自己比较喜欢本科专业——交通工程,因此决定考道路与铁道工程。在确定考长安大学之前,那时一直犹豫该选考哪个学校,在衡量各个学校的分数之后,觉得长安大学这个专业还是不错的,而且长安大学的分数不算高，应该最容易考，因此决定选长安大学！专业课难且得分低也是在以后才打听到的，这才发现长安大学的道铁专业并不如想象中的那么容易考，可是我是那种下定决心就不愿意改的人，因此发现有难度也不想改变初衷。

一旦下定决心就该去行动，这是我做事的风格。于是开始打听消息，找同学询问专业课方面的试题。也是这次，让我感受到了长安大学的热情和友好，正是这份友好，让我一直不改初衷——考长安大学！

我首先要解决的是数学，我深知自己考研的优势和劣势所在，也知道应立即开始补数学。我报了一个春季数学辅导班，跟着老师开始了数学学习。上课是比较痛苦的，一直跑到盐城师范学院上课，我坚持上完了暑期辅导班。还好我高中理科出身，特别喜欢数学，从来就没有把数学当成一项负担，而是一种乐趣。由于数学差、英语好，整个考研复习过程中，我把时间几乎都花在数学和专业课上了，英语基本上没有花太多时间。数学是非常重要的一门学科，也是很拉分的学科！大家千万不能掉以轻心，一定要打好基础，努力就一定有收获。

很多人问我英语的复习方法，在考研过程中，我没有花太多的时间复习英语，总的来说就是背背单词，多做些阅读。我因为最后时间不是很充分的原因，作文准备得不是很好，最后考试就吃亏了。建议在考研过程中多看看作文，尤其是考前一个月！

最后想强调的是，如果真想考研，就一定要坚持下去，不管外面有多少诱惑。在考研的过程中，那些心得和感受是那些未考过的人所无法了解的！今年 4 月份一切尘埃落定，心里无比的喜悦，付出终会有收获。我有理由相信：明天一定会更美好！

男儿当自强

博雅学院　邱　超

人生旅途中总有几段无法抹去的铿锵岁月，中考如此，高考如此，考研亦如此。有些人认为考研是痛苦的，也有些人认为考研是枯燥的，但是，痛苦和枯燥并不是一个考研学子唯一收获的东西，更多的是成功的喜悦，是破茧成蝶的欣喜和激动。经历过考研的人会把这当做迈向成熟的一个台阶、一个锻炼毅力和自信的历练。多年以后,回首当年为梦想奋斗而洒下的汗水时,我们会发现那都是甜的。

现在我把自己在准备考研这一年中所感受到的心得与大家分享,说不上什么建议,但或多或少能够帮助大家吧。

一、自信严谨、坚持不懈

考研是一场持久战,只有战到最后的人,才能笑傲群雄。毅力是考研成功必不可少的一件法宝,只有持之以恒,才能收获胜利的果实。诚然,考研很苦、很枯燥,早出晚归,每天重复着同一件事——看书学习,仿佛这已经成了你大学生涯的主题。有些人坚持下来了,于是他成功了;有些人中途放弃了,等待他的只有失败。

考研是一场心理战,只有充满自信的人,才能不被考研途中的一些挫折所击倒,才能在摔倒的地方重新站起来。高水平的竞争,容易使那些不坚定的人退缩,自信心是考研成功的另一法宝,越到临近考试,就越显得重要。

考研很普通,它只是你人生中无数考试中的一场,一定要保持一颗平常心,"心若在,梦就在";但同时,考研又很特殊,在一定程度上,它决定了你以后的路,因此,你又必须充满活力和激情来面对每天不同的挑战。

二、制订计划、利用资源

考研是一场漫长的战斗,有些人要准备半年、一年甚至更长的时间,于是制订计划就显得尤为重要。制订一个长期计划以及若干个短期计划,可以帮助你减缓考研时的压力,它会让你知道每天要干什么,不会感到无所事事。否则,或许你就会荒废时光,最后放弃考研;或许你会感觉自己没有学到什么,茫然失措。

我们要利用一切可以利用的资源。同学、学长、老师、网络等都会给予我们或多或少的帮助。多征求学长及老师的意见,有利于你考研事半功倍。多关注一些考研的网络论坛及信息,你会在那儿得到意想不到的收获。还有,还可以和一些研友一起复习,相互督促,共同进步。

三、统筹兼顾、循序渐进

数学:越早复习越好,首先把教材都过一遍,基础非常重要,这一遍要过得很认真,用自己的方法把常用的公式、定理总结出来,选择性地做课后习题。然后再买一本复习全书,只要把复习全书上的题都弄懂了、弄透了,考个不错的分数是很容易的。数学最重要的是练习,复习全书一般最好做上3

遍或更多,做完后要总结,最好搞一本错题集,将自己经常做错或不会做的题目总结归纳,然后重点复习。考研后期,数学可以放缓,但是要懂得查漏补缺,每天的练习也是必不可少的。

政治:政治考的就是背,就是记忆。我觉得 10 月开始复习就可以,不用太早,以免忘记。对于选择题,单选题一般都没问题,丢分最多的是多选题。要多做选择题,联系考试大纲,知道考试知识点的分布。对于材料分析题,建议以理解为主、做题为辅。注意参考答案中一些常用的万能句子,这对于你答题是很有帮助的。总之一句话,要背熟考试大纲(或任汝芬之一)。

英语:英语在很大程度上决定了你有没有过线,每年有很多同学由于英语太差而考研失利,所以要充分认识到英语的重要性。我学习英语的最好方法就是多看多练,尤其是阅读。暑假之前可以背单词,做一些比较好的参考书。暑假过后主要是做真题,英语的真题很有指向性,一些答题技巧和解题思路是任何参考书都比不上的。真题中反复出现的英语单词一定要牢记。英语学习每天都要坚持,一天不学你就会发现有些生疏。英语作文一定要练,光看你永远也写不出好句子。所以,我认为英语还是要多背多做,英语真题要多做,英语单词要多记,记得越多越有利。

专业课:首先要对你报考的院校有一定的了解,包括复习的教材书是什么(不同的学校可能不一样),试卷命题老师一般是谁,考试题目类型有哪些等。这时要充分利用你能利用的资源,尽量获取报考专业的历年真题、上课笔记以及一些期末试卷,这些都会给予你很大的帮助。因为有些学校每年命题都有大量的重复,或者命题老师都有一定的习惯,你可以从中总结出考试的重点和难点,然后重点复习。专业课的复习我建议先看课本,毕竟课本才是考试的中心,然后再看笔记,标出重点难点,好好理解,最后再做真题,进行查漏补缺。

最后再补充一点,身体是革命的本钱,在考研过程中要注意锻炼身体,只有强健的体魄才能帮助你顺利赢得考研这一场辛苦的战争。希望我的这些心得能给大家一定的帮助!

让梦想离我更近点

纺服学院　施美景

硝烟弥漫的考研战场已经远去,过去的一年,我们奋斗,我们彷徨,我们在考研教室里奋战的情景如今依然历历在目。

今年我有幸考取苏州大学纺织工程专业硕士研究生,回顾我的考研之路,我觉得考研就是两个字"坚持",坚持才会让我们离梦想更近。心理战术:坚持;复习战术:高效率。下面谈谈我对考研复习的一些看法。

首先,大家要把握住复习的关键点,这样就很容易把握复习的节奏。其次,薄弱点分主次。如果薄弱点恰巧是复习的重点,就必须多花些时间在上面;但如果你的薄弱点在复习过程中的作用不大,那就没必要浪费时间,只需要一笔带过就行。在复习中一定要注意时间的分配,不能本末倒置,要把宝贵的时间用在刀刃上。

同时,要养成良好的习惯,注重高效复习。在日常学习时应当养成学习时凝神贯注、注意力集中的习惯,养成明确目标、及时复习巩固的习惯,养成合理安排学习、控制好学习时间的习惯,养成及时归类整理、梳理所学知识的习惯。这样我们可以及时总结复习中的成败,找出复习效果不佳的原因,发现复习中的薄弱环节。

在各科的具体复习上我有一些建议:

英语的学习要靠日积月累。词汇的积累对我们英语取得高分很有帮助。每天坚持背单词,熟记单词的每个意思,不能只背那些常见的意思,因为考试时我们常常遇到的是那些生僻的词意。阅读在试卷中所占的分值很大,所以平常要注重练习。每天最好要做一篇以上。做完之后切不可丢在一边不去分析,最好是把文章的每句话都翻译理解了,这样也会对翻译题有所帮助。至于作文,可在最后一个月背一些范文、模板和一些优美的句子。

数学,我个人觉得比重较大,很重要。数学复习重在基础,在开始阶段主要以复习全书为主,要把复习全书上的每一个知识点理解、熟记。打好基础后,可做做数学660,做完题要分析每题所涉及的知识点,看自己有没有很好地掌握。在全面复习阶段,开始做真题,做题时尽量以考试的标准要求自己,答题步骤要标准,同时规定答题时间,每套题目做完后要进行评估、查漏补缺。

政治和专业课可放在最后几个月开始。对于政治的复习,我建议报个冲刺班,可以省去一些整理时政的时间,同时在上课时可以帮助记忆,在最后阶段可以做一些套题找找考试感觉。专业课,可以联系报考学校的学兄学姐,将他们上课的笔记借过来看看。对报考学校的指定书目多翻几遍,对知识点进行整理。还有就是历年真题,要多看看,了解考试题型、试卷结构。

考研这条路,一旦选择,就不要轻易放弃。我个人认为考研是值得的,对于生命、对于自己的生活,这一年可以说是大学生涯中最有意义的。考研让我学到了知识,更学会为自己的理想奋斗,锻炼了意志。"我不去想是否能够成功,既然选择了远方,便只顾风雨兼程",为理想而努力奋斗吧!

我的考研初试复习方法

信息学院　宋　灿

我是信息工程学院 B 电子 092 的宋灿,于 2009 年考入盐城工学院信息工程学院电子信息工程专业,于 2013 年考取华北电力大学控制与计算机学院检测技术与自动化装置专业硕士研究生。

选择考研,首先要对自己有一个未来的规划,明确自己为什么考研,这样在准备考研的过程中也会更加坚定。如果目标不坚定,中途放弃也真的是浪费时间和精力。关于报考目标,如果实力真的很棒,可以选择"985"院校,但是大家一定要思考清楚,它的难度很大很大。我建议报考"211"院校,相对来说容易一点。网上可以找到每个专业的学校排名,大家可以参考。总之,选择学校因人而异,要根据自己的实力水平。

下面是我初试复习的学习方法,仅供参考。

一、数学篇

数学占分数很大比重,故而复习时间最长。我把数学课本大体看了一遍,数学复习全书看了两遍,第一遍认真看,不放过任何一个知识点,但是第二遍由于时间原因我只是把知识点过了一遍,这也导致我第二遍做题目没有第一遍复习时有手感了。今年数学考试的题目都是比较细的知识点,由于第二遍没复习好,最终我数学的分数也不高,所以一定要规划好时间。

二、英语篇

英语复习的重点是阅读理解和作文。每天要背单词，根据自己的复习计划，确定每天复习多少单词。我复习时根据某种记忆方法，对刚刚复习完的单词我三四个小时之后再看一遍，在一天之后再看一遍，然后第三天再看一遍……这个效果很显著，大家可以借鉴一下。然后就是阅读理解，对于真题一定要认真做，然后认真分析。同时，也可以买一些其他专家编写的阅读理解做做，用来每天练手感。对于作文，我看得比较晚，结果复习得不好，建议大家早点复习作文，多背背范文，对写作文和语感都有好处。

三、政治篇

政治的复习比较晚，一般大家的成绩都在60多分。我建议《红宝书》大家就不要买了，比较浪费时间，也不适合记忆，《风中劲草》比较适合背诵。不论哪一门课，大家尽量早早复习，复习早才可以多看几遍，这样容易得高分。

四、专业课篇

专业课我复习得比较晚，鉴于学校不一样，专业课也不一样，我就不详细介绍，建议大家选择一个自己最喜欢和最擅长的专业课作为考研科目。

另外，告诉大家两点最重要的内容：效率和方法。大家一定要注意休息，每天早晨7点起床、晚上10点回去都是可以的，我一直到最后一个月都是保证这样的作息规律。看书的时候一定要高效率，不要看其他同学学到夜里一两点钟，心里着急，毕竟大家的计划不一样。

最后，预祝学弟学妹都能考取理想的学校。

时刻明确自己的目标

机械学院　佟　祯

时间如白驹过隙，转眼间我已经被常州大学录取为硕士研究生了。在备战考研的这段时间里，我仿佛又重新回到了高三那段美好的时光，虽然有点累，但是很充实、很美好，对我来说是一段珍贵的回忆。

下面，我来跟大家交流交流我的考研心得吧。

首先，对于我们来说，考研尤其重要的就是勤奋刻苦。“三更灯火五更鸡,正是男儿读书时”,古有祖逖闻鸡起舞,今有鲁迅桌面刻“早”。这些事例无一不告诉我们,“书山有路勤为径,学海无涯苦作舟”。在备战考研的这些日子里,我每天早晨天才蒙蒙亮就起床去考研教室占座,晚上11点多才拖着疲惫的身体回到宿舍休息。不得不承认,那段时间真的很累。即便如此,大家也要在此基础上保证自己的睡眠质量,要多吃有营养的食物,要知道,身体健康才是学习的本钱。

其次,我们必须时刻明确自己的目标。康德曾经说过,“没有目标而生活,恰如没有罗盘而航行”。在决定考研之前,我就已明确了自己的考研目标,能考入常州大学是我一直以来的梦想。说真的,每天没日没夜地看书,有时候我都快坚持不下去了,但是只要我一想到我的考研目标,顿时全身就会充满动力和斗志。明确目标,明确方向。

再次,光有目标而没有切实可行的计划也是不行的。俗话说,闲时无计划,忙时多费力。刚进入大一的时候,我就下定决心考研,虽然那时对考研还不太了解,但是我早已有了学习计划。从大一开始,我就每天上课认真听讲,做好重要知识点的笔记,在高等数学课上更是一刻不敢懈怠。此外,我还经常关注时事政治,时刻了解国家大事,这样对我的政治知识有些帮助。一个合理的复习计划往往有事半功倍的效果,我把我的学习计划分成两类:总计划,分计划。总计划即算好开始复习到考试期间一共有多长时间,每本书要看多少遍(这个依据自身而定)。分期计划就是看完每本书需要多长时间,在什么时间段看什么书。比如,我一般利用早晨时间记忆英语。每天的计划可以稍有变动,但务必当天完成该完成的任务,否则你会发现任务越积越多。

此外,有一个好的学习方法也是格外重要的,每个人的学习方法都有不同之处。不要盲目推崇别人的学习方法,因为那样不一定适合你。学习了这么久,我也有一套自己的学习方法。在数学上,要熟悉书本上的每一道题型,千变万变,题型不变,也要熟记公式,因为有时候一个公式的推算可以花费我们很多时间,这也正是考场上很多人已经答完了,而有的人题目才做了一半。在英语上,我们要多做真题,理清阅读的思路,熟记真题上的单词,单词是每天都要记的。在政治上,每天看看时事新闻,多关心国家大事,其次就是要背。在专业课上,那就靠自己大二、大三认真听讲以及平时在图书馆多看有关书籍,变书本知识为自己的知识。

最后,同等重要的就是要有良好的心态。考研之路是艰辛的,是孤独的。也许你的室友、你的好朋友并不考研，他们整天玩，对学习也不太用心。当你看到他们那样玩乐时，也许你会动摇，但是请相信，“阳光总在风雨后”，要相信，你现在所吃的苦，以后都会有回报的。要排除一切诱惑，坚定一颗考研的心，摆正心态。

以上就是我考研的心得，希望对大家能有所帮助。

轻松备考

优集学院 张 庭

我叫张庭，来自江苏泗洪，今年被江南大学物联网工程学院计算机科学与技术专业录取为硕士研究生。

从进大学那时起，我就有了考研的想法，真正开始准备是大三下学期。我个人觉得计算机科学与技术这个专业考研的重点是专业课和数学，至于政治和英语，只要稍微努力一下，过国家线应该是没问题的。

作为优集学院的一分子，在大三下学期都会面临预就业问题，有的人选择预就业，有的人选择专心考研。而我既没有选择学院组织的预就业，也没有选择专心考研。由于我提前找到了实习单位，所以我选择了一边实习、一边考研。当时有人觉得我这是三心二意，不过我心态很好，根本不在乎别人怎么想，走自己的路，只要自己认为对，不管别人怎么说。其实回想一下，考研真的没有那么难。

我个人觉得最重要的是要尽快把自己的专业课定下来，选个适合自己的学校和专业会事半功倍。我考研的专业课是 C 语言，对于我来说，与计算机专业基础综合相比较，C 语言容易得多。当我看到 C 语言考试大纲和历年真题时，我就已经能确定自己只要复习一个月左右至少能考到 110 分以上，所以我选择了考 C 语言，这也为复习其他基础课节省了大量的时间。至于数学，基础很重要，在复习过程中，我几乎没有做过难题，除了当初参加江苏省高等数学竞赛时做过一些难题。在大一或大二的时候都会有一次江苏省高等数学竞赛，如果对数学有兴趣或有远见的话，应该好好把握这竞赛，因为这对考研数学复习会有很大的帮助。在复习过程中，我也没参加任何辅导班，这个也因人而异，我遇到不会的地方，就上网去找资料解答。

至于复试，和初试同样重要，江南大学物联网工程学院录取是按照总成绩排名进行录取的，总分为 800 分，初试为 500 分，加上复试 300 分，总成绩为初试分数加上复试分数(调剂除外)，调剂的总成绩只有复试成绩。我复试科目是数据库原理，这也是我为什么选择江南大学的原因。数据库，我太熟悉不过了，全国计算机等级考试三级数据库技术、四级数据库工程师、软考中级数据库系统工程师这些证书我都拿到了，复试只需要按照大纲准备几天就行了，而且考的都是基础题，有很多甚至是原题。这次计算机科学与技术专业除了有一个人放弃之外，没刷一个人。不过纵观近几年的报录情况，明年报考人数将会有继续上升的趋势。

一分耕耘一分收获，只要大家想考上研究生，只要你足够努力，就一定能考上，功到自然成！

决定了就勇往直前

环境学院　殷　波

我于 2009 年考入盐城工学院环境学院环境工程专业，于 2013 年考取江南大学环境工程专业硕士研究生。

不管是出于什么目的考研，决定了就勇往直前，耐住寂寞，放下欲望，舍去享乐，最怕的是给自己找各种借口，课多啦、实验忙啦、报考的学校容易考啦，从而放低对自己的要求。

数学和专业课的分值比较大而且好得分。先说说数学，李永乐、汤家凤的复习全书是不错的选择。李永乐的概念比较详细，脉络清晰，汤家凤的做题方法比较好，尤其是中值定理看汤家凤的就可以了，打基础的时候先看李永乐的，做题的时候看汤家凤的，最后需要得高分的时候再去看李永乐的复习全书。李永乐复习全书中的题目有百分之八十会做的话，考 130 ~ 140 分没问题。每天定量不定时地安排做多少数学题，看几节复习全书，一开始只需要质量不必苛求速度，把数学的整个脉络搞清楚。到下学期，数学应该是巩固和提高做题速度及正确率的时候，把真题和市场上能买到的模拟试题全都买过来做一遍，把错题整理出来，这些模拟题难度比真题都高几个档次，能做到 110 ~ 120 分算很好了。真题不要全做完，留两三份考前几个星期做,时间控制在两个小时内,最好是一个半小时。我平时做模拟试卷从来不超过一个半小时,看了几眼没思路的题就空着,证明这道题考到的知识点还没掌握好,做完试卷去翻复习全书。考研数学可以说不难,因为有些考点完全可以猜到,看一下十年内的真题,哪些知识点近两三年没考过的,明年绝对会考。

专业课比较好得分,如果是化工原理之类的暑假就开始复习,理论性强的也要保证三个月,只要不是送分的学校,专业课考的内容可能会涉及大学期间所有学过的专业基础课。

个人觉得有些考试要考个高分,复习难度就该比考试高一等级。英语就是如此,先说阅读,得考研英语阅读者得高分。准备英语六级阅读的时候可以用考研阅读去练习,考研之前的那次英语六级去参加的话,你会发现英语六级的阅读完全可以拿满分。那准备考研英语的阅读就需要做较难的文章,可以去看看雅思,其实在大学期间完全可以把雅思考掉。英语学习需要连续性,每天背单词做阅读,过几天写篇文章,一开始可以拿范文去改,把难的句子改成自己写的句子,考前一两个月需要每天写篇作文。考前三个月反复琢磨英语真题,做几遍,最后几个月背真题里的单词也就够了。英语的学习还是比较重要的,报考那个学校的人比较多的话,通常会把英语作为门槛。考上研究生要看外文文献,以后要是想出国继续深造也要学好英语,准备初试的时候,可以顺便把专业英语学学,复试的时候要翻译文献。有机会的话考一下托福、雅思,国内的一些英语考试一直在学习他们的题型。

政治没什么好讲的,考前花两个月的时间背吧!

万事开头难,可能现在大部分人还是处于水深火热的状态,按照自己的计划复习吧,过了暑假就一切明朗了。最好找两个研友一起复习,每天复习完了可以讨论讨论看法,还可以互相鼓励。懒惰是种天性,所以逼迫是一种成功的方式,有时候得逼自己每天坚持看书。有的人时间充足的话,冬天早上睡到 8 点也无所谓,主要是把每天的计划完成就行。

我的考研梦

纺服学院 蒋 瑾

不知道怎么开头,但是,对于考研,我觉得很有必要写些什么。

我是在3月份的时候选择了考研,其实初衷只是大三如果不考研,好像也找不出什么比较有意义的事情,于是选择了用考研来充实和沉淀一下大学生活的后半段。事实是这段经历,重要的不是结果,而是那些在考研教室里度过的日子,那些让我成长的日子。

我考研的总分335分,政治62分,英语58分,数学94分,专业课121分,每门都平平,没有大的缺口,也没有较高的分数。现在就结合我的经验来谈谈考研复习。

英语:这是我花时间最长的一门课,因为单词的缘故,对俞敏洪那本大纲词汇及下面的真题例句看得很细,那么厚的一本,给我踏实心理的同时,也花了较多的时间,尤其是占用了很多原本打数学基础的时间。个人认为,单词的理解还是首位的,在理解的基础上加以记忆,效果会很好。同时,有很多同类的词,在记忆时,可以进行归类整理,这样比较容易形成规律。单词是阅读的基础,然而理解则是阅读的核心。作为考研英语大头的阅读理解,平时的练习自然是必要的,定期定量的训练加上一定的总结,会大大提高题海战术的效率。

数学:对于很多考试来说,得数学者得天下。数学主要有高等数学上下册以及线性代数,复习这些时,大一大二时的笔记帮了我很大的忙。书本是基础,由于数学丢下的时间比较久,很多东西都要花时间去回忆,先对照笔记然后对照书本,一点点消化,虽然会耗费很多时间,但是在看复习全书以及后期,你就会发现,打好扎实的基础会有事半功倍的效果。要特别提一下的是,李永乐的复习全书一定要复习2~3遍,不光要看,还要理解、反思和总结,有自己的心得,上面的解析很详细,第一遍要细,把书越看越厚,然后再重复的时候就要学会把书越看越薄。

政治:我用的是任汝芬的资料,觉得有点不全,还是《红宝书》比较扎实,然后一定要对照肖秀荣的选择题,巩固知识点。我政治复习开始得有点晚,肖秀荣的选择题来不及都做,有点可惜,但是真心觉得肖秀荣的选择题很好。政治选择题,考的细小知识点比较多,主要靠理解,大题目就需要背诵。后期如果时间还算充裕,可以报个班,还是有点用处的。

专业课:这是最好拿分的一门,纺织材料学的书本可以配合资料看,可以帮助理解记忆。注意看往年的真题,我报考的是苏州大学,题目都是资料上的,也有考到往年的真题。

要着重提的是:真题。每门课的主题都是最后几个月的重点研究对象。不仅要做,还要揣摩命题人的出题思路,总结历年真题上所考的知识点内容及其考查方式。真题永远是最好的练习题,做多少遍都不为过。

总之,在考研这场持久战中,要找准自己的目标,摸清自己的思路,找到最适合自己的方法,坚持效率最大化的原则,立足基本、牢抓真题、善于总结。最后,相信自己,坚信天道酬勤。衷心祝愿学弟学妹,能够取得好的成绩,实现自己的梦想!

我是这样考上了理想的学校

电气学院　李勇群

我叫李勇群,2009 年从盐都区龙冈中学考进盐城工学院电气工程及其自动化专业,2013 年顺利考取河海大学电气工程专业硕士研究生。

在决定考研之前,虽然我无比彷徨,但是更多的理由说服了我选择考研这条路。首先,由于高考的发挥不是很理想,我没有考上梦寐以求的大学,又放弃了复读,所以考研是我去好的大学继续深造的一次机会。其次,我是一个从来不服输的人,考研也是为了证明自己的学习能力不比别人差。最后,由于现在社会的竞争日益激烈,对学生能力的要求越来越高,为了时刻追随时代的步伐,所以我选择通过考研让自己的能力得到提升。

对于考研,虽然今年我幸运地考上了理想的学校,但是我的总分并不是很高,所以我只能结合自己谈谈我所走过的考研路。

首先,在考研的路上必须给自己树立目标,也就是选择自己所要报考的学校。对于这个问题,我曾无数次纠结,我的建议是根据自己的实际选择相应的学校。每个人对于自己所报考的学校的要求不同,有的同学必须上"985"、"211"这些名牌高校,有的同学只是想当一个普通高校的研究生。我当时选择河海大学,有三个原因:(1)河海大学的电气工程专业在各高校中的排名较前。(2)上一届有学兄学姐考上了,专业方面可以获得相关资料。(3)河海大学的校址在南京,我一直想去南京上学。至于选择专业硕士还是学术硕士,这需要根据自己的兴趣爱好进行选择。一旦确定好自己的目标,就不要轻易改变,朝着这个目标勇敢前行。

其次,关于各门课复习的问题。

数学:数学是拉分的学科,数学分数的高低是决定总分高低的关键。数学的复习要注重基础知识的掌握与运用,我想不管时间有多紧,我们都不能在基础知识上吝啬时间。在打牢基础的过程中,我走了一段很长的弯路,为了更好地掌握基本概念,我通过抄写书上的概念来达到记忆概念的目的,这样不仅浪费了大量的时间和精力,而且由于缺乏相对应的题目的练习,对于概念的理解也不是很透彻,造成数学考分不是很理想。因此,我认为对于数学的基本概念应在我们的脑海中形成一个总体框架,同时要结合题目不断加深对于这些概念的理解。

政治:不必太担心,一般差距不是很大。对于政治的复习,我觉得没有必要过早开始。因为政治讲究背诵和理解相结合,而且知识点相对比较多,容易使人觉得枯燥无味。所以,我建议可以等考研大纲出来以后,再按照大纲的要求,对每个知识点进行复习。如果你觉得时间太紧,可以先复习《马克思主义基本原理概论》这一部分。

英语:英语学习主要靠日积月累,考研英语需要我们掌握大量的词汇,因此英语学习的时间一半用来背单词。在单词没有掌握到一定程度的情况下,不要盲目做题目,这样不会出效果。由于背单词是一个比较枯燥的事情,我建议可以组成单词背诵的竞赛小组,这样可以使背单词显得更加有趣,也有利于记忆。另一方面,我们不能忽略对写作能力的锻炼,最好能在考前两个月养成经常写作的习惯,这样才能使你面对写作游刃有余。

专业课:专业课在考研总分中的比重也比较大,已经确定了考哪个学校,一定要结合那个学校的真题进行复习。然而,对于那些想考名牌学校的同学来说,因为学校的历年真题不容易搞到,即使能搞到,变化较大,且难度也较大,所以要及早准备专业课。

其实,在考研过程中,我认为最重要的是我们的心态问题。请你一定要相信自己,相信自己一定能够顺利地完成这次马拉松式的学习长跑。借此我想说说我们班的考研情况,在考研初期我们班有将近13个人考研,但真正努力复习到最后的只有3个人，最遗憾的是有一个人在考试前一个星期放弃了。很多时候不是别人将我们打败的，而是我们自己。任何事情我们只有做了，才有成功的可能，不做只有失败。所以我希望学弟学妹千万不要行百里而半九十，坚持到最后就是胜利。

祝学弟学妹都能好梦成真！

考研对我来说是失败也是成功

化生学院　朱　文

考研对我来说是失败也是成功。失败之处是因为我没有考上第一志愿报考的学校，成功之处在于最终化险为夷，调剂到理想的学校。

我总结了一下失败的教训，原因有二：

一是选错了方向。可以说我学习还是比较认真的，但是分数很不理想，特别是数学。数学花了我考研的一半时间，但时间与效果不成正比，这一现实让我总结出选错了考研的科目，数学一直是我的薄弱环节，而我报考的专业要考，本以为多花点时间就会有收获，事与愿违，结果很不理想。

二是心理不过关。考研跟高考还不一样，高考时一心一意学习，而考研却要先学习自己的专业课。而且并不是所有人都考研，其他人玩，做毕业设计，找工作等，这些都会影响心情，而我却是因为成绩提不上去而烦躁。并且出现一个现象，那就是，每看到一个熟人，我都会抱怨一番，弄得自己像个"怨妇"。其实，平和的心态是成功的关键。

而我的成功之处在于我调剂了一所学校。这里，我的经验是：

1. 知道成绩后，问一下老师或学兄学姐，自己的分数有没有希望复试成功。如果不成功，立刻进入调剂预警机制。

2. 仔细看调剂学校的信息，有的学校对总分或英语单科有要求。有的学校对"985"院校、"211"院校或者英语八级过的学生有优惠政策，这些都会成为调剂成功的砝码。

3. 选择好专业后，问上一届的学生复试的情况。要关注学校网站复试的信息，特别是复试科目、大纲以及去复试时的线路、住处等，做好复试各方面的准备。

4. 挑战心态。不一定分数高就能调剂成功,也不一定分数低就不进。分数高的人要懂得自谦,你是去学习的;分数低的人要有自信,既然学校发了复试通知,就必然有你的可取之处,当然,无论接收与否,尽力就好。

以上是我考研的一些感受,当然在备考的时候要抓紧时间复习。对于上课的问题,我个人认为尽量去上课,可以一边听课一边复习,因为很多人考研都与本专业有关,有可能上课所讲的内容就会出现在考研试卷上。但是考研与找工作尽量二选一,一个人的精力是有限的,集中精力做一件事比满手抓好。

总之,既然选择了考研这条路,那就看准目标,前进!

最重要的就是沉住气

纺服学院　孙从振

我叫孙从振,来自纺织服装学院,2013 年考取东华大学纺织化学与染整工程专业硕士研究生。

回顾考研之路,我觉得最重要的就是沉住气、要坚持,因为考研考的不是你的聪明,而是你的毅力、勤奋和持之以恒。

数学:我觉得基础很重要,俗话说“基础不牢,地动山摇”。当你做真题时,你会发现考的基本都是基础题,还有就是好多知识点综合在一块儿构成的大题。如果基础不扎实,做题时有可能会出现没有思路的现象。4 月到 5 月底,建议首先把课本系统地理一遍,并把书后的习题详细地做一遍,不会做的再看答案。千万不可眼高手低,看一下,感觉会了,就不做了。然后,6 月到 8 月底,把李永乐的复习全书仔细地做一遍。在复习中一定要形成知识的逻辑框架,把握知识间的联系。9 月做《数学基础过关 660 题》,10 月再次做李永乐的复习全书,11 月做历年真题(建议做套题,一定要把握时间),并仔细分析真题。12 月份看复习全书的知识点,并做之前的错题及典型题。另外,复习数学的时候,不可跟别人攀比,要制订自己的计划,以免被别人牵着鼻子走,从而影响自己的心态和进度。

英语:阅读是考研英语的关键,要想提高自己的阅读成绩,主要从两方面做起:一是扩大词汇量;二是多做阅读(每天两篇),并且仔细分析所做的阅读,研究出题人的思路。考研英语跟英语四、六级不一样,考研英语注重理解,英语四、六级偏向速读。因此,不要因为自己英语四、六级没过,就过于担心自己的英语。只要你坚持不懈地努力,英语就一定可以考得不错。

政治:政治的复习,个人认为没必要复习得太早。我是 8 月才开始复习政治的,主要是看任汝芬的《要点精编》(也可 10 月中旬买《红宝书》),并做书后的习题,到 8 月底基本过完一遍。9 月到 10 月底,边看《要点精编》,边做肖秀荣的 1000 题。11 月做真题,主要是做选择题,问答题只需有个思路,并且一定要结合材料回答。12 月份开始狂背政治,并做错题集。

专业课:包括以下“四步曲”。

第一步:重点整理,大致记忆(9 月初至 10 月初)。

按照大纲(去年的,变化少)把专业书(《染料化学》《染整工艺与原理下》)整体看一下,然后再按每个章节、每个知识点复习,以便使自己有个整体框架。注意:看的时候需要把大纲上的知识点系统地整理到笔记本上,整理时不一定全部记住,只需大致记忆即可。

第二步:强化记忆,适当练习(10 月初至 11 月中旬,至少两遍)。

分清哪些知识点是理解型的,哪些知识点是记忆型的。对于记忆型的,主要是概念、分类、应用性能、影响因素及作用原理等,需要多看几遍笔记(结合大纲和专业书);对于理解型的,主要是染料合成(基团反应、合成途径及条件、染色工艺,要有个整体思路,并结合《染整工艺实验教程》来复习)。做做课后的习题,检测自己的记忆效果,然后把课后习题整理一下(与大纲相关的),历年真题往往出自课后习题。如果时间充足,可以做做历年染整真题,尤其是近 3 年的,主要是了解一下考什么。

第三步:做真题,查漏补缺(11 月底完成)。

做真题时,建议严格按照考试要求进行套卷练习,并且一定要严格控制时间。因为在考试的时候,你会发现时间很紧,平时要是不注意的话,到时有可能就会发挥失常,那就太可惜了。真题的价值很大,务必多做几遍,认真分析,彻底明白考查的各个知识点是如何联系到一起的。同时,对于掌握的还不是很明白的知识点加以巩固练习。

第四步:回归课本,再度记忆。

再次复习专业书,理一下整体结构,然后重点记忆。后期主要是看你的笔记及实验教程。

狭路相逢，勇者胜

电气学院　袁　俊

终于，一切静静地落下了帷幕，从 2012 年 6 月到 2013 年 4 月，太多太多的酸甜苦辣，不是一篇考研心得能够记录下来的，但知道自己这一年中走过的弯路，也知道太多学弟学妹还挣扎在考研路上，我知道你们有多需要那些质朴的提醒和经验。所以，我坐在电脑前，把自己能想到的、可以让你们少走些弯路、不用那么迷茫地走完考研路的话都说出来，希望能对你们有些帮助。

我考的是外校，江苏大学汽车学院的车辆工程，本科专业是自动化，算是跨学校跨专业。说实话，没想到自己能考上，甚至刚查到分数的时候有点难以置信，但最后想想，曾经的汗水和泪水可以证明我的一切。我说研友是勇士，称考研的人为勇士一点不过分。真的无论在这条路上你走了多远，如果你真心地付出了，并踏踏实实地坚持考完最后一门课，都会有所获，正所谓"狭路相逢，勇者胜"。

先说心理准备及所要注意的问题，再说实施方案吧。

第一，端正的态度。每个人都会经历一段难以忘记的选择过程，那就是自己要不要考研，对于这个问题，没有人能帮助你做决定，他们能做的是帮你分析各种利弊，但最后做决定的依然是你自己。一旦你决定了考研就不要三心二意地还去找工作或者考其他证，这些都会影响你的复习质量。你也不能轻视和不能有侥幸心理，否则你就可能没戏了。如果你抱着玩或轻视的心理，你第一步就输了，甚至到头来你会笑话自己。对待考研，你也不能太重视，太重视会加重压力，影响复习的心情，后果不说你也清楚，你得淡泊点。

第二，舍弃舒适。此后，你的生活将是考研教室、食堂、寝室三点一线的生活，每天只有书本和最基本的生理需求。你不能太安逸，不能因为冷或者下雨等客观原因就不去上自习。我们学校很重视考研，每个系都有考研专用教室，学校还有公共的考研自习室。复习过程中，你最好不要老是移窝，选定了你自习的地方就不要三心二意，就得像高三那样，那里就是你上课的地方，坚持每天什么时候上课，什么时候下课，给自己做好时间上的计划。

第三，健康的身体。经得起每天坐十几个小时，经得起每天只睡几个小时，经得起每天吃最简单而不可口的饭菜，经得起天天看书却不见成效的心理折磨……要是女孩的话，还得经得起因此而在脸上频繁出现的黑斑或是痘痘什么的。总之，想起过去那么久非人的折磨，可以用一个词形容："心有余悸！"但是一定要记住，健康的身体很重要，不要疲劳作战，要给自己制定适合自己的作息时间表，并且严格遵守，时间表要充分的细，细到每周什么时间去洗澡、去超市购物、上网查相关资料的时间等。

第四，学会坚强。其实考研最难的不是有多少专业课书籍要背，不是有多少英语单词没背会，不是有多少个政治大题不会背，而真正困难的是来自心里的焦躁不安和不够自信。每天日复一日的枯燥生活，让你很难感觉到有什么收获，除了日历在改变，似乎觉得一切在静止。这样的时候，最容易让人胡思乱想，甚至自暴自弃，打退堂鼓。所以勇士们记住，正是这样枯燥的量变，为你今后的质变做铺垫。不要轻视每天的积累，记住，正是由于每天的默默承受，才有最后的收获。无论什么样的挫折，都阻拦不了你前进的脚步，都破坏不了你必胜的心态，如果这样的话，成功就在前面不远处等着你。

第五，好心态。不要听别人说复习得多好多好，自己心里急；不要看别人买了什么书，自己也跟着去买，买资料要买适合自己的，因为每个人的底子和学习习惯甚至计划都不一样。不要轻信网上的留言，说什么"黑箱"操作。复习过程中，你要严格按照考纲的要求，不能少知识点，只能多。从复习到考前半个月，对于知识点的命题，你要做最坏的打算，也就是都有可能成为考题。在考前半个月的日子里，你就要抱着无所谓的心态。考试中，你要更加放松。考场上不管题目有多难或多容易，你都要坚持到最后，在专业答题时要把握好时间，不要答了前面的题目，后面的题目就没有时间做了。

关于具体实施环节，我大致按下列进行，仅供参考：

6月：着重把数学几本书粗略过一遍，在看的过程中对照往年的考试大纲将重点画出来，同时将自己不太明白的、之前掌握得不太好的知识点用笔记本摘出来，留着以后第二轮复习时详细看，争取不留任何疑点。

7—8月：填报之前早就确定报考的学校、专业。到了8月1日，开始严格实行自己的作息时间（作息时间个人按自己的具体情况制定，因人而异），8月政治考纲还没出来，所以用上午的时间复习数学，两个月的时间详读课本两遍，并依照考纲和历年的数学试卷画出重点，把历年出过题的知识点用红笔圈出来,写好题型(这在你以后整理笔记时能有的放矢)。下午,主要复习英语,做真题。我是先从阅读理解开始训练,做一套分析一套,第二天早上还要再读读,以培养自己对真题文章的语感。晚上复习专业课,主要是看报考学校指定的教材并做好笔记,不清楚的地方要做标记。

9—10 月:上午复习政治和数学,政治是看大纲和做 2000 题。数学开始做题了,针对数学,我采用专项训练的方式,选择、填空、大题一项一项过关。下午,复习英语,做第二遍真题。晚上,这时专业课就是做题目,买到的资料、指定的书的题目都做一遍,不会的问研友。

11 月:政治,重看考纲并做 2000 题里以前做错了的,这些只用了 20 天,然后就做真题,认真做近十年的真题,真题注重看解析,建议买解析比较全面而且有一定归纳的真题。专业课,开始第二轮复习,并且找学校往年的真题来做。英语,补自己的弱项。数学,要做真题了。真题的每个题目都要做,最好看到该题目时就能联想到与它有关的知识点。错题更要重视!

12 月:政治要背了,英语练习速度、复习作文,专业课也开始查漏补缺,把以前做错的题目再做一遍,数学再将知识点、概念过一遍。

2013 年 1 月:快考试了,背记辅导班政治押题知识和英语作文,重做近 5 年的真题,找感觉。专业课和数学要梳理知识点,重温以前的错题。

考研如同独自穿越人生的一段隧道,没有喝彩和掌声,没有鲜花和美景,有的只是枯燥的书本、繁重的学习任务以及为实现理想而殚精竭虑的思考,情感和生活状态上的孤独寂寞,但因为既然选择了与众不同的理想,我们就必须要有特立独行和与众不同的行动。相信我,你的人生因考研而变得精彩,不管结果如何,至少我们曾经竭尽全力去尝试过。也许除了复习考研,你今生再无认真学习的机会了。祝你们成功!

坚持就是胜利

化生学院　周冶萍

考研一路走来有太多的感触,考研的过程是幸福和辛酸的过程,只有自己亲身走过才能真正地体会其中的酸甜苦辣。人生最有意义的事莫过于朝着自己的梦想努力奋斗,所以如果你想考研,那就行动起来吧!下面简要谈谈自己的考研心得，希望对学弟学妹有所帮助。

一、确定目标

决定考研了就一心一意地考研；决定工作就好好找工作，不要留恋考研带来的不同的未来；如果你确实需要边考研边找工作，也没有关系。但是，你千万不能拿找工作当挡箭牌来荒废自己的考研！

考研，我还是建议考本专业或是与本专业相关的专业，跨专业考研录取的几率是很小的。选好专业后选学校，选学校的时候切忌盲目！就拿我们化工类来讲，有的学生很憧憬上海华东理工大学，确实，学校非常好，化工专业也很牛，是不错的选择，可是并非所有报的都能上。学弟学妹首先一定要看清自己的能力，不能好高骛远也不能妄自菲薄，建议选自己喜欢、经过努力差不多能进去的学校。如何选呢，一般班级考试还是有排名的，不能完全按排名来，因为考试不能以偏概全，但至少可以拿来作为参考。给自己定定位，看自己可以选什么样的学校，也可以参考历年大四已经考上研究生的学兄学姐考的那些学校，可以联系他们找找资料。

接着就是选择工科还是理科，工科是考数学和一门专业课，理科是考两门专业课，英语和政治都是统考科目。个人建议，数学不是很好的还是选择工科比较好。相较而言，数学是国家出卷，跟英语、政治一样，是比较正规的，难易程度会拿捏得比较妥当，卷子批改比较规范。要是考理科，两门占大头的专业课都掌握在所报学校手里，孰轻孰重，自己思量。各门考试科目的重视程度不是均等的，在这里，我排了个序，仅供参考，希望学弟学妹能把握好分寸，统筹复习。工科：数学 > 英语 > 专业课 > 政治；理科：英语 > 两门专业课 > 政治。

二、考研复习流程

好多人困惑要不要报考研辅导班，个人觉得数学没必要，英语和政治可以报个班，老师会讲些答题技巧。例如，英语，文章里是 require（需要），答案选项中是 obtain（获得），这就涉及已然和未然问题。还有好多其他问题很值得学习。

暑假之前，工科以数学和英语复习为主，理科以一门专业课和英语复习为主。理科没什么说的，就看专业课资料和历年真题。下面谈谈工科吧，众所周知，数学是一门基础学科，更是一切科学的基础，相对其他学科而言，数学更强调的是数学基础，即对基本概念、定理的把握。所以，首先要把基础打牢，熟读课本，把书上的知识点记住，书上的例题和后面的练习题要会做，会举一反三，知其然还要知其所以然。但没有必要全都做，相似的题目做个三题就差不多了，考研题虽然千变万化，但万变不离其宗，考试还是考查基本的知识点。李永乐的复习全书很不错，里面基本囊括了所有的考点，可以先看书，做课后习题，再对照复习全书上的相应部分做做。英语重基本功，每天都要复习一点，哪怕读几个单词。词汇量很重要，有的人光背单词记得快记得住，有的人不行，通过阅读理解记单词反而来得快，所以这里就得自己拿捏了，选择适合自己的记单词方式。

暑假是考研复习的黄金时期，大家一定要把握住，尽量留校学习。学校提供的学习环境是很好的，考研教室里水电供应齐全，还有空调，比起盐师好多了。到了暑假，差不多之前复习的都已忘了，但复习过的毕竟有印象，再次复习时你会有不一样的感觉，考研就是一个反复复习的过程，从头到尾再复习一遍。之后，可以开始做历年真题，检验自己的能力，是一个练手的过程，也是查漏补缺的过程，看到自己的不足之处，再对应复习。英语就是背词汇，做历年真题，练语感吧。

暑假过后就带着复习另一门专业课，10 月份开始复习政治，政治应理解性记忆，光背没用，推荐时间记忆法，考研政治班老师可能还有更好的方法，可以借鉴。

11 月、12 月是最难熬的，这个时候心态很重要。最后一个阶段当然是冲刺阶段，此时每个同学都可能会感到疲惫，甚至厌学，出现这样的心理并不可怕，可怕的是不能正确对待、自我调整。这一阶段应以查缺补漏、归纳总结、实战模拟为主要内容。其间，效率问题尤为重要，不能再过多投入精力于细枝末节，要着眼于以点带面，让所有的知识点、难点在脑海中以系统化的状态呈现出来。实战模拟是不可或缺的，最好的模拟题当然就是历年真题，但真题不仅要求做完、纠错这么简单，而且应该作为重点对象反复研究、体会，从中发现规律性的东西。这个时候不要看别人复习得怎样怎样，关注自己的就好，不能分心，想着你自己也复习了这么长时间，肯定不会差！

自己选择的路就是跪着也要把它走完！相信我，你的人生会因考研而变得精彩，不管结果如何，至少我们曾经竭尽全力地去尝试过。祝学弟学妹考研成功！

考研·路

信息学院　卢盼盼

我于 2013 年考取江苏大学学术型硕士研究生。对于考研，非要把那些经历过的变成文字记载下来的话，想说的其实很多，只是，那是一种经历，只有体验过，才知道什么叫泪与汗，什么叫坚忍与持续，什么叫把生命中的某一段时间用来做一些有意义、有价值、以后可以高调地说出来的事情。

总的来说，考研是我大一就已经决定的事情，只是那个时候对这个概念有点模糊，不知道具体的流程是怎样的，现在知道了，那个时候了解的话太早，真正准备是从大三开始了解院校以及专业的情况。由于各种原因，我对于考本专业的研究生信心不足，于是开始考虑转专业，寻找在研究生阶段学习感兴趣、值得一生去奋斗的事业。通过了解各种资料，我得知一种经济类的专业门类 MPAcc，专业硕士，对于想跨专业考经济类的同学来说是比较有益的。因为大家的起点都是一样的，会计专业课在复试的时候考，所以如果复试阶段只考一门的话，完全可以在初试以后开始准备复试的会计和政治。我就是这么干的，也很幸运，我为自己的人生又赢得了三年可以思考青春到底是怎么回事的时间。

对于时间安排，考专业硕士和学术类硕士的时间分配完全不一样，对于考 MPAcc 的同学来说，因为初试只考两门，所以准备的时间越长越充分。MPAcc 初试考英语二和管理类联考综合，所以我整个考研的过程就像一场游戏。我有大把大把的时间学英语，一天 10 个小时的学习时间我有 5 个小时在学英语，期间报了海文考研的英语一和政治，也就是说我用了考英语一的思维在考英语二，所以结果英语二考的结果我并不意外，基本和我估分差不多，79 分。可能是英语二的试卷比较简单，结果证明，英语在我总分上帮了很大的忙，管理类联考综合我考了 121 分，总分正好 200 分，圆满了。

江苏大学会计专业硕士的竞争其实还挺激烈的，报了很多很多人，初试被刷了一批，复试又刷了一批，然后我们就像被筛子筛米一样筛出来了。复试的时候种种紧张，现在想想其实没必要，因为只要有实力，即使你不说话，一个字也不说，老师也能看出来。这个社会需要实干者，需要脚踏实地做事的人，我不太习惯官场上的生活，所以选择继续学习，选择低调的活着或者说是生存。如果你打算选择考研,如果你打算在大三的时候踏上这条被无数人走过的路,其实挺对的,大学四年太短了,我们还没来得及成长,就已经毕业了,还没来得及对我们的青春说点惊心动魄的话就已经结束了,活得太糊涂了。

考研是一场持久战,不但需要努力,还需要沟通,需要了解各种与考研有关的信息,通过网络这个平台,你可以获得更多,超乎你的想象。学会了怎样考研,也许你今后遇到任何困难的事情就会淡定一点,不焦躁、不愤怒,笑一笑,就是这样。

这是个过程,你收获的不仅是考研带给你的今后三年的提升机会,更多的是成长与经历。考研相对高考来说,心理压力是对等的。有的人把考研看得太重,把考研当作天大的事情,其实,真的没必要,每个人对待成功的概念不一样,也许有的人只是为了获得一种体验。

考研的过程我没有考虑太多,每天 10 个小时看书的时间让我过得很充实,只要把考研的过程走一遍,脚踏实地地走一遍,该看的书都看了,该做的题目都做了,剩下的只是 1 月份的时候把你所有知道的都写在试卷上,不要焦虑,淡定。

走上考研考场的感觉和走上高考考场的感觉差不多,没什么特别,即使考上了,也不代表什么,该做的事情还有很多。大学四年树立自己的价值观,多读点书,多读点好书,知道什么是对的,知道自己想要什么并且知道该怎么做,怎么实现所谓的理想,这个很重要。

一辈子那么短,做点有意义的事情。

一辈子那么长,你是你的大学。

坚定信念　奋力拼搏

设艺学院　王小童

我叫王小童,2009 年 9 月从江苏省高邮市三垛高中考入盐城工学院设计艺术学院环境艺术设计专业,2013 年 6 月考取扬州大学环境艺术设计专业硕士研究生。在这里我简短地谈一谈对考研的一些体会。

英语:对于艺术学院的学生来说,我们的英语水平比其他学院相对薄弱,所以要多花点时间在英语这门学科上。首先,学习英语是一个慢慢积累的过程,并不是一天两天就能速成的,所以我们要天天看、天天背、天天练。考研英语主要分为阅读题、翻译题和作文题,与我们平时的考试相比,英语四、六级少了听力部分。其中阅读题是需要平时多加练习的,每天坚持做两到三篇,通过长期的练习,正确率就会慢慢提高,越做就越顺手;翻译题和作文题主要是考你的词汇量和语法,所以单词是一定要背和记的,有些单词需要会写,而有些单词只要认识,所以我这里推荐大家可以买《红宝书》,上面都有标注哪些是需要深记的,哪些是需要认识的。《红宝书》是教育局编制的,比较权威。

政治:我个人认为政治和英语不一样,政治是可以快速练就的。在考研的初期可以大略地把大学时学的政治课本看一遍,大体在脑子里形成一个知识框架,并不需要花太多时间。到临考前的一个半月,要加强习题的练习,可以到书店去买练习题、预测题,我在这里推荐两本练习题《大纲解析》《命题人》《启航》。还有最后半个月会出来配套的最后四套题,直接做题,对错题有针对性的记,之后再看看大纲上的二三级标题,把握一下框架,便于选择答题角度切入点。只要你认真做这些习题并加以强记,政治就可以得很不错的成绩了。

专业课:艺术学院考研不需要考数学,所以相应地要考两门专业课。两门专业课的考试形式一般分为两种,一种是纯理论,另一种是一门理论、一门手绘,这要以你报考的学校来分。理论就是靠记忆,首先要拎出大纲中的年代,按照年代的顺序来记忆会好记一点。手绘要平时多练,可以报考外面的一些手绘班,这样比自己练习更方便、有效。往年的真题最有复习价值,我自己都不记得我看了多少遍,只要弄懂、理解了,答题时思路一般会很流畅。重要的是多思考,变书上的知识为自己的知识,消化吸收。

从刚开始确定要考研的决心到中期的复习再到最后的考研录取,一路走来,并不是一帆风顺的,我们会遇到各种各样的困难和障碍,但是只要我们有坚定的信念,持之以恒,任何艰难困苦都会迎刃而解的。在最后两个月里,一定是考研复习整个过程中最紧迫、最艰辛的阶段。毫无疑问,这也是提高最明显的阶段,是从系统的基础部分复习到逐渐进入实战演练,从对考研毫无概念到逐渐心领神会的过程。可见,最后两个月的重要性,但是正是由于很多朋友还感觉有很多不足,在最关键的时刻,容易产生动摇。希望各位学弟学妹在最后关头,一定要坚持到底,永远不要放弃!

插上梦想的翅膀

设艺学院　李　萍

2013 年的考研已经落下帷幕,当知道自己被录取的时候,我知道,之前的一切努力都是值得的。我考取的是扬州大学设计艺术装饰美术方向的研究生,对于现在我学的这个专业来说,有点跨专业,但是个人觉得,设计美学的基本原则是相通的,只要我掌握了这个原则,任何设计都可以学好。

一、战胜自己才是王道,找到学习方法才是捷径

每个人的学习方法不一样,所以不要轻易地将别人的学习方法生搬硬套到自己身上,因为考研不仅仅是时间战,它还涉及你的临场发挥,你的心理抗压能力,你当时的身体状况、心理状况。所以,我觉得考研你必须让自己明白:战胜自己才是王道,找到学习方法才是捷径。很多时候看到别人学习非常刻苦,甚至有点“过分”,其实我并不赞成这种状态,真正考上的不是你多努力,而是你在半个小时中干了别人两个小时做的事情,并且你把它掌握了,这才是真正的学霸。

二、资料不是越多越好,自己总结最重要

很多人考研下来积攒的资料一大堆,其实真正看的没几份,这样的状况只能说明你的心态不够好,当然我指的是每天在寻求资料,然后不有效利用。其实,一般人都知道,考研不管哪个学校,重点永远是重点,非重点永远是非重点,出题的时候只是侧重点不一样而已,所以不要天天寻找资料,与其那样,不如静下心来好好地看看自己的资料,内容大同小异,关键在于自己总结,把平时经常考的东西总结出来,然后把各个方面都考虑到,真正理解了你就可以掌握了,真正掌握的东西,你是不会忘记的。不要欺骗自己,与其天天焦躁,别人有这个那个,不如选择一两种自己认为不错的资料,好好总结一下,效果要好很多。至于怎么总结,每个人的学习方法不一样,就看自己怎么合适就怎么来总结。

三、既要保证学习时间,又要保证温习时间

学而时习之,不亦说乎?但是真正做到的没几个,其实我个人觉得温习比学习更重要,尤其是你在几乎了解了所学的知识点之后,温习其实是再一次巩固的好办法,因为你会发现所考的知识点其实没几个。考完之后总觉

得这个我见过，那个我见过，但是具体的自己也说不上来，这样其实是非常不讨好的，所以不要要求多，学过的必须掌握了，这才是王道。

四、端正考研态度，摆正考研心态

我觉得最重要的就是心态一定要摆好。现今，研究生入学考试竞争的压力还是比较大的，我们要端正考研态度，摆正考研心态。

1. 要树立正确的考试观。不要过分看重考试对个人前途的影响，应把备战硕士研究生考试看成是检验自己大学几年的学业水平，接受国家高水平人才选拔的正常程序。

2. 要有决心。要想成功，仅仅有信心是不够的，还必须有决心。

3. 要有面对一切困难的顽强意志。在准备复习的过程中，肯定会遇到各种各样的困难、干扰或阻碍，只有克服各种困难、摆脱各种干扰和阻碍，才能最终走向成功。

4. 创设轻松的环境。备战研究生考试的学习是一种复杂的智力劳动，应尽量选择安静的学习环境，避免在学习过程中受无关刺激的干扰，保证自己能够专心致志地复习。

5. 形成有规律的、良好的学习和生活习惯。为了能有强健的身体和充沛的精力，除了要注意养成良好的饮食习惯、保证充足的营养外，更应注意适当加强身体锻炼，如在学习感到疲劳时散散步、打打球，这些活动并不影响学习，反而能提高学习效率。

学习本身就是一件孤独的事，但只要你享受了这份孤独，相信你一定会有好的收获。也希望正在考研路上奋斗的学弟学妹在来年能够学习进步、考研顺利！

首先确定为什么要考研

化生学院　朱叶飞

转眼考研已过去 4 个多月了，回首考研的路有太多的话想要诉说，有太多的感慨需要抒发，更有一笔财富等待着我去收获。总是想着要写些什么，来定格、升华这一段青春岁月，却由于复试、毕业实验拖到今天。最心声的一句话：考研从未后悔过，我相信所有考研人都没有失败。

考研只是一次人生的选择，如果你选择了这条路，就一定要有足够成熟的思考，为什么要考研、怎么考研？这是选择考研最关键的问题，相比于其他人介绍自己的学习方法之类的，我觉得为什么要考研这一问题更为重要，这是我最想要总结的、要介绍给大家的。在选择考研这条路时，我们首先要确定为什么要考研，这是最重要的。没有确定的目标，随大流，这是不可取的，因为你没有考研的确切目的，没有为之持之以恒的决心，是很容易半途而废的。自己有没有“研究”的能力？我们应该为自己的选择负责。有几个问题还是需要掂量好：考研往往希望自己能够拥有二次选择，能够迈入名校的殿堂，普通学校毕业的年轻本科生和大龄的名校毕业生的竞争力孰强孰弱？三年的工作经历和有宽泛职业选择的本科生与刚出学校、专业定向性强的研究生相比，未来个人的发展谁更有优势？想明白这两个问题，再选择是否考研，我想这样才是对自己的将来负责。

选择了考研就要风雨兼程，绝不给自己懈怠的机会。有人说，考研就是早 6 晚 11 的分秒必争，这个是有一定道理的，毕竟多付出才可能在最后有更好的结果。但我也有自己的看法，考研是智力、毅力与体力的综合较量，老是这么高强度的学习很容易身心俱疲，合适的才是最好的。也许有强人可以从头疯狂到尾，也许有人可以展现“打酱油”的最高境界，但那都不是你，你需要的是最适合你自己的模式。我们首先要清楚自己的学习基础、能力、效率，结合这些实际，按照可以支配的时间，制订能够完成的三轮复习计划，每天完成计划就可以了。如果当天实在没有状态学习，你可以放下小假，没有人能完美地执行自己的计划，我们要做的就是要磨平这份贪玩的心。保证自己每天都认真且努力学习就可以了。例如，有些同学喜欢睡懒觉，那么早晨就可以睡到自然醒再学习，但是千万不要赖床；有些同学晚上做题效率高，在自己最能学习的时候，完成最多最重要的学习任务，你会发现即使学习也很舒服。临尾再给大家简单说一下我各科的学习方法，简单的一句话“数学一刻不放松，英语天天要背诵，政治后期发点狂，专业知识重真题”。

考试的时间很短，只有两天，但是更多的是在前面的准备工作。我以一个过来人的感受，给学弟学妹几点忠告：

1. 尽早树立自己的奋斗目标，并果断坚持。

2. 最好有一两个研友一起努力，免得太寂寞，考研的时候我特别感谢我寝室的朋友。

3. 考研的流程比较长，学习的内容比较多，因此及时合理地安排好计划就显得非常重要,包括长期计划和短期计划。每天学什么,学多少,尽量做到心中有数,不要让自己的复习进度太偏离计划。另外,做计划一定要考虑自己的适应过程,不要太过前松后紧。

4. 计划赶不上变化,出现学习状态比较混乱的时候一定要及时总结,及时调整心态和学习内容,适应新阶段的变化。

5. 抽空锻炼锻炼身体。积极乐观的心态+合理可行的计划+坚持不懈的努力=考研马到成功!

考研:别有一番滋味在心头

博雅学院　王　露

考研历程是我生命轨迹中一段无法抹去的铿锵岁月。不少人说考研是痛苦的,很少有人说考研是快乐的。然而,无论经历痛苦还是快乐,经历过的人都会把曾经的苦与乐看成是自己走向成熟的一段经历、一种克服人生困境的能力和一笔无形的宝贵财富。

记得从最炎热的酷暑留在学校复习到最寒冷的冬天披星戴月,当时的我也感到疲惫、感到辛苦,然而想到为了自己美好的明天,再苦再累也值得。每天早晨睁开眼的第一句话就对自己说:加油! 你行的! 每天中午同学们在大仲夏可以躺在宿舍里悠闲地看书,以躲避那焦灼毒辣的太阳,而我却必须调好闹钟,2 点必须起床去图书馆,要不复习计划就会被打乱。每天晚上一个人在近 12 点时从考研教室出来,虽然眼睛发涩,头脑发涨,但是有一种莫名的充实感,不去顾及结果如何,只想着今天的我又学了很多东西。拖着疲惫的身体回到宿舍,洗刷完毕,顾不上宿舍那饶有趣味的“卧谈会”,倒床便睡。有时虽然会觉得孤寂、单调、乏味,但想到学习是一种莫大的慰藉,所获得的是一种“别有一番滋味在心头”的感受,也许只有经历过考研的人才能有这种体会吧!

终于在考研队伍中,我取得了自己满意的答卷,考入了河海大学软件工程专业学位硕士。所以,感谢考研让我发现了自己还有如此大的潜能!

下面来说说我是如何准备考研吧。从我个人经验来看,最需要的是“三心二意”:

第一“心”：自信心。自信心是成功的基石。虽然也许我们没有其他名牌高校同学的基础雄厚，但是我们可以比他们勤奋，可以有比他们更强的自信心。我是计算机专业的，当我决定考研想请教上一届的学长时，他们告诉我，我们专业从来没有人考上过。当时的我并没有放弃，我在心里暗暗想着，我要成为那第一个突破的人，我相信我能行。

第二“心”：恒心。考研日子的确很“苦”。诚然，考研的人都要花半年、一年甚至更长的时间来进行复习备考，在这么漫长的时间里，只有坚持，坚持，再坚持，才能获得最后的胜利。

第三“心”：平常心。有花开，就有花落。考研同样如此，有成功就有失败。因此，在考研过程中，一定要保持一颗“平常心”。对于已经身经百“考”的大学生，考研只不过是许多考试中的又一场，但并不是一考定终身。“心若在，梦就在”，即使失败了还可以“从头再来”。

第一“意”：真情真意。考研要目标明确——为什么考研？不是赶时髦、追潮流。考研不是“一场游戏一场梦”，它需要的是真情付出、真心投入。只有认认真真备考，脚踏实地地复习，才能实现既定的目标。

第二“意”：全心全意。“两耳不闻窗外事，一心只读考研书”，这是大多数同学备考时的心态。当你决定考研时，你必须处理好与外界的关系，然后将所有精力投入到考研中来，顺利地“将考研进行到底”。

拥有了上面的“三心二意”，接下来你就要复习好每门要考的科目。

关于数学，越早复习越好。首先把教科书都过一遍，基础非常重要，这一遍要过得很认真，把不明白的地方画出来，把常用的公式、定理总结出来，把课本上很典型的例题摘抄出来。然后再买复习全书，只要把复习全书上的题都弄懂了，考试基本没问题。数学最重要的是动手做题、勤快练习。

关于政治，9 月陆续开始复习就好，这样比较有信心进行宏观把握。如果有精力，把买到的选择题都拿来做，一直做到最后的模拟选择题。因为选择题也不花很多时间，能多做就多做，全面撒网，最后考试做选择题时会很轻松。客观题尽量结合实际，多看材料，理解透彻，多背固定的套用格式。

关于英语，我认为学习英语的最好方法就是多看多练，主要是真题。英语学习每天都要坚持，一天不学你就会发现有些生疏。英语作文要有模板，因为你会发现有模板后作文写起来很快还很流畅，会节省很多时间。英语复习真题要多做，英语单词要多记，记得越多越好。

关于专业课，专业课的复习我的建议是先不要看真题，先把要考的所有内容仔仔细细地看一遍，然后再做真题，再看课本，沿着真题的出题方向慢慢蔓延，对真题一定要做系统的总结，总结一下感觉很重要的东西。到最后你会发现，要考的内容其实也不多。如果你要考名校的话，专业课还是要多花些时间，名校的专业课还是具有一定难度的。

同学们，人们处于过程之中时，摆在第一位的永远是结果，但人们取得结果后，回味的常常是过程，是苦？是甜？是涩？是酸？……这个中滋味只有考研的人才能体味到。叶子在秋天成熟后优雅地飘落，但它存在的价值和美感却体现在春夏。

最后预祝各位考研同学都能取得满意的成绩！

拼搏的一段时光

信息学院　许　辉

我是计算机093班的许辉，今年终于如愿以偿地考上了东南大学学术型硕士生并继续选择了我喜欢的计算机专业。

四年前就曾幻想过走在东南大学的校园里，过着种种期望的生活。不过没有足够的努力、适当的心态，幻想终究只是幻想。于是，走进盐工大门的那一刻，我就决定考研。三年半后，终于获得了走进东南大学的机会。

一、选择

上大学以前，我们更多的时候是懵懂的。未来虽然有太多的未知，但父母会不自觉地帮我们做选择，此时烦恼多数来源于没有选择的自由。然而进入大学校园，我们摆脱了高中时的压力，选择变得更加自由了。于是，我们显露出了贪婪的本性，选择了太多我们自认为喜欢的新鲜事物，耗费了宝贵的精力。后来的某天，我们在身心疲惫的时候开始迷茫：我想要的是什么？大学的烦恼来源于太多的选择。

选择是一个痛苦的过程，那意味着要放弃一些才能得到另一些。所以，我们必须去权衡，发现自己真正需要的是什么，然后勇往直前。

事实上，我迷茫了大一大二的两年时间。那时的我虽然知道要干什么，却不知道为什么要这么做。总是积极地做让自己看起来“很认真”的事，却不知道真正要的是什么。

二、坚持

大概4月份开始把注意力往考研集中。但是,考研的过程是漫长的,决定很好做,执行却不是很简单。有时会无端沮丧,有时会状态不佳,有时会心烦意乱。

做了考研的选择,就必须抵得住诱惑,抗得住压力,守得住信心。早上想要睡懒觉?是不是再弄一局Dota?今天状态不是很好,明天再看书吧;今天有点累了,休息一天;还有其他事得赶着弄一下;复习的课程好难……这些问题会不停地出现在复习的过程中,考验着你对考研的信念。

从开始准备到走出考场,再到复试是一段长久的过程。没有人可以一直处于神经紧绷的状态。有张有弛地坚持,脑海中抹不去的对考研成功的渴望是美好结果的基础。

既然选择了,就该去用行动告诉自己:I made the right choice。

三、结果

记得快考试的时候舍友问我,如果你没考上会不会很伤心。我说,那是肯定的,努力了那么久却没有得到想要的回报肯定会很失落。只是,到了快考试的时候我也感受到,考研过程远比结果有价值。

记得高中最讨厌学习与文科有关的科目,所以我成了一个典型的工科生。然而,复习时发现我渐渐喜欢上思想政治了,当然,其内容包括近代史、哲学基础、法律等。这些知识不再是痛苦地死记硬背的东西,而是我渴望去了解、去理解的谜团。也正是考研让我再次有机会去慢慢感受这些知识之间的联系。就连马克思的唯物观都和面向对象产生了关联,社会阶级的调节与操作系统的进程线程调度产生了微妙的关系。

我的考研经

材料学院　曹小玉

我是高分子092班的曹小玉,我报考的是东华大学,今年考了359分,以下是我的考研心得与体会。

数学:考研的难点在于数学,数学复习基础一定要打牢。好多同学垮在数学上,而我今年数学分数考得很高135分,也出乎我的意料。一直认为女生数学不会考得很好，所以复习时一直很认真。必备参考书：李永乐复习全书、660 题、真题。440 题在时间充足时也应当做做，今年就押中一题。复习数学一定要早开始，3、4 月份重点把课本及课后习题做做，细致地看，然后不要停留直接做复习全书，争取高等数学部分第一遍在暑假之前结束。暑假是复习的黄金时间，这时候复习全书可以做第二遍了，第二遍复习好的情况下就开始做 660 题，至少做 2 遍。当复习全书及 660 题上大部分搞懂时，就要开始线性代数的复习，课本上的习题一定要理解透彻，不能忽视线性代数的复习，今年大部分同学线性代数的得分率很低，所以复习时一定要按部就班，不能掉以轻心。暑假期间，把以上内容复习透彻全面就差不多了。9 月份开始做复习全书第 3 遍，不懂的知识一定要查阅高等数学课本，课本上的每个知识点都要真正地弄透彻。11 月份开始做真题，每份试卷的每个题型都要熟悉，最好在试卷上标明，然后对历年考查知识点进行比较归纳，你会发现每年考的知识点大体相同。在考场上，你看到一个题目首先就想到运用哪个知识点，这样思路就很清晰，试卷再难你也不怕。12—1 月份练习真题、复习全书、660 题，重点知识反复巩固就可以了。在复习充分的情况下答题技巧也是非常重要的，今年数学考得很难，但是只要你把每个知识点复习到位，把你认为的方法大胆地写上去，抱着“我难别人也难”的心态，数学不会考得太差。

英语：本人英语六级过了，而且分数不低，结果今年英语仅仅考了 50 分，而且英语前期花了好多时间。反而那些英语六级甚至英语四级没有通过的同学考得比较好，原因在于，考研英语阅读理解需要很强的技巧和逻辑思维能力，不能一味地做题而不去研究方法和技巧。作文占了很大比重，一定要重视作文的训练，多背模板范文。

专业课：要根据自己报考的学校来决定复习的时间，专业课不能看别人 9 月份开始你就从那时候开始，因为不同学校的专业课难易程度不同，在没有内部资料的情况下，一定要提前看专业课，弄懂弄透，要知道专业课所占的比重也是非常大的。

回忆整个复习过程，真的很辛苦也很累，但是一定要有必胜的信念，不抛弃不放弃，相信付出会有回报。当然报考学校一定要量力而行，根据个人的实际情况理智选择。

青春潇洒的转身

化生学院　姜思炜

我叫姜思炜,2009 年 10 月,从浙江省桐乡第一中学考入盐城工学院化学与生物工程学院化学工程与工艺专业,2013 年考取浙江工业大学化学工程与技术专业硕士研究生。

一年前的现在,我怀揣着一份迷茫的心情走上了考研路,如同一个孩子跌跌撞撞地学习走路。一路走来,我感觉我已经成了一个饱经风霜的老人,对考研有着自己独有的感受和经验。今天,我用文字记述这段征程,希望对有意向考研的学弟学妹有所帮助。

对于选择考研,选择学校,不同的人有不同的见解,有人是为了上名校,有人是为了研究生学位,有人是为了达到家人的期望,也有人是为了以后找份好工作……我的原因很简单:一方面为了提升我自身的素质,不浪费大学所学的专业知识;另一方面可以离家人近一点,家是我们永远的港湾。

既然下定决心,我就要全力以赴。我考的是数二,即高等数学和线性代数,大三下学期,我对照着大纲把知识点全都过一遍,又把所有的课后习题做了一遍,至于英语,这学期基本就看看单词。我自己定义的考研复习是从暑假开始的,暑假是最重要的时期,千万不可懈怠。第一个月开始的第一个星期我上了考研的政治辅导班,对政治有了一个大概的了解。之后的每天上午和晚上都做李永乐的复习全书,注重知识点的熟记,下午做 4 篇英语阅读,不用去计较对了几个,而是尽量记住文章中的生词和长难句。第二个月算是开始第二轮复习,上午开始做政治的选择题,下午依旧是做 4 篇阅读,晚上重新开始做一遍复习全书,这一次重在公式的记忆,在第二个月快结束的时候,看了一遍物理化学,整理了知识点,以加深印象。

终于大四了,我们成了学校里最大的人,使我更加觉得应该为自己负责,为自己的未来努力。而这个阶段,复习的重点要分散,要兼顾数学、英语、政治和专业课。数学的复习自始至终都是以做题为主,揣透题目的用意和掌握答题技巧,不盲目使用题海战术;英语的复习注重的是持之以恒,坚持每天做一些阅读和真题;政治的话,个人建议报个辅导班会比较轻松,毕竟人家是专业的老师,会引导我们系统地复习,节省了时间也就有更多的时间复习其他几门课程；专业课每个学校都不同，但都会有复习资料，可以从淘宝网上购买，可以去学校论坛寻找，也可以向上届的学姐学兄索要，只要认真做题，专业课基本不会有太大问题。从 10 月或 11 月开始，各科的真题要抓紧时间做了，由于真题的数量有限，所以要十分珍惜，一定要以自己最佳的状态去做，一般真题至少需要做 3 遍，了解历年命题的趋势和着重点，从而有针对性地进行查漏补缺。

最后，我想说说关于准备考研期间的作息。我不赞成每天起早贪黑拼命地去看书做题，考研是一场漫长而又艰辛的征程，我们要注意学习的效率，注重劳逸结合，每天按计划完成相应的任务就行。最重要的是，让自己保持一份好心情，因为考研不只是考查我们的文化知识，还有我们的心态，因此我们要和同学保持良好的关系，多与同学沟通。

考研，是我们青春中的一次转身，只要认真努力过，每个考研人都可以拥有一个潇洒的转身。加油，考研人！

青春之歌

纺服学院　奚　桐

2013 考研虽然没有达到我预期的目标，但这不妨碍我在这一年的奋斗中学到很多，不论是知识方面还是心态方面，点点滴滴都是值得我去回忆、去反思的！

首先，考研，我觉得既然有这个想法就应该坚持不懈地进行下去，中途放弃或者犹豫都是心智不坚定、态度不端正，更可以说是对未来不负责的表现。要不然当初就不应该走考研这条路，认认真真一心一意找个好工作。既然决定考研了，那么对于一个已经快毕业的 24 岁的青年来说，就应当成熟起来，在没有人督促的情况下自觉复习，抓紧时间，但这不代表吃饭都要看书，而是把用来玩游戏的那些时间花在复习上。还有一点，过分重视考研也可能会适得其反，心理压力太大，会造成复习时的心理扭曲，觉得考不上天塌下来了，最后在考场上影响发挥，所以心态十分重要。

其次，考研，“忍耐”这两个字尤为重要。有的人坐不住，像是有多动症一样，要知道考研是三点一线——宿舍、食堂、教室。我们考研时在教室的时间是早上 7 点到 11 点，下午 1 点到 5 点，晚上 6 点到 11 点或者 11 点半，这么多小时都是坐在教室里看书，有的耐不住性子的人就坐不住，不停地走动，这不仅影响他人，自己的复习也没有效率，所以考研的人对于这一点也是要克服的。但是我想对于一个 24 岁的青年来说应该很容易改正。还要忍的就是一本书的枯燥无味，复习书不像小说一样有故事性，考研资料都需要我们一个字一个字地去理解、去记忆、去揣摩，这需要有足够的耐心，而且每本书都应该复习三遍以上，否则不够充分。

下面说说我每门课的复习经验。

首先，时间问题，从大三下学期开始，数学、英语可以看了，英语当然是每天的单词量要保证。数学在暑假来临时，复习全书看一遍应该已经结束了。在暑假的两个月中，可以做做题目。在大四上学期，数学就是做题目、做真题，并且记忆知识点。在大四下学期的时候，专业课和政治可以背诵了。这是大体上的时间划分。

其次，数学。因为我数学考得比较差，我的复习方法可能有问题，但是我想不变的应该是多做题目，题型见多了，举一反三，也就行了，但是最难的就是举一反三。而且做题目时，不要先看答案再想，应该尽量自己先想，当实在想不出来时可以看提示，最重要的一点是计算，不能做题知道怎么解就满足了，一定要算出答案，很多人吃亏就吃在计算太慢导致最后考试的时间不够用。

再次，英语。我觉得还是一个词汇量的问题，平时天天背，最后再难的阅读理解也难不倒了。英语还有一个要注意的是时间的分配，我考研时听的一个讲座告诉我们的做题顺序还是比较有用的，第一是做两篇作文，第二是阅读理解，然后是翻译和排序之类的 B 类题目，最后做完形填空。这套做题顺序是十分科学的。

复次，政治。我是从最后三个月才开始复习的，而背诵是从最后两个月开始的，这个根据各人的记忆力可以调整。我当初报了一个补习班，有一点点的成效，背诵时知道重点，最后考试时也有底气。要知道政治越往后花的时间应该越多，反而英语的时间应该稍微偏少一点，越往后政治背得越清楚。而到考试前夕，肖秀荣的真题预测是必买的，多年学兄学姐的考试经验，肖秀荣的真题预测是十分有用的！这个 2014 考研的学生可以继续借鉴。

最后，专业课。我们专业的专业课就是背诵，没有很多的计算题，当然除了东华大学。专业课应知道大纲并且每年的真题必背。这点我们专业的考研学生应该切记。

预祝 2014 考研学生榜上有名!

图书馆之恋

化生学院　滕宏程

2013 考研已经落下大幕,我的一年奋战也告一段落。在此次考试中,我报考的专业是东南大学化学与工程学院,总分是初试 372 分,其中数学一 109 分,英语一 72 分,政治 71 分,专业课物理化学 124 分,这也算一个不错的成绩,借此机会和大家分享一下我的考研历程和心得。

先说最重要的数学吧,我是从 3 月份开始看的,高等数学看的是同济大学版的教材,课后的习题基本全部做了,巩固基础,一直看到 4 月中旬把高等数学看完。从 4 月中旬开始看线性代数,线性代数难度是最大的,太抽象而且教材编得不好,所以我一开始就看李永乐的线性代数辅导讲义(这是线性代数最经典的一本书,线性代数只要看这本书就够了),这本书非常到位,当然难度比较大。复习全书推荐用李永乐的,从 6 月份开始看复习全书,第一遍细看,大概一直到暑假结束,书上的例题有些很难就没必要去看了,但课后习题要全做,可以搭配 660 题做。9 月份开始看复习全书和线性代数讲义第二遍,可以搭配着历年真题做。10 月份主要整理全书、660 题、历年真题上的错题。11 月、12 月看整理的错题,做历年真题,通看全书,再做各家机构的预测题。至于辅导书,在精不在多,课本、复习全书、线性代数讲义、660 题、超越 135、真题和各家预测,这些就足够了。

英语是复习难度最大的,应早开始复习,从 3 月开始背单词,单词是考研英语的最大障碍,必须天天背,反复背。3 月到 5 月,就是纯粹地背单词,看英语文章,从 6 月份开始做真题,每天一篇阅读,然后把里面的生词和长难句整理出来。暑假都是每天搞通一篇真题阅读(配合张剑真题解析),每天做两篇张剑 150 篇,背背单词。大概花在英语上的时间每天 3 个小时左右,绝大多数还是花在背单词上。开学之后,英语时间可以压缩了,主要压缩背单词的时间。可以系统地做真题,将阅读颠来倒去地做。每天可以练练新题型,隔几天写一篇作文。作文我推荐参考历年范文,从中各抽取几个典型句子,组合成一套自己的模板,到时候往模板里填内容就行了,隔几天练一下,考场上绝对文思如泉涌。后面几个月就是重做真题,把真题吃透,做做模拟题,每天背背单词。英语越往后所需时间就越少,但每天都得学习。专业课从5月开始看,因为东南大学的物理化学题目都比较基础,所以我把书上的题目做了好几遍。章节比较多,要勤看不能懈怠。

我是从9月份才开始复习政治的,之前没必要去看,看早了也忘。先看暑期辅导班讲义,上面基本把不用的知识全都过滤掉了,每天背两个小时,配合肖秀荣的1000题,第一遍用铅笔做(铅笔可擦除,以备第二遍复习时再用)。等到10月份背第二遍,1000题再做一遍。11月开始看《风中劲草》的考点狂背、辅导班的冲刺讲义,顺便做做各家的题,看看真题。最后冲刺阶段就是肖秀荣最后四套题、任汝芬最后四套题等,客观题一直做到12月中旬,至于大题,看看各家的预测和肖秀荣最后四套题也就八九不离十了。最后记住考卷上的字一定要写得端正,卷面整洁至关重要。

整个复习过程我都是在学校的考研教室和图书馆进行的,其实最充实、最有效率的时期就是暑假,你可以全身心待在学校复习,但是学校条件还是有点艰苦的,觉得家里的环境也适合学习,回家也是很好的选择。开学后,绝大多数人会有一个心理波动,一则开学后杂事特别多,二则经过一个暑假,最初的激情已经消退,更需要毅力和耐力来面对接下来的挑战,拼的就是谁坐得住,9月份是很难熬的。

至于时间分配,大三下学期每天两三个小时绰绰有余,毕竟东南大学不是清华大学、北京大学,没必要那么拼命,否则会后劲不足。暑假每天10个小时以上吧,开学后保持9~10个小时就行,考研不是苦战某几天,而是细水长流,贵在坚持、可持续。我基本每天7点起床,8点开始看书,9点半回宿舍,每天跑跑步,睡足觉、身体好。对于报班问题,个人觉得数学完全没必要,但是可以借同学的英语和政治的辅导班讲义来复印一下,那个概括得很全很简洁,可以减少自己无谓的工作量。

考研的生活已为历史,但是每当经过图书馆和教室时,有一种特殊的感情,这也许就是一种特殊的"恋情"吧,它将永远是我生命中最温馨的一个角落。

盐工——梦起飞的地方

电气学院　夏敏芳

我叫夏敏芳，是盐城工学院 BD 电建 091 班的一员。今年考取上海理工大学电力电子与电力传动专业硕士研究生。我的人生格言是："我不知道我能走多远，但如果现在不走，以后我一定会后悔。"

2013 年的考研已经接近尾声，回望这一年的考研历程，内心总有很多感触，成功不但需要好的学习方法，更重要的是为了这个目标而坚持不懈。无论什么事，总是既有成功又有失败，主要看你怎么去看待。以下是我的一些考研心得体会，感兴趣的同学可以浏览一下。

在考研的历程中，我学会了如何坚持，也学会了如何努力，这是一种不同于高考时所经历的感受。考研虽是人生的一个转折，但也不能看得太重，虽说没有压力就没有动力，但是压力大了也会成为一种阻力。

我认为，心态和方法是决定考研成败的两个重要因素。

好的心态是成功的一半。一旦决定考研，就要为了实现这个目标而付出坚持不懈的努力。考研是一场持久的心理战，难免会感到力不从心，因此，在复习中保持开朗乐观的心态尤为重要。可以这样说，良好的心理状态是取得考研成功的一个重要保障。记得一句名言说得好："一切困苦都是有用意的——这是老天在磨炼你，为了把这重任交给你。"不管这句话是否真实，但只要用这种心态去面对任何困苦和厄运，你就一定能克服所有困难，就更有能力掌控自己的命运。

方法，适合自己的才是最好的。我们应该清楚地知道：无论是生活习惯或者学习方法，不可能因为考研而改变很多。一开始如果感觉自己对这方面无从下手时，可以找上一届的学兄学姐谈谈，他们可能会给你介绍一些方法和经验，但也只能作为参考，不能照搬。简而言之，根据自己的具体情况走自己的考研路才是正确的。

在此，我想给有志于考研的学弟学妹以下几点建议：

1. 对于考研英语，考的是深度，而不像英语四、六级那样考的是广度，即使你英语四、六级没过也不需要灰心，因为学习英语贵在反复和坚持。平时，早晨多读多背优秀作文，因为考研作文也是一个重头戏。书看累了或者晚上睡觉前翻翻 5500 个词汇，除了基础词汇要记住以外，其他难的或偏难的词汇只要反复看看就好，温故而知新嘛！

2. 对于考研数学，我感触最深，从初试考场出来后，我发现大家谈到数学就情绪激动，都说今年考研数学可能会偏差，但是没想到真正难倒的是在考场上的不淡定……考完后，我才知道考研数学在复习中千万不能马虎，因为对我们工科而言数学也是重头戏，平时应放三分之一甚至二分之一的时间来全面复习，对基础知识要不断巩固，对难的题目要反复钻研。考前一定要多做历年考研真题卷，因为无论怎么考，总是万变不离其宗。

3. 对于考研政治，我是从暑假开始复习的，我报的海文辅导班，每天按时做一些选择题，把内部讲义反复过几遍。在临近考试的前半个多月，老师会画重点，自己多背背，考试时要字迹端正、回答全面、详略得当。

4. 对于专业课我也颇有感触，因为我考的是电路，专业课对我没太大的压力。首先去找一下目标院校的专业课考试大纲，再根据大纲在暑假时把书过一两遍，把一些定义和公式巩固几遍。从 9 月份开始做所考院校的历年真题，反复钻研，不懂的一定要去问老师，或与考研同学一起研讨，多分析几遍真题，就会慢慢找到感觉。

我的美国考研路

机械学院　徐若曦

有人说，如果高中是为了大学做准备的，那么大学就是为了人生做准备的。我是一个喜欢计划的人，于是，在高三的暑假我的计划已经写下：大一考托福，大二考 GRE，大三做项目发论文，大四为美国之行做准备。

好的计划并不等于好的执行，大一上学期，过多的社会活动让我的绩点一度在 3.6 徘徊。那时候的生活方式机会成本太高，于是从大一下学期开始，我将时间表进行了调整，早上的闹钟调到 5:50 是整改的第一步。很多人觉得我每天过得很忙碌、很辛苦，大大的书包像一个沉重的负担，但我从来不这么想，因为我享受这个过程。当然，也有烦躁不安的时候，但是坚持下来还是比较容易的，至少比很多事情都容易。因为这件事是你耗时间、耗精力就会有成效的。

说实话，申请外国的研究生不像国内考研，一次考试就可以的，过程比较麻烦，从注册考试、刷考位、备考，到选校、文书、网申、寄送材料、面试以及签证、体检、注射疫苗、租房、订机票等整个过程做下来真的感觉很有收获。如果再有要出国的同学，我可以告诉你很多经验，就像有内行说的，我现在的经验都可以去做中介了。很多事情并不像在学校里那样单纯，付出时间、经历，收获一个好的成绩，很多事情需要总结一些方法以及沟通与合作。而这条盐城工学院少有人走的路也让我结识了一些伙伴，比如包子哥、巴师父和 Allen，当然特别感谢左心阅同学一直默默关心我。要说失，我真没觉得失去什么，只是那些时光一去不复返了。

纽约大学、雪城大学、斯蒂文斯理工学院的录取信都被空运过来，终于，一颗悬着的心可以放下了。虽然本科出身对录取有些影响，但是这样的结果，加上雪城大学和纽约大学都给半奖，也算是毕业前给自己的一份礼物。

下面我也送去美国读研的读者一份礼物：

1. 绩点是王道，不管怎么样，绩点肯定是越高越好。

2. 托福和 GRE/GMAT 会占据你一些时间，辛苦一阵子就会好。

3. 理工科的多进实验室、多做项目，文科的多实习。

4. 要学会取舍，那些不重要的东西失去了，就让它随风去吧。

为梦想努力

纺服学院　唐　薇

我是 2009 届纺织服装学院的唐薇，今年考取苏州大学纺织工程专业硕士研究生。

大大小小的考试我们经历了那么多，我想只有你自己最清楚怎样复习，你自己可以获取的知识更多，但我要强调一点，关于考研的复习与以往考试的不同。以前，不管你是小学、初中或是高中，都会有老师给你安排好，这节课做什么？这个月要完成哪些任务？这个学期要完成哪些事情？……然而，考研的准备没有人会帮你做这些计划，所以，怎样有条理地安排好考研的时间，这件事情显得尤为重要。也许有些班级到了大三甚至大四，还有很多课需要上，那么你就要算算你有多少时间是可以自己安排复习的。

我的考研复习从 2012 年 7 月下旬开始，初试的时间是 2013 年 1 月 5 日、6 日。所以初试的准备时间大约为半年，时间非常紧，准备得有点晚了，因此，想要考研的同学可以稍微早一点开始准备。

我准备的时间并不是很长，但只要坐进教室，我的效率是非常高的。我不赞成打持久战，也不赞成低效率的学习，希望大家在学习的过程中提高效率。下面讲一下我在时间上的安排。

从 7 月 21 日开始，一直到 9 月开学，一个多月的时间，没有课要上，没有任何打扰，早晨 7 点起床，7:30 坐到教室，晚上 9:30 回去。这期间，我只复习了数学和英语两门。一天分为三部分：上午、下午和晚上。我喜欢的是半天就看一门课，也许有人会觉得很容易疲劳，但我觉得很享受。我的政治和专业课都是从 11 月份开始看的，不紧不慢，时间上我个人觉得正好。但是在 11 月之前，对于数学和英语，你要做到做起历年真题来，有很上手的感觉。

我遇到一些一起准备考研的朋友，由于之前没有把数学重视起来，所以到后阶段特别慌张，甚至有一些人放弃了参加考试。这里把这个提出来，希望可以给考研的同学一些借鉴。

还有，我个人觉得非常重要的一点，要时刻与上一届的学长保持联系，他们能提供给你们的信息是非常大的，不管是初试还是复试，他们知道要考什么、怎么去考、怎样去看重点，比你一个人蒙头苦战要省力很多，这也是我在短时间内能取得考研成功的重要因素。当然我要指出，他们告诉你的重点那是一定会考的，他们没有指出的重点也不是不考，所以应按部就班地准备考研。

有些同学走到哪里都带着一本考研辅导书，我个人觉得真的没有必要。平时有时间就往考研教室跑吧，静下心来，认真看，不要开小差，不要闲聊。一个人静静地看，有不懂的问问同学，千万不能觉得这么难的题目肯定不考就不看了。心态要摆正，特别是到了后面阶段，不能紧张，也没必要紧张，想想都准备那么久了，放弃不值得，那就好好看，好好考试呗。考得上最好，考不上就工作呗。有时候状态不佳，可以给自己放半天假，做做自己想做的事情，调整一下状态，之后继续努力！

考研战略战术

土木学院　徐　州

我叫徐州,2013 年考入安徽建筑大学结构工程专业硕士研究生。说起考研,很多人会觉得很艰难,认为没有持久的耐心是不能考研的;很多人都认为,考研的话一定要早上 6 点起,晚上 11 点睡,甚至不乏很多熬夜看书的同学。其实我个人觉得没那个必要,在我身边,有天天看书最后连国家线都没达到的,但也有天天去教室"打酱油"最终却还是考上的。对于前者,我总结了,为什么他们那样努力还是没考上,首先是报考的学校与自己的实力不符,不要总报那些很热门的学校,要知道,一些热门的学校你想去,别人也想去,而且是很多人想去。

考研的时候最好不要孤军奋战,一个人看书固然好,安静,但有致命的弱点,孤独、寂寞。我认识一个哥们,他就是一个人看书的,吃饭也一个人,几乎是那种独来独往型的,并且最后他也考得很好,这只是个特例,除了这一个,我没看到一个比他更厉害的。

考研的第一步是选好学校,我填报的是南京航空航天大学,当考完后我才感到后悔,如果你的实力不是相当的厉害,领悟能力不是相当的高,建议不要报这些学校,多往江苏省省外看看,好学校多的是。

另外,就是报辅导班的问题。辅导班不能说骗人,但花那么多钱就为去听他的课,真的很不值,这是过来人说的话。他们报全程辅导班的大多很后悔,说报了没用,事实就是这样。我们隔壁班有个同学,什么班也没报,资料也没怎么买,或者说是买得很少,他却考了土木学院最高分。有那么些时间,不如看看题目,练练手感,比什么都强,如果真想报,建议就报个政治班,强化加冲刺,300 元左右。我当初就报了个冲刺班,180 元,但还是感觉不怎么值,没学到什么东西,考研这事关键还是靠自己。辅导班有个特点,虽然效果不是很好,却还是每年有那么多的人报,是因为大家对自己的复习感到把握不住。这点再说一句,报辅导班的时候要慎重,家里很有钱的就无所谓了。

考研的前期,也就是大三下学期,主要的还是看数学和英语。数学一定要多做题,练手感,不要做多,但要天天坚持。英语也是一样的道理,英语的阅读最重要,占的比分也很大,阅读能力是不容易提高的,可能两三个月后能力还是一样的。但数学不一样,你掌握了一个方法,再做做习题,以后遇到类似的题就会了。所以在这两门中,性价比较高的还是数学。另外,就是做题的速度,我认识的有很多同学就是因为时间不够而把分丢了。英语这个还真不好说,有的底子不是很好的同学却考了 60 多分,一些平时付出很多的同学最后却考了 40 多分。英语看的不是多而是精,把历年真题好好研究,揣摩出题人为什么那样出题,等你真正领悟了的时候,估计得分不会低的,我自认为只是领悟了一点点,所以才考了 56 分。

考研的中期,就是暑假到 10 月份,这个阶段可以带着看看专业书了,政治可以先不看,主要时间还是复习数学和英语。可能有人会问,为什么我把数学和英语看得这么重要?大家看今年的题目就知道,如果你数学和英语考得好的话,不可能没有学校上。今年数学很难,就拿我们化工学院来说,数学考到 130 分以上的,只有一两个,反正不可能多,上到 120 分的,用十个指头可以数出来,大多是一百零几分的,九十几分的也不少。

对于买辅导书,我建议不要多买,去年我考研的时候,在暑假前,我数学看的都是课本,课后习题一定要好好做。暑假前,我把课本看了两遍,课后习题也做了两遍;暑假后,我开始看李永乐的复习全书,自己认为这本书比较好懂。学姐推荐我看陈文灯的复习全书,我大概看了一下,感觉很难,就没看。李永乐的复习全书一直看到 10 月份结束,当然在这之前,我也已经把线性代数看完了,到这个时候复习全书也差不多看了两遍。11 月份,我就开始做数学真题,一边做真题,一边再看李永乐的复习全书,每次看的时候都会有新的收获,而且还不少,所以复习全书可以多看几遍。从 10 月份开始,就要好好看专业书了,同时也要带着看看政治,毕竟政治知识点比较多,但不要背,这个阶段看看就行,留个印象。英语的单词每天还要背一点,尽管感觉好像没用,其实还是有用的。我那时候是一边背单词,一边背真题阅读理解里的句子,有些句子很难懂,当你把它背熟,再多看几遍时就感觉理解很轻松了。我在图书馆借了本星火的单词书,200 多页,背了差不多两遍,虽然忘了很多,但还是有很多收获。我那时候的英语复习计划就是背背单词,再做做阅读理解,阅读理解里太偏的词不要记,记那些出现频率比较高的单词。到了 10 月中旬,我就开始做英语真题了,这应该算比较早的。我是这样计划的:上午半天看数学;下午半天看英语,这个时间基本是做阅读理解和真题;晚上看专业书和政治(专业书时间多点儿,政治时间少一点)。

下午的英语是这样安排的:第一天下午把一套真题做完,并改好;第二天下午就好好研究真题,时间有多余的话再练练阅读理解。基本上是 2 ~ 3 天做一套真题,英语就这样坚持到最后是没什么问题的。数学临考前一个月左右一定要把真题再做一遍,拿新卷子做,很多以前记得的内容都会忘的。最后再说说政治,其实整个考研阶段里花时间最少的就是政治。我的一个同学,平时没怎么看政治,就是在看其他三门书累的时候翻开政治资料看看,考试前买了肖秀荣最后四套卷,把大题背了一下,考了 65 分。我感觉时间应该这样分配:35% 是数学,20% 是英语,35% 是专业课,10% 是政治。最后祝大家考上理想的学校,等着你们的好消息!

沉下去　冒出来

环境学院　陆祎韵

我叫陆祎韵,2009 年考入盐城工学院环境学院环境工程专业。于 2013 年考取苏州科技学院环境科学与工程专业硕士研究生。

漫漫考研路,许多考研的同学在决定考研之前都要看看考研心得,这是件好事情,“前车之覆,后车之鉴”!这样可以让大家发现问题。关于考研,有许多不同的观点,我就不举例子了,众说纷纭,仁者见仁,智者见智!下面浅谈一下我的观点。

首先,我要谈的是目标的确定。在大三暑假,我非常荣幸地被中国科学院化学与化学工程学院邀请去北京参加他们研究生院的学习,这也成为我决定考研的主要原因。在中国科学院学习期间,我联系了多名导师,他们也表示愿意成为我的研究生导师,因此,在考研预报名阶段,我毫不犹豫地填了中国科学院。但是,就在正式报名的时候,我得知,中国科学院的导师最多只能收一个学生,而最中意的一位导师也打来电话,说他把唯一的一个名额给了一位优秀的推免生,我一下子茫然了。我面临着在短时间内换一个导师或者换一所研究生院。学校的老师建议我填一所名牌大学,如果能录取,那再好不过;如果不能录取,那选择一所普通的研究生院来调剂。经过多方打听,我最终决定直接报考一所相对普通的研究生院。理由很简单,因为选择学校耽误了很多时间,我的复习计划已经跟不上节奏了,如果选择报考名牌大学的研究生院，我很有可能要接受调剂，而很多普通大学的研究生院虽然生源不足，但是不足的是这类院校相对薄弱的专业或是专业型硕士，相对有优势的专业或是学术型硕士一般在一志愿就招满了，也就是说你调剂后就可能转入这类院校的弱势专业或者直接转为专业型硕士。事实上，在我复试的时候，确实如此，部分调剂的同学一志愿都是名牌大学，他们都达到了报考院校的分数线，但没有达到报考专业的分数线，部分同学的分数甚至比有些一志愿同学的分数高很多，但是他们只能调剂到专业型硕士。总而言之，既然选择了考研，就希望付出能有回报，学校的选择在一定程度上决定了你是否能被录取。

其次，我要谈的是专业的选择。作为一名工科学生，在研究生考试中跨专业考试是有一定优势的，但也不支持盲目地跨考。在专业选择时，除了兴趣以外，可以从两方面去考虑，一是该专业是否方便将来继续深造或是就业，二是该专业是否是所报院校的热门专业。个人建议，你们不要都报考同一所研究生院的同一个专业的同一个方向的研究生，在复试阶段，来自同一所学校的名次靠后的同学非常有可能被调剂到其他方向或其他专业。

接着，我要谈的是如何复习。必须声明的是每个人都有适合自己的学习计划和方法，在这里我只讲一下自己的一些建议吧。由于在选学校和专业上耽搁了不少时间，我的复习是从 2012 年 11 月中旬现场确认后才开始的。11 月，我开始复习数学和英语。由于时间紧迫，我只做了李永乐的数学复习全书和历年真题两本，做错的题目列在错题集上，准备考前再看一下。英语的复习资料是张剑编的历年真题和考研英语阅读理解强化训练。我每天做 4 篇阅读强化，整理常用单词并背诵，以 5 天为一周期完成一套真题，第 1 天做真题，后 4 天看解析，每天朗读真题，尽量能背诵真题。真题和阅读强化做完后，每天背诵一篇大作文和一篇小作文模板，直至考研前几天，共做阅读强化 160 篇，真题 7 套，背诵大作文小作文各 6 个模板。12 月，我开始复习专业课，由于没有专业课资料，我是通看初试参考书进行复习的，建议你们可以去报考院校的网站上查找是否有历年真题。离考研还有 20 多天的时候，我开始复习政治，我的复习资料是《肖秀荣最后四套题》《最后 20 天》和《任汝芬序列四》。我以《最后 20 天》为主要复习资料，每天背 1 题，考前正好背完，同时每天坚持看另外 2 套复习资料。我建议如果时间充裕，可以报个辅导班或者买《红宝书》进行系统复习。

最后，关于复试，个人认为除了清华大学、北京大学的化学专业和中国科学院本部要在报考前联系导师外，其他任何院校的专业都可以等分数出来以后再联系导师。复试主要是考查英语的听说读写，一般考官会询问毕业论文的完成情况以及专业英语。

相信下一个春天，你们终将获得一个成熟历练的自我。最后，我要送大家一句话：静下来，沉下去，才能冒出来。

带着梦想上路

化生学院　唐　进

经历过考研，考过了，考上了，觉得考研其实还挺简单的，一直坚持到最后就考上了。虽然我没有考上自己中意的大学，虽然英语没有过一区线而调剂到了二区，但毕竟我调剂上了，虽然有很多不如意，结果我自认为不错。

忘不了多少个黎明，我早早起床，披星戴月去自习室；忘不了多少个夜晚，当别人早已进入梦乡的时候，我却还得咬着牙在学习桌前“啃”着厚厚的专业课书本；忘不了多少个日日夜夜，当别人正在嬉笑玩闹的时候，我却一刻也不能放松头顶压力学习。

“黎明已带我上路，我不能停下脚步，善良的人儿在为我祝福；黄昏已落下帷幕，其实我并不孤独，再多的苦我愿意付出！”虽然受了很多的苦，但是我不后悔！因为我知道有那么多关爱我的人在我身后默默地为我祝福、为我祈祷，为了他们那一双双期待的眼神，再苦再难，我也要坚强地挺过来。

相信对于考研生来说，考研的那年是改变他们人生的一年。道路在这里岔开，朋友从这里各奔东西。它们都将作为可能影响我一生的年份而永远珍藏在我的记忆中，它们的意义是那么的特别，它们的地位是那样的特殊，就在这一年，我同所有考研的朋友一样，共同走上了这条令人足以发狂又足以让人为之振奋而拼搏的无间路。的确，我们都在不断地赶路、不断地追逐。在一次次的汗水和泪水中去追求我们梦寐以求的梦想。也许这条路上荆棘密布，也许这条路上困难重重，也许有些朋友走到一半掉回了头，选择了另一条路，但是我却义无反顾地坚定地走完这条路。

下面是一些我的个人体会。首先，考研是一定要付出努力的。正如人们常说的那样，努力不一定成功，但是不努力的一定不会成功，且没有哪一所学校是不经过努力就能考上的。其次，别人的经验只能做参考，毕竟每个人的知识结构不一样，每个人原有的知识掌握程度也不一样，因此一定要找到适合自己的学习方法。再次，一旦确定考研，就不要动摇，心中唯一的目标就是要“考上”！不管考研过程中遇到什么样的问题和困难，一定要坚持到最后一科考试结束。也不管竞争对手如何，自己强大才是根本。最后，信息和资料的掌握非常重要。我觉得在考研中，其中有一部分考的就是信息。这不仅体现在目标院校和目标专业的选择中，体现在初试的准备中，也体现在复试中，而在复试调剂中则更明显。掌握全面完整的信息确实能为同学节省不少时间和精力。

曾有人为了爱情，执迷不悟，而我为了我的梦想，放弃了很多，付出了很多，但，我不后悔！正应了那句话，人生能有几回搏？因为又有多少人想到去搏、敢于去搏呢？如果我们想要去拼搏，那么就应该脚踏实地地走下去。

完美的结局

电气学院　朱昕毅

在今年的考研中，我很荣幸地考上了合肥工业大学电气与自动化工程学院。一路走来，诸多艰辛、诸多汗水，但总的来说结局还算完美，虽然一路担惊受怕，终于皇天不负有心人。下面就我的一点感受与大家分享。

一、确立目标

首先，你要清楚自己为什么要考研。考研不是玩游戏，逛街买东西，别人玩啥我也玩，别人买啥我也买！如果只是看别人要考研，然后说我也考，这样说实话你要想考好学校有点难。有些人考研是家里人要求，有些是自己想进一步深造，有些是和同学攀比，看别人保研了，自己也不甘人后。总之，确定要考研了，那就一门心思把精力放在考研复习准备上，不要被别的事情打扰。还有人说，我本科学习很一般，考好学校会不会考不上。其实据我所知，只要你本科时候不是太差，即使挂过科，就考研来说，大家都在同一起跑线上，只要好好学，就一定能行。

二、如何复习

总的来说，根据往年学兄学姐的经验，考研越早准备越好，一般从大三下学期就要开始。前期最好听听一些考研讲座,听一下他们对考研复习进度的介绍,挺有用的。

专业课:专业课从 9 月份开始看课本是不晚的(所以你选学校这个时候还不晚,你可以根据自己的复习效果来定),但是那时候就要稍微多花点时间,买一下你所选学校的近几年的真题,一定要买有答案加解析的那种。看完内容后,就做里面的真题,真题一定要重视。

数学:不管是考研机构也好,学兄学姐也好,都会对你说你能否蟾宫折桂,数学是最关键的。如果你的数学能够达到 130 分以上或更多,其他科目就会很好办。数学复习按进度来说,一般在 7 月份之前,最迟到 7 月中旬要把复习全书完完全全看一遍,注意,不是简简单单地看一遍,而是要各个知识点都要弄懂、弄会、弄明白,当然后面会忘,但是第一遍一定要精看。待到 7 月中旬 8 月份以后,就要开始多做题目了,复习全书我用的是汤家凤版的,他还有一本配套的 660 题,可以根据自己的复习进度有选择地做,这大概要花费一个半月到两个月的时间。看完了之后就是检验成果了,以后一般都是开始买最近十年的真题做,做的时候最好按照规定的时间完成,然后对答案发现自己的不足之处,这时遇到不是很明白或者是已经忘了的知识点,就赶紧看课本,查漏补缺。做完了真题可以选择一些模拟题来做做,具体买谁编的如果不是很清楚的话,可以问问考研书店的老板,他们会告诉你哪些卖得比较好。强化阶段买李永乐全书系列的 400 题,当然买其他人编的也行。把这些好好地看完,时间估计只有一个月左右或者都不到了,后面可以看看自己以前做过的感觉比较好的题目,最后大概 30 天的时候最好把历年真题再做一遍,然后重点内容再好好看课本。数学复习我大概是这样的。说实话,最后考试的时候我考得很一般,究其原因:一是考试题目不怎么难,但是让人做着不是很舒服;最主要的还是我数学花的时间不够。数学基础不好的同学,数学复习最好能平均每天花 4 ~5 个小时或更多。

英语:英语复习首先要知道考试题目的类型,这点很重要!要考研了,一切还得靠自己,考研英语不考听力,英语的复习战线一般拉得都比较长,没有人能随随便便看一个月就考好的,要的是日积月累。具体来说,在 7 月份之前,可以买一本考研机构出的考研单词;然后如果你的英语底子不是很好的话,可以买一些阅读之类的书来做做,试试深浅,这个考研书店也有卖,你可以咨询老板哪种比较难、哪种比较简单,然后自己选。我一直用的是文都何凯文老师的系列书,我觉得特别好。除了做他的书,还要关注真题,这一点很重要。

政治:政治复习自我感觉没有什么好的方法,一般是从 8 月份开始复习,课本我用的是蒋中挺老师的,政治的关键不在于背诵,而是在于理解。这门课,我觉得要报班,听专业的老师对课本内容进行解读是十分重要的。

总之,考研是一个漫长的过程,贵在坚持,很多人就是坚持不下来,所以到头来一场空。每天超过 10 个小时的学习,要的就是这种坚持。同时,万事靠自己,自己要有自己的想法,要有自己的目标,要总结自己的方法,别人走过的路不一定适合自己,好好加油吧。

坚定信念　考研第一

化生学院　杨振东

我是 B 化工 091 班的杨振东,我考的是常州大学,367 分。我有考研的想法是在大三上学期,由于当时学校里有很多关于考研的宣传,自己也觉得现在就业压力太大,就准备考了。当时的想法和后来的基本一样,考就考个自己有把握的,就选了福州大学,可后来考虑到就业等因素,2012 年 9 月中旬打算换学校,听说了常州大学,而且了解到自己所考的专业还是相当不错的,最终就报了。

一、选报学校

1. 不同的排序。先从不同人对三个名词的不同排序上来说。这三个词是:专业、学校、城市。不同的学生对考研的想法(原因)不同,有的是为了以后的工作着想;有的是想继续深造(和前者差不多);有的只是很单纯地想去大城市。我不想做什么评价,但我总觉得第三个理由不足取。

专业、学校、城市这三者是我们报考学校所要考虑的,究竟该怎么选择,是个问题。我的想法是,专业第一、学校第二、城市第三。之所以这样排,有自己的理由:(1) 既然我们选择了,对于 90% 的人来说就意味着以后要从事自己专业方面的工作,从这一点上讲,难道不需要找一个本专业好的学校吗?(2) 一般来说,这个学校的你青睐的专业在全国来说都能数得上,这个学校也差不了,最起码不至于很烂。(3) 我们既然从事本专业的工作,那么那些工作前辈、公司老板必然知道我们所从事的专业在全国各个研究单位以及各个高校的实力排名情况，所以我认为没有必要都奔着名校去。其实将学校排在前面也可以，毕竟名牌大学的感召力在大的企业及部门还是相当奏效的。

2. 定位。主要是针对这样一种情况，每个同学在报考学校的时候总会找一个标准来参考，而这个标准一般就是自己平时的成绩。这一点，我感觉既无可厚非又存在一定的风险。之所以说这样矛盾的话，是因为人与人不同。我说过，选学校很重要，这直接影响你这么长时间以来的复习结果：付出了很多，得到了自己想要的；可有的人付出了很多，却没获得想要的结果。在这里我要表达的意思是，要小心！就有那些平时成绩不错甚至相当好的同学在考研这一战中遭遇"滑铁卢"——教训！那些平时成绩不太好的同学要放宽心，只要你踏踏实实地付出，我认为在选对学校的前提下，成功的概率也是相当大的。其实我说来说去就是为了说两个字：定位。定位一定要准一点，符合自己的实际情况。

只为自己的一厢情愿而去报考自己喜欢的名牌大学，换来一个不好的结果，有这个必要吗？记住，你要打的是一场翻身战，而不是一次输多赢少的赌局！有一些同学在考研成绩出来之后后悔不已，自己长时间的努力依然没有一个好的结果，叫人如何不难受？人人都想考北京大学、清华大学，可是北京人学、清华大学却不是人人都要啊！现实一点并没有多大的坏处，我们需要考虑周全一点，毕竟我们和好学校的同学不是在同一条起跑线上，我们要胜利就注定要比他们付出更多、承担更多！一定要依据自己的实力水平选择学校，我们没有太多的赌注去拼命！最后还是那句话，选学校很关键！定位一定要靠谱一点。

二、心态

良好的心态对做好任何事都至关重要，考研同样不例外。良好的心态使你更加接近成功，不要看着这个那个都比自己强，自己怎么这么不行。有这个想法的同学听我说一句：没什么大不了，他们强怎么了，谁也不敢保证他们就考上了啊，通知书没到，一切未定！再说，谁敢说你就一定考不上？你要做的就是踏踏实实地复习，考上考不上，不是他们说了算，也不是你说了算。摆正心态！"我可能不比别人强，但我足够努力！"

三、动力

你为什么要考研？我觉得这个问题的答案就是你考研的最主要的动力。有的同学往往就是随大流，见别人都考自己也考，当然这也没什么，有一些这样的人反而更容易考上,因为他们没什么压力,这里就不说他们了。我感觉,我考研的原因很简单,因为自己的学历不硬,外面的企业等部门只要一听说我们是××学院的几乎理都不理,瞧不上你。我们的同学去实习竟然还要被歧视!我的理由:我不想比别人过得差,我们同样是人,为什么我就要比你差?退一步讲,就算是注定要比你差,我也得将这差距尽量缩小!所以我要考研,我要深造,我要创造更好的工作机会,找到更好的工作,这不是攀比,这是一个人的上进心!将所有一切比别人差的地方尽量转化为自己前进的动力,这不仅仅是在考研上。

四、复习

1. 文化课。我想对于专业课大家应该都有自己的复习方法,适合自己的方法才是好方法,别人说的你都当胡说也没什么,不过借来参考一下也无妨。就说一句吧,有不懂的或难以解决的问题就和大伙商量商量呗。数学是大头,我考的是数二。数学的复习我是从大三暑假开始的,先看两本高等数学书,每章把以前老师布置的作业题做一下。再后,买了本李永乐的复习指南做,总结一些题型。再后,做了 10 年真题,总结题型、解题方法,真题我做了 2 遍。至于政治,我也不知道说什么好,还是那句话,个人有个人的看法。我是从 9 月底开始看的,报了个辅导班。英语的复习我开始得比较早,从大三下学期就开始准备了,因为比较担心英语。开始只是拿着一本词汇手册背,最终也没剩下多少。后来我觉得,其实没必要这样,就放弃了。到 2012 年 9 月份,开始做十年真题,背里面的生词、练习翻译,摘抄可以用在作文上的句子。最终真题做了 2 遍,准备了两篇作文模板(我觉得任何作文题都可以用它们套)。还有就是阅读新题型,从 11 月份开始,坚持每天做一篇。就这样,最终也考了 55 分,差强人意吧。考研就是一种考试,应付考试,我们有的是办法,对每位同学来说,都有自己最有效的方法,用好它就行。

2. 情绪波动。对大部分同学来说,在复习过程中出现大大小小的情绪波动是再自然不过的了。人的情绪也是存在周期的,受环境一定的影响,所以不用太自责。实时调整自己不良的情绪,对于考研来说至关重要,如果任由自己放纵发泄没完没了,那还有什么时间让你沉下心来安心复习?记住一句话:没有过不去的坎儿。说实话,有些事有些人不是那么容易放下的,最好的办法就是坚定一个信念,四个字:考研第一。你要得到一些东西,就必然会失去一些东西,不管你有多么的不情愿——这就是选择!既然你已经决定要考研,那考研就是第一任务和目标就不用多说了,其他的事情相对来说就要往后排一排。毛主席教导我们要分清主要矛盾和次要矛盾、主要任务和次要任务的关系,那我们还需要太多的理由吗?

真心祝福现在以及以后的研友,在自己的考研路上一路走好!少一些遗憾,多一些微笑!

考研的"精打细算"

材料学院 徐 波

2013年考研已落下帷幕,我考上了河海大学道路与铁道工程专业硕士研究生。回望去年的那段考研时光,真是不知道该怎么来形容好。有的时候充满信心,有的时候满腹的失望,又有的时候感觉那么的复杂、痛苦或是煎熬。有的人说,考研只要坚持下来就好了!最重要的也许就是那份坚持的信念吧。俗话说:"兵马未动粮草先行。"在考研备考之前,我们得先做一系列的准备工作。有些同学决定考研,一上来就开始看书,没有计划,没有决心,这样,复习的效率必然不高。

下面说说个人关于各门课复习的问题。

数学:就我自己的经验看来,数学是拉分的关键,你能不能考到一个理想的分数,关键看你数学考得怎么样。我是这样安排复习的,第一轮:看课本,夯实基础。3月复习高等数学上册,4月复习高等数学下册,5月复习线性代数,6月复习概率论。我花了相当长的一段时间理解书上的定理、概念,如果说数学的复习是盖一栋大楼,那么前期的工作就是打好基础,这样这栋大楼才会稳固。第二轮:系统复习。7月暑假开始,我选择留在学校复习。在整个过程中,暑假这段时间是一段黄金时间,没有任何外界干扰。7月到10月中旬,我把李永乐的复习全书认真看了两遍。感觉到自己的水平已经可以参加考研了。第二轮复习阶段主要是大量的实战练习。这段时间,我一方面做大量的题目,一方面把以前遗留的难点各个击破。我觉得题目的练习贵在精而不是泛,大量是指做题目时要覆盖全面,要涵盖所有的考试内容,这个时候考试大纲已出,建议大家要对考试内容做到心中有数,既不疏忽也不做无用功。做题要实实在在地做,不能眼高手低,觉得自己会就放过,一定要踏踏实实地做每道题并且注意解题规范。做试卷一定要严格把握时间，以正式考试的规则来要求自己。经过这个蜕变过程后，相信各位的数学会有很大的提高，解题能力也大幅度提升。真题是很宝贵的资源，所以我是在冲刺阶段做真题，一方面能全面系统地熟悉整个考试内容，一方面也能使自己保持好这种状态一直到考试。

英语：英语其实是一门很注重积累的学科，英语在于平时的学习。只要你用心去学习，不畏惧它，你迟早会征服它。很多同学谈英语色变，觉得英语很难，其实，只要用心学习，英语还是很容易过线的。备考策略：阅读是老大，作文要抓紧，翻译做真题，完形可忽略。最重要的就是反复研究真题，这个过程一定要坚持下来。建议每两天完成一个年份的真题。第一天做题，第二天分析。真题怎么分析呢？依我看，着重分析阅读（包括翻译），翻译每篇文章，分析长难句，背诵自己不认识的单词（哪怕是超纲词汇），同时认真分析各个选项，了解选项错在什么地方，对在什么地方。至于归纳什么陷阱，我觉得用处不大。至于完形填空，也要做，同时背下那些习惯的表达和自己不认识的单词。作文就是背模板，背几套模板，再加上一些优美的句子就行了。

政治：政治的准备其实不必太早，因为即使准备得很早，到后面强化时也已经忘得所剩无几了，我建议大家在9月初可以开始准备政治。政治报辅导班是没有必要的，因为那样会浪费时间。总的来说，政治分数基本上是由你的客观题分数（即选择题）决定的，大题目一般拉不开太大的差距。而想要考好政治，一定得多看《红宝书》（教育部出的大纲解析）。在后期多练选择题，多看《红宝书》，背了肖秀荣最后四套题与任汝芬最后四套题，熟记大题所考知识点，大题就不用太担心。结合时事政治考查基本知识点是命题人比较惯用的招式，所以复习时事政治时要看看有哪些与基本知识点有关，要着重理解记忆。总之，选择题多做多练，大题多背。

专业课：在四门课程中，我专业课的时间花的是最少的，但分数却考得很高。这主要还是要感谢我们专业课老师和上一届的两位学长，他们为我找到了一些很重要的复习资料。专业课一定要把学校指定的教材看透，把课后习题弄懂，把历年真题研究透。最好能找到上一届考研同学回忆的考试内容，那么必然会对你的复习起到事半功倍的作用。

考研是一条比较辛苦的道路，乐观的心态是必备的。既然决定考研就一定要坚持下来。自古华山一条道：认准了就去做！

考研路上的那些坚持

电气学院　徐湉湉

我叫徐湉湉，是电气工程学院的一名学生，今年考取重庆大学电气工程专业硕士研究生。大三下学期，我开始打算考研，从选择专业到选择学校，期间经过了不少的徘徊和纠结。考研需要心平气和的坚持，虽然过程揪心，但经历过，会收获很多。我非常愿意把我的一些体会分享给大家。

首先，关于选择学校。很多人考研，并不清楚自己想要什么、为了什么，往往会在考研的过程中抵挡不住外来的诱惑、内心的苦闷而落败。你的理由直接关系你对考研的定位，也直接关系你将取得什么样的成绩，所以一定要想清楚，为什么我要苦战半年？为什么我只能隔着玻璃看外面喧哗的世界？可能有人和我一样，考研并不是一开始的选择，但既然做了选择，就要对自己负责。对于专业和学校，我纠结了很久很久，后来发现做了好多无用功，浪费了很多时间和精力。作为一个过来人，我希望遇到此情况的朋友们静下心来好好权衡其利弊（建议不要受家人和身边同学的影响），尽可能多地去了解目标学校和专业的情况，再权衡一下自己能达到什么程度，不要害怕挑战，也不能好高骛远。这是一场赌博，也是一场战争，战争有牺牲，也造就将军，跨入这块战场的人，不能心存侥幸，要保证自己有九成胜算。当你定下目标，就相信自己，排除一切干扰。

既然选择了远方，只有风雨兼程。我想讲讲暑假，暑假我选择了留校，开始真正投入到考研学习当中。“得暑假者得考研”，现在回想觉得这句话很对，不像其他学校或专业，我们大四上学期的专业课还是很多，真正能静下心来好好学习的就是暑假，那段时间做的事情是最多的，效率也最高。我觉得，不管你是哪个专业，一定尽量把握好暑假那两个月，让自己静下心来好好学习，每天进步一点点，给自己打下坚实的基础。忍受闷热烦躁，体会光阴飞逝，懂得度日如年，或许付出看不到收获，或许认真换来打击，但要相信只要一直投入总会开花结果，量的不断积累必然达到质的飞跃，道路曲折回转但趋势会不断向前，一定要静心坚持、耐心等待。

最后，关于考研各科的复习经验，想必大家都看了很多，学习方法和计划需要根据自身情况来定，在这跟大家分享一下我觉得应值得注意的地方。

第一，关于饮食，考研期间不一定吃得很饱但要注意营养（费脑力）。

第二，关于作息，希望大家作息时间要有规则，早上不一定要很早，但最好逼自己 8 点之前起床，中午休息 30 ~ 50 分钟，晚上 11 点左右结束一天的战斗，一天的学习时间在 8 ~ 12 小时。

第三，关于减压，我认为最好的方法是让自己忙起来。考研期间，你总会觉得时间紧迫，压力总是有的，在情绪低落时要找个方式释放自己，比如散步、和同学聊天或者听歌曲等，让自己把坏的情绪排泄掉，给自己充电。

第四，关于报班，每个人的情况不一样，不能一概而论，建议大家报一下政治班，看视频比较浪费时间，但如果你看书效率不高，不如尝试让老师带你走一程。

第五，各科书目选择，数学：同济大学高等数学上下册、浙江大学概率论、同济大学线性代数、李永乐复习全书、李永乐 660 题、李永乐 400 题、考研数学真题（一定要认真做）。英语：星火英语单词（很好）、考研英语十年真题（真题很重要）、张剑阅读理解 150 篇，作文形式比较固定，很多书都差不多，小作文背模板，大作文背真题。政治：红宝书、陈先奎 2000 题、任汝芬序列四、肖秀荣最后五套题、导航 20 天 20 题，真题不用买，不过要体验一下真题的出题角度。专业课：重庆大学考的是电路，用的是自己学校的教材，只考电路原理的上册，很多东西不用花时间复习，最近两三年试卷的题目难度、题量和计算量比以往增加了很多，最近几年的真题不太好找，也没有答案，但是专业课的难度属于一般水平，认真复习还是容易拿高分的。建议大家直接用重庆大学的本科教材——周守昌主编《电路原理（上）》（第 2 版），复习资料用李盛才主编的《电路原理复习指导——经典题及考题解析》，重庆大学出版社（书的附录里有 2003—2007 年的真题及标准答案）出版。这本书很好，要认真看两遍。专业课复习可以放在后面，但各科学习都不要断，毕竟要学的东西太多，你丢掉一段时间会很快遗忘。

考研的路上虽然艰辛，但你会收获一个不一样的自己。当你磨平了浮躁、心平气和地坐在桌前，当你习惯遭受打击、又在新的一天充满激情，当你每天用 10 小时学习、仍惋惜时光飞逝，当你改变自己、坦然面对异样，你会懂得考研是怎样带给你不愿重来又备感珍惜的那些，你会知道你得到的远比一纸通知书更多。天道酬勤，决定了就出发，如果你感到辛苦，是因为走在人生的上坡路！坚持，祝好运！

快乐考研"三法宝"

化生学院　李全全

有人说,考研是每个大学生都要追求的梦想,不管你是否决定要考研,我们都必须努力考研,因为考研是对我们大学所学知识的一次总结,是对我们大学生活画下的一个完美句号。在过去的一年里,我们有激情澎湃的时候,也有彷徨无助的时候,然而,我们都咬紧牙坚持下来了。在考研教室里奋战的情景如今依然历历在目。考研,带给我们的不仅仅是一种成就,更是一种锻炼、一种追求。今天,我想说说我的考研心得,希望对准备考研的学弟学妹有所帮助。

人是靠精神支撑的,如何保持积极的情绪、投入的状态、不骄不躁的心态、坚定如磐的信念,在每一个同学的考研过程中都是至关重要的环节。根据我自己的实际情况,考研中的心态调整应注意以下几个时间段:

1. 选择阶段,不仅是选择考研,还有决定考研之后的院校、专业选择。首先,对于是否考研,如果你有强烈的愿望,对研究生学习有浓厚的求知欲,那么我支持你考研。但如果你仅仅是因为看大家考了你也考,这种心态就是错误的,你甚至因此会更加迷茫。其次,选院校、专业对大多数同学来说是一个犹豫不决的过程,也是一段心绪极易受干扰的时期。对于平时成绩,我觉得心理上要重视,但不能一味地仅以平时成绩来考量一个人的学习实力,而只能将其作为一项参考指标,再结合自己的学习兴趣和报考院校的特点做出合理的决定,切忌盲目高攀,也不能自怨自艾。拿我自己来说,当初我也给自己定了好几个学校,从南京理工大学到南京师范大学,然后又从南京师范大学到最后的西北大学,记得当初的自己特别彷徨,不知道哪个才是最适合自己的学校。这个阶段我们会从老师那里、从网上获得大量的信息,整理这些信息时也会耗费好多精力,甚至一度会产生选择恐惧感,但是我想说的是,一旦做出选择,就要坚持到底。

2. 备考阶段。有人说,考研就是进入炼狱般的生活,好像时刻都在为迎接它所带来的痛苦而准备着。在我看来,尽管考研复习是枯燥的,但没必要让你自己被不快乐萦绕着。当你觉得快乐的时候,做什么都会有精神。掌握下面三件法宝,就可以快乐考研。

一要有坚强的毅力。在考研过程中,不管你复习得怎样,我们都要经常问自己:到底想要什么?是想要,还是一定要?如果是想要,我们可能什么都得不到;如果是一定要,我们一定能够有方法得到。尤其有些不考研的同学在这段时间都忙着找工作、考公务员,这些肯定会成为宿舍卧谈的几大话题之一。这个时候很容易受他人影响,觉得考研前路茫茫,削弱我们坚定的意志。怎么办?你可以和你的研友交流,互相帮助鼓励;也可以在清寒的早晨跑跑步,吃你喜欢的东西或者听一会儿你喜欢的音乐,不要总是扎在书堆里不出来。此外,和远方为我们日夜牵挂的父母打个电话,有时他们的一句支持胜过千言万语。我在考研中最感谢的就是我的父母,自我下定决心考西北大学,他们就时刻提醒我不要东想西想,坚持自己所选择的,他们永远是我最坚强的后盾。我也不断告诉自己,考研是自己想要做的事,是自我价值实现的一个过程,有理想和信念的支撑就能战胜任何困难,以此来浇灭心头那些蠢蠢欲动的火苗。

二要有强烈的自信心。正所谓有志者事竟成,自信的力量是巨大的。如果没有自信心,在复习过程中遇到困难就很容易产生迎难而退的念头。依我的经历,考研复习心路就是一个"肯定—否定—再肯定—再否定"的循环过程。每个人都会有对未来的担忧,但是最重要的是达到现在最近的目标,不断给自己打气,不断地鼓励自己:我已经很努力了,肯定能成功,千万不要被一时的困难吓倒。当然,前提是你确实尽力而为了。尤其是临近考试前,无论你已复习得很全面了,还是感觉有些东西没有复习到,在这段时间都会感觉情绪大起大落。不是很自信的人很可能会对自己的实力产生疑问,甚至在最后关头产生放弃考试的想法。避免这种情绪波动的产生比较困难,但减轻影响还是有办法的,给自己一段时间,好好把问题想清楚,把利害关系理清了,心情就会平静些;不要给自己太大的压力,很多时候压力都是自己施加的;苦闷的时候,找知心的好朋友聊聊天,你会发现他们就是你心灵的驿站。其实,我的内心一直残留着高考的阴影,曾一度否定自己这半年的努力,害怕历史重演,害怕无言以对江东父老,但人生有很多次考验,考研只是其中的小风小浪,"相信自己,你就是最棒的"。

三要有坚持到底的决心。很多人总在叹息为什么成功从来不垂青于他们,其实是他们不明白,只有能够坚持着走过失败的人,才能终有一天真正成功。实际上,每年都有无数的考研者最后选择了放弃,这里有很大的主观心理因素。考研贵在坚持，特别是在最后的冲刺阶段，经历了从酷暑到严冬，每位备战考研的同学都承受着巨大的压力，时间越来越紧，复习越到最后发现未知的知识很多，坚持更显得弥足珍贵。这个时期，对每位同学的体力、心智都是一个极大的考验。常常会出现患得患失、厌烦、疲惫、忧虑、害怕、自暴自弃等心理情绪，错误的情绪会直接影响到复习的效果，严重时导致前功尽弃。其实仔细想想，都已经付出这么多了，现在退缩岂不是浪费青春，何不做好最后的复习，轻装上阵，把它当做一次练兵，说不定会有意外的惊喜。

事实告诉我们，梦想有多远。我们就能走多远。坚持所选，考研会见证我们成长的轨迹。

考研争得一口气

电气学院　滕秋霞

我叫滕秋霞，2009 年 9 月，考入盐城工学院自动化（计算机测控）专业，2013 年考入上海大学控制理论与控制工程专业硕士研究生。

考入盐城工学院，进入自动化专业，都是我意料之外的事情，但既然没法改变既定事实，那就踏实过好现在的每一天。刚踏进大学，我就已考虑考研，到了大三就更加坚定了我的决心。现在想来，不知道是什么原因鼓动着我选择考研这条漫漫长路，也许正是应了那句话，人活着要呼吸，呼者，出一口气，吸者，争一口气。关于考研心得，我想更多的是一种鼓励，尽管我当时也听了看了很多考研经验，但对于初战者，都是摸着石头过河，我始终相信最适合自己的才是最好的。我从去年3 月份开始准备考研，下面我按学科来讲一下我自己的经验。

英语：关键是积累。单词书我用的是“新东方”的，用了一本就认准一本，词汇书大多是差不多的，换来换去反而不好。单词是基石，我认为考研词汇的积累很重要，简单词汇的常用搭配也要做一次系统记忆。其次，就是阅读理解，我做题速度自认为是很快的，所以在暑假前就已经完成新航道的 200 篇，其实前期重要的是精度，而不是速度。暑假期间我又完成了张剑的基础篇，后来又做了强化篇，后期一定要把做题速度提上来。最后一个半月内，我把英语历年真题（从1990年起）做了一遍，基本上做到文章内的每一个单词都搞懂，尤其是2002年后的我做了三遍，真题值得多做几遍。作文是一个重头戏，最忌讳光顾着背，不知道自己写，最后两个月要基本做到每天练笔，这样在考场上才有话写。英语复习最为重要的是一天都不能停，无论其他科目时间如何紧张，每天都要挤出一点点时间看看英语。

数学：关键是做题。因为我天生对数学比较恐惧，所以报了海文的数学考研班，对我来说起了很好的作用。赵达夫的高等数学、李永乐的线性代数、王式安的概率论，只要认认真真去听，回头再认真研究（这个很关键），我觉得对于解题技巧和答题方法都有很大的帮助。在暑假的前一个月，我都在看书，做课后习题，现在想来，太浪费时间。我建议看高等数学时准备两本笔记本，一本记重要公式、概念、定理及其证明、经典例题，并用标记笔做好不同的标注；另一本做课后习题，挑一半做就可以了，也做好对错的标记。还有一点，我自己复习高等数学上册时非常认真，而到下册就懈怠很多，这个千万要不得，否则到第二轮复习的时候会很累。第二轮我用的是李永乐数学复习全书，前前后后看过三遍，重要的是要会总结，忌讳的是碰到不会的就看答案，一定要自己先思考，实在不会再看答案，看完再写一遍，想明白每一步的原因。数学题目我觉得是万变不离其宗，所以题目不在于量在于精，历年真题我做过三遍，每一遍我都做好详细的记录统计，这样就可以看出自己的薄弱之处，可以有针对性地进行强化。

政治：关键是选择题。我认为，政治其实大家是差不多的，参考书目有很多，我还是推荐大纲，知识点最详细。我是从9月份开始复习的，开始时没有必要背，通过反复做选择题就可以牢记那些小知识点。到后期，可以报一个强化班，再去买一些冲刺卷，把大题目好好背背，就差不多了。

专业课：关键是信息。专业课大家都不一样，一定要发挥这个信息时代的优势，通过网络或各种人际关系与所考学校的学兄学姐取得联系，多逛逛考研论坛，尽量掌握重要资料和历年真题（尤其是近几年），光看书而不去了解学校的出题风格是得不偿失的。

考研说难不难，说容易也不容易，一旦下定决心就不要轻易放弃，踏踏实实，埋下头，静下心，坚持下去就会有收获。最后，祝愿所有的盐工学子前程似锦！

我的考研经历和经验

材料学院　仲燕飞

我是材料学院 B 交通 092 班的仲燕飞,考取了重庆交通大学道路与铁道专业。初试成绩是 344 分,不算很高,但是对于我来说,已经很满意了。接下来,分享一下我的考研经历和经验。

我是大三上学期开始准备的,但不是正式的准备,而是心里的预热,搜集有关考研的知识,包括选专业、选学校,以及考什么专业课,选学术型硕士还是专业型硕士等。对考研有个了解,知道为什么要考研,做好为考研而奋斗学习的各种准备。除此之外,学校的课还是得上,因为大部分都是专业课。每天只要有空就去自习室学习,找到学习的感觉,但时间不要太长,防止后期冲劲不足,具体因人而异、灵活调节。这期间的主要任务:搜集考研资料,了解考研,重点复习数学(数一:高等数学、线性代数、概率论),对照去年的大纲,看教材掌握基本知识点,稍做例题和课后题(有选择性的并非全部,以掌握知识点为主)加以巩固,重要理论和定理的推导过程要掌握,按照高等数学、线性代数、概率论的顺序复习,或是三科交叉复习,我是采用后者,以防遗忘。对于数学,肯定有不会做的题目,很正常,多看几遍,实在不会,做个标记,一定不要死抠,等做完李永乐的复习全书,再攻难题。对于英语,前期主要是记单词,单词书很多,都差不多,个人感觉有词根的单词书记忆相对容易些,找准一本书,自始至终看这一本单词书。单词要重复记忆,遍数越多越好,最起码的要掌握核心词汇。可以练练阅读理解,主要是找感觉和提高阅读速度,记住:不要拿真题练,因为后期真题还有用。

暑假是关键,一定要利用好暑假,但是也有个别很牛的,8 月份才开始复习,也考了 400 多分,但毕竟这是少数,大部分人还是不能达到那种水平的,所以暑假就别想着回家。暑假期间,要尽快结束教材的第一遍复习,尽快看数学复习全书,全书内容很全,知识点也很详细,有分类的题型,所以一定要利用好全书的复习。对于复习全书,尽量先自己做,如果 3 分钟之内实在不会做,就看看答案,顺着答案的思路,想想知识点是怎么运用的,出题人是怎么构思的。解这类题目是按顺序进行的,这个过程很艰辛,也很痛苦,所以一定要调整好心态。尤其到了夏天,不要急躁,沉下心来,当作是对自己的历练,要是很容易,考研还有什么意思。总之要调整好心态,不急不躁,心平气和地复习,要知道自己每天在做什么,掌握哪些知识点,达到什么程度,并且每天晚上问问自己:今天我学到了什么,掌握了什么,还有哪些不足、如何改,第二天的计划是什么。

9 月份开学时,复习全书应该复习了一遍,紧接着进行第二遍复习,这个期间的数学复习,要构建整体框架。比如,有哪些章节,每章有什么重点,有哪些基本题型,有哪些解法等,甚至更细的东西。这些都要自己总结,做个有心人,唯一的目的就是掌握知识点,对于各种题型能够灵活运用。另外,遇到不会的题目,要随时翻阅教材,争取这个期间,在复习全书的同时,进行教材的第二遍复习。这个期间的英语复习还是以记单词为主,同时,做一些翻译,翻译 2000 年之后的真题翻译题目,学有余力的话,翻译阅读理解,对于每篇阅读理解要会找全文主题、各段主题,这对后期做题很重要。对于政治,应该开始复习了,看政治《红宝书》,一定不要等到大纲出来,因为每年大纲变化不大,所以要早复习,防止后期专业课没时间复习。大约 9 月份,就应该复习专业课了,专业课是大头,和数学一样重要,所以一定要重视。在此期间每天要合理安排时间,每科都要复习,保持每天的状态,尤其英语,复习单词是贯穿始终的。

11 月初,要开始做数学真题了,数学真题一定要早做,避免后期没有足够的时间掌握消化。做真题,查找薄弱点,翻阅教材和全书,全面掌握。另外,适当做一下现场模拟,数学考试是在上午,在上午按照标准时间做一套真题,找找感觉,记住:自始至终,要知道自己做任何题目的目的是掌握知识点及应用知识点解题,所以目的性要强。此外,还得学会总结,把知识点变成自己的东西。政治做一些选择题,强化知识点。到了 11 月底,开始背大题,尤其是任汝芬的四套卷,肖秀荣的四套题,可能会预测到几个,政治也要抽个时间模拟一下。英语从 11 月中旬开始做真题,具体怎么利用真题,各种题型该怎么做,每套书里一般都会写的,在此不赘述。

总之,对于初试的准备,我想提以下几点建议:

1. 要找个充分的理由来说服自己去坚持,永不退缩,因为考研复习是身体和心理的磨炼,过程很痛苦,也很艰辛,所以一定要有坚强的内心和信念。

2. 要有一个计划,一个整体且灵活变动的计划,以此为杆,指引自己去复习。这个计划可以精确到每一天每个时间段,但是是灵活多变的。比如,这个时间我心情好,可以去复习难度大的内容;这个时间心情不好,就复习简单的。总之,一切看心情,一切看效率,但绝不能每天心情都不好,算了,不学了,旅游去,偶尔的适度放松是可以的,但不能有大的放松,三四天不复习,就会遗忘,状态就会被打破,就像高中时的星期一综合征。

3. 一定要调整好心态,积极乐观,做到宠辱不惊,淡定从容。

4. 坚持下来,不管结果怎样,你就是胜利者。相信自己做的每一件关于考研的准备都是值得的,都是有效果的。始终坚信,世上没有白出的力,你付出了,即使当时没有成效,总有一天会有成效。

说了这么多,就是想要说明一点,你只要决定了考研就要踏踏实实,做好充分的准备与计划,不要半途而废。考研不像你想的那么难,那么枯燥无味,充实的生活其实对精神来说是最好的慰藉。考研也不是那么容易,考个普通研究生也许可以少一些付出,但要想考一个名牌大学的研究生则需要持之以恒的努力。无论最后的结果如何,付出了也就无悔。在考研过程中的拼搏经历也是一种宝贵的财富,可以砥砺我们的意志,到我们年老时回忆起自己年轻时拼搏的一幕不致会留有遗憾。最后祝愿 2014 考研的同学能够旗开得胜!

母校助我成长

化生学院　李　杰

2013 年研究生考试我考了 357 分,考取了南京工业大学化工工艺专业。我很高兴能考上研究生,回想考研这 6 个月的风风雨雨,感触良多。首先感谢的就是我们亲爱的母校——盐城工学院。没有老师开绿灯和无微不至的照顾,我想我的成绩会大打折扣,甚至可能与心爱的学校擦肩而过。

一、考前准备

1. 定学校。这是复习准备前至关重要的一步。开始准备考研,首要任务就是确定报考学校和专业,学校排名、专业排名网上都有,可供参考,但要记住量力而行。

2. 找信息。在定好学校之后,就应该上那个学校的网站去查找信息,包括考试的科目、参考用书以及历年分数线。好多网站,如考研网和 × × 大学考研论坛,有好多资料和经验值得大家关注。在考研论坛上查找以往学兄学姐的经验帖,搜集复习的经验,有了这些东西,你备考计划的制订将会更加容易。建议至少要找一个报考该学校的师兄或师姐,他们的帮助将会很重要。

3. 信息汇总。查找到信息之后,我建议将其分门别类,如专门准备一个文件夹,哪些是英语经验,哪些是政治经验……这样,便于以后需要的时候查找。

4. 写下自己考研的理由和鼓励自己的话。这个千万不要小视,很多人觉得自己考研的理由没必要写下来,记在心里就行了。其实,只有写下来的东西,自己才会真正记得住。建议大家把理由写下来,贴在最醒目的地方。

二、正式备考

英语:阅读是老大,作文要抓紧,翻译做真题,完型可忽略。最主要的把字好好练一下。大小作文 30 分,一遍赏心悦目的字体会让人心动!对于英语,阅读和作文是拿分的关键,翻译只是起到锦上添花的作用,至于完形填空,一道题才 0.5 分,这是一门投入产出比极低的题目,复习的时候可以忽略,所以,复习英语的重中之重在于阅读和作文。在英语上投入的时间还是比较多的,单词背诵,不但得背熟悉的意思,更要记熟词的僻意。考研期间,我单词不知背了几遍,我是对着单词书广泛撒网。最后,考研新增单词你拼死也要背下来,我就是血的教训,阅读理解最后一道大题完全没读懂,就是栽在新增单词上了。作文我是从 12 月才开始准备的,我感觉时间有点来不及,因为还有政治要背,记忆力好的除外。我建议大家在考前两个月准备作文,不然时间会很紧。可以尝试着背真题后面的范文,然后再自己总结模板。

考研期间,应做3 遍历年真题,看看试卷答案每题的评析,把出题人的思路好好揣摩一下。多练手,多模拟,正确率不是我们应该过多关心的,我们的重点在于文章的分析。在这个阶段,有一件非常重要的事要做,就是在考前两周,每周周六下午 2 点到 5 点进行英语实战模拟,别小看模拟,这个能让你考试迅速进入状态,甚至是实力检测的最好方式。当时,我还特地制作了答题卡,作文也是认认真真写的。阅读理解一个中心原则:所有正确的选项都与文章中心或者段落中心挂钩。

政治:政治其实是一门大家不用太担心的科目,要考高分很难,要不过线也很难。但这并不意味着政治可以很晚才准备,我建议大家在 8 月中旬可以开始准备政治,一般情况下 9 月出大纲再看也来得及。选择题是关键,主观题不拉分,总的来说,政治分数基本上是由你的客观题分数(即选择题)决定的，大题目一般拉不开太大的差距。肖秀荣的书很好，他的最后四套题押中了3道大题，几乎是原题。另外，政治不需要购买真题。

数学：数学二满分150分，我只考了79分，在这说考研经验恐怕会贻笑大方。数学其实是考研中最拉分的一门科目，一个大题做错，就与别人拉开了至少7～8分的差距，这得做对多少个阅读题才能弥补啊。其实我数学底子还不错，可是我过了几年颓废的大学生活，大三一下子重回正轨还是很困难。第一轮复习时，高等数学和线性代数我感觉和翻一本新书差不多，线性代数看了至少3遍，才能看懂其大概意思。可惜时间不等人，还没来得及再看一遍时已经临近考试了。我考试前几天一直在背物理化学要点、政治大题和英语作文，忽略了数学，在考场上我知识点一个也想不起来，当时汗就出来了，我希望你们不要重蹈覆辙。

对于数学，就是一点，多做题，通过做题来归纳总结，总结一类题型的具体解法，下次碰到相应的题型就会迎刃而解。对于数二，高等数学才是难点，线性代数刚开始看完教材会觉得很难，可是当你看完李永乐的线性代数辅导讲义，线性代数基本上就可以拿满分了！总之，多做题，多总结！考试的时候，线性代数争取拿满分，高等数学多拿分。至于如何合理安排复习时间，每个人的基础不同，接受知识的速度不同，我就不说怎么实施啦。

专业课：尽量避免你很棘手的科目，我考物理化学是我的强项，每一个同学考的也不是同一科目，没有固定的方法，南京工业大学并非“211”院校。物理化学试题很简单。总之，一定要把学校指定的教材看透，把课后习题弄懂，把历年真题研究透，就不会有问题！

我没有报考研辅导班，原因很直接和另类：家里穷我不想花这钱。至于报班效果如何，你们可以问问报班的学长。

我很一般，最好的奖状才是班级三等奖。等到复试时，看到别人拿着厚厚的一摞奖状和证书时，我才明白我的大学美好时光是多么的苍白。在这里真心告诉大家一句，大学学习很重要，不要把宝贵的青春花在玩游戏上，多拿一些证书来证明自己，如果证书真的一无所用，还有那么多人考证书干嘛呢？我的经验就这么多，祝各位考研的同学取得自己理想的成绩，考上重点学校，考有实力的学校，考知名专业，因为这样才有更好的平台和资源。再次感谢我的母校——盐城工学院。

努力铸就成功

汽车学院　蔡承默

我叫蔡承默,是汽车工程学院机制 095 的学生,今年考上了西南交通大学硕士研究生。纵观考研历程,感受颇多。“如果你觉得自己不够努力,那么你已经失败了。”这是我给自己的座右铭,这句话陪我走过了考研这 6 个月,同样这也是我奋斗的动力。

俗话说,经历过才知道。现在回首这 6 个月,我觉得自己很庆幸,从最初的选择学校到最后录取,我始终觉得幸运天使在我的左右。考研准备不在于早,而在于用心。如果考研战线拉得太长,到后期很容易乏力。大一我就坚定了考研的决心,因为高考的失败让我在高中同学面前很没面子。但是我没有从大一就开始准备复习,我只是打好基础,认真学好每一门课。这些课程看似对考研没用,但是对于复试确实至关重要。其实,我是 7 月底才开始正式复习,之前一直在准备“飞思卡尔”智能车大赛,复习断断续续。直到大赛结束,我才开始正式复习。当看到别人一轮复习即将结束时,这反而给了我压力,我用了一个半月时间赶超他们,在进度上与他们持平。我觉得压力是我们前进的动力。

教材的选择可以说直接影响你的解题思路,因此教材是相当重要的,教材不在于多而在于精。首先,选教材可以听听学长的建议,一般他们会指出每本书的优缺点,而这些对于要准备考研的学生帮助极大。我数学用的是陈文灯版的复习全书、考研真题分类解析、考研真题试卷版、考研模拟卷,我觉得把这几本书看完就差不多了,题型基本都涵盖了。特别是陈文灯的复习全书,建议看 3 遍,上面很多思路都很巧。英语,前期准备阅读、词汇就行了。只要是文章就可以拿过来读,把不会的单词找出来,做笔记。真题切不可提前做,等到 9 月份再开始正好。每一份都要当考试来做,做完要认真分析。由于英语考试变动比较大,这期间,我把 2005—2012 年的真题做了一遍,把自己的得分与国家线做统计折线,找出自己真正的英语水平线。政治,把辅导班发的资料背熟就足够了,最后的两套模拟卷是必做的。专业课,教材要看简章指定书目,如果没有,最好用他们本校的教材。历年真题、本校期中期末试卷是重中之重。

学校的选择也是相当重要的。我避开了南京、上海的高校，选择了西南交通大学。就排名而言，综合实力西南交通大学不差，就是地理优势不那么明显，相对而言好考一点。我将大学分几个等级，一等是发达地区“985”院校、“211”院校，二等是一般地区“985”院校、“211”院校，三等是发达地区非“985”院校、“211”院校，四等是一般地区非“985”院校、“211”院校，难度由难到易。对于我们这类本科学校来说，考取“985”院校是相当困难的事情，不是分数高就能解决问题的。“211”院校也比较看中学生的综合素质、专业素养和本科出身。在选学校时，可以去浏览考研论坛，里面有很多意见、建议，如学校分数线、专业课资料、复试指导、学校排不排外等，总之，选学校、选专业要量力而行。

复试是最头疼的一件事，准备不好就会前功尽弃。如果是分数线上徘徊的学生建议调剂，分数特别高、排名靠前的学生要着重准备专业课知识。复试之前最好是提前联系导师，有条件的话最好和导师见一面，聊聊天，给导师一个大体印象。不要表现得太浮躁，要给导师一种踏实、认真、谦虚的感觉。如果导师答应要你，只要你过了复试，那么你就被这个导师录取了。复试的时候，最好把自己参加的比赛、写的论文、参与的项目呈献给面试老师，这样能给你面试加分，增加被录取的几率。

以上是我考研的一点经验。从大学学习到考研，我学习到一个道理，只要你认真准备一件事，你一定会成功的。如果你选择走上考研这条路，就踏实地走下去，到最后你一定会收获丰硕的果实。

考研的第五门课——心态

材料学院　黄　超

我叫黄超，B 金属 092 班的，今年考取了华东理工大学硕士研究生。

众所周知，考研一共要考 4 门课，其实还有重要的一门，那就是心理素质，即心态。如果能始终保持平和的心态，专心学习，再有好的学习方法，考研就会变得相对轻松，成功率也会大大加大。如何保持平和的心态呢?

一、相信自己

我认识的绝大多数能坚持认真看书的研友都能在最后的考试中发挥出

色，既然别人可以，相信你也可以。比如，我大学期间挂了 7 科，可最后我依然考上了研究生，所以，不管你现在成绩怎么样，只要决心考研就一定要对自己有信心。

二、正确看待考研

有的同学把考研的成败看得过重，其实就像高考一样，即使没有考上研究生也不是什么世界末日。相反，你应该保持冷静，客观分析自己失败的原因，让自己能从这次经历中吸取教训，这些教训或许能改变你的一生。

三、认清实际，有自己的主见

考研需要了解他人大量的信息和经验，要懂得取其精华，去其糟粕，切勿盲从。举个简单的例子，基础差的同学不要像基础好的同学那样去做难题，要把握好基础题和中档题，争取拿满自己能拿的每一分。体力不好的同学不要像体力好的同学那样起早贪黑，要懂得结合自身情况合理分配时间。就拿我来讲，考研期间每天都是 11 点多睡觉，8 点半左右起床，虽然比那些起早贪黑的同学少了好多时间，但我最后还是考上啦！反正根据自己的情况订计划，才能不慌不忙地准备。

四、要有吃苦的准备

考研准备期间，你会忙碌地备考，这样就导致娱乐减少，这时看到那些整天游戏人生的哥们难免眼红。但你想，只要是考研的都在吃苦，并不是一人在孤军奋战，不能与不考研决定就业的同学比，这样一想你就该平和许多。

五、一定要有计划

计划是你对未来的展望，根据个人的情况制订适合自己的计划，并按其执行，不但能鞭策自己少偷懒，更能使完成计划的你有点成就感和安全感，这对稳定心态很重要。值得注意的是，计划要有一定的弹性，当实际情况变化时，计划要及时做出相应的调整。

在规定的 4 门考试科目方面我也有些经验教训和各位分享。在政治方面，隆重向大家介绍肖秀荣的最后冲刺卷。据几个用此书的同学说，押到了好几题，我没用，感觉亏大了。至于数学要乐于动笔，不能光用眼睛盯着看，死记硬背公式。专业课不仅要看你的学习能力，还要考查你的信息收集能力，谁资料收集得到位，谁就能在考试中占便宜。英语的学习贵在坚持，大学四年我英语从未放松，每天坚持学习英语，做习题，练听力，练口语，因此我考研准备起来比较轻松。

萧伯纳曾经说过，人生有两大悲剧，一是踌躇满志，二是妄自菲薄。各位研友如若对自己有充足的自信，又能有清醒的认识，保持稳定的情绪，考研应该不在话下。最后祝愿各位研友考研成功！

态度决定命运

信息学院　苏亚运

在这个竞争激烈的社会，每个人都有必要问一下自己，拿什么去跟别人竞争？所以考研虽然不是唯一的、却是一条很好的出路，你付出了多少，是有回报的，目光要长远。既然选择了，就不该在乎别人的说法，你要做的就是坚持下去，达到自己的目标。

考研首先要明确自己的目标，才能端正自己的态度，今年的计算机考研由去年的全国统考改为允许部分学校自主命题，结果就是明显的大小年。所以很有必要在学校的选择方面慎重考虑，除了非某校不考之外，应该好好了解一下所报考院校的信息，一旦定下来就不要再变动了。当然决定你能否进入复试的还是你的初试成绩，对于复试处于劣势的同学来说，初试成绩尤为重要，如果初试成绩不理想，那就要看你所填报的志愿了，一部分是运气，当然更重要的是在复试中好好表现。关于复试，每个学校不一样，有时间可以多看看论坛，对于论坛上的东西不可全信，毕竟每一年学校的招生都在变化，这是很难把握的。总之，想要考上理想的学校，只能抓好初试，初试分数高就有了筹码。

首先，数学是关键，当然我的数学考得不好，在此有一些教训与各位分享一下。不要认为考研的试题是独一无二的，有一部分可能就是你平时做到的，所以要好好对待平时的练习，不要放过错题和难题，对于自己不会的一定要认真去弄懂，这是非常重要的，对于基础的题目，也不可掉以轻心，尤其是线性代数的计算，很容易出错，所以平时要练习一下，不可只看不做。总之，你的态度会决定你最后的分数。

关于英语，只要每天都坚持背单词，做阅读，把真题认真地做几遍，研究一下出题人的思路，答题的思路整理一下，每天花一个小时，坚持下来，足够了。

政治的话，由于《红宝书》出得很晚，所以免不了担心自己来不及，这样只能在最后两三个月里花很多时间在政治上。这么做也未尝不可，如果能早点开始做单选的话，后面花的时间就可以减少一些，不用担心过早做会忘记。政治题想得高分多选题是关键，只能平常多做练习，各种版本的辅导书也差不多。大题目只能等启航的20天20题出来，那时候可能已经12月了，要每天都坚持背这20题，背完就算遇到不会的题目也能写点东西出来。考前两三周会有肖秀荣的最后四套，可能会押中一两题，所以也要好好背题目，尤其是大题目，政治只要肯下点功夫背诵，分数是不会差的。

对于计算机的专业课，各个学校不一样，试卷的难易不一样，当然选择统考可能公平点，但是难度也有，所以要花在专业课上的时间是非常多的，要早作准备。我选择的是统考，统考的内容很广也很深，所以选择统考要慎重，因为调剂起来几乎不存在优势，可能考别的学校会有一个很高的分数，当然一些名校的自主题目也是很难的。既然选择了就要认真复习，知识点很多，要记忆的要理解的东西很多，考到的题目又不一定会复习到，当然是个别选择题，可能翻遍书本也未必会有，这些题目只能靠运气了。我是一本本书开始复习的，来得及必须进行三轮复习，到后来看书的速度会越来越快，要把自己不会的东西和重点考查的东西好好理解，统考题目存在重复的概率很小，可能会有一两题，所以我们只有理解了才不怕各种问法。在复习过程中要把疑难点记录下来，自己把书本整理一下，考前再看看这些自己整理的知识点，很有帮助。

最后，我想说，每个人都有自己复习的一套方法，别人的可以借鉴，未必对自己合适。但是态度却很重要，只有自己坚持不懈，才能达到目标，不要寄希望于调剂，因为调剂起来很麻烦，而且不存在任何优势，目标要综合考虑，不要被别人的说法吓怕，也要认清现实，找一个力所能及的“211”院校是很有必要的，对于将来的就业优势是不言而喻的。记住一句话：当你只有一个目标，整个世界都会给你让路！

选择与坚持

化生学院　张　爽

我叫张爽,来自陕西西安,在今年全国硕士研究生统考中,有幸被西北大学的化学工程专业录取。

当生命发出第一声嘹亮的啼哭的时候,我们踏上了人生的征程,从此辉煌的画卷徐徐展开。是父母带领自己走上上学的路,但从自己懂事后,就是自己作决定了。

在大一召开的研究生表彰大会上,看着学兄学姐身穿学士服,面带笑容,沉着而又兴奋地走过主席台的那一刻,心里暗下决心一定也要考上研究生。时间不知不觉地过去了,在大三第二学期,我正式开始复习考研。在过去的两年多时间里,我发现目前的就业形势非常严峻,特别是对于我们学化工专业的同学,就算有公司来招聘,也是要男生,所以压力就更大了,这种形势更加坚定了我考研的信念。另外,考研不仅可缓解就业压力,而且还可以增强自己的专业技能,锻炼自主实践的能力,为将来踏上社会打下坚实的基础。再加上由于当时高考失利,自己又是一个特别恋家的孩子,所以在大一的时候就决定考研。

考研就是要勤奋踏实。可能刚开始很难进入状态,但是只要投入以后,你就会觉得时间过得很快,自己也会很充实。学校给我们考研的学生提供了很好的学习环境,教室有空调,后勤的叔叔也全天候供应开水,这些条件是我们盐城工学院特有的,所以我们要好好珍惜这次在校考研的机会。暑假是关键的阶段,我建议同学最好能留在学校。

考研也要规划好。四门科目是怎么安排的,网上这些规划很多。也可以报考一个学习班,每个人的具体情况都不同,只要大体上差不多就可以。英语、数学最重要,要花大力气学,很多学校很看重这两门课。专业课是拉分的一门课,也要好好准备,政治最后一两个月看看就差不多了。英语可以买张剑的真题,真的很好,要反复地做,搞懂文章中的单词,分析长句,阅读理解到最后就要达到看到题目不用看文章就知道为什么选这个答案了,找出出题人的意图所在。还可以准备一本词汇,单词要不断地背,把会的词直接过滤,把书越读越薄。英语作文到最后也很重要,我买了一本张剑的英语作文预测,背了好多,真的特别有用处。数学可以买李永乐系列的书,数学就是要不断地做题,熟悉每种题型,数学考的不是智商,而是解题的思路,做题要做到这样一个程度,一个步骤算完后,要知道下一步是怎样的。就是这样一步步做,一个大题就解决了。

想想过去的那些时光,曾经痛苦过,亦驻足浅笑过,再回首却是释然。

我还要说的是,不是每个人都天生适合考研,你身上总有那么一些东西可能会阻挠你,但这些都不重要,重要的是考研是你对自己人生的一个决定,那么所有的问题都是可以解决的。而且考研终归只是众多选择中普通的一个,并非成功的捷径,更没有谁能保证考上研后的人生就是一片星光灿烂。考或者不考,请认真听自己的心声,并早点做决定。关于复习的方法,自己着实没什么高见,自己摸索吧,只有你最了解自己。但有一点,多和所考学校的学长联系,掌握内部最新的资料并且可以请教经验。有个和自己报考一个学校或者相同科目的研友是件再好不过的事,复习时遇到问题了可以讨论,心情不好时,听到对方也在抱怨,就会稍稍得到一点安慰。然后再相互鼓励,共同进步。

这些都是我的个人感想,希望对大家有所帮助。预祝大家能够在自己的人生路上走好每一步,当回首往事时,觉得没有虚度自己的年华,没有愧对自己的生命。

考研路有心酸也有喜悦

电气学院　李　宝

我叫李宝,2009 年从徐州市第一中学考入盐城工学院电气工程及自动化专业,2013 年考取西南交通大学电气工程专业硕士研究生。按历年传统,每届考研成功的学生都会在《难忘的考研岁月》里留下自己的体会,我也在这里分享一下自己的体会,希望能给大家带来些许帮助。

整个备考的过程中,我对考研的认识由浅入深,感触颇多,有得有失,有心酸也有喜悦。考研的过程是个知识经验积累的过程,无论考研成功与否,这段过程都将是我们人生中一大宝贵的财富!考研不仅是一个打持久战的过程,更是一个锻炼自己毅力的时刻,考研贵在坚持,"剩"者为王,只要坚持到最后,大多数人都能取得成功。

既然决定考研就一定要努力,不能半途而废“打酱油”。下面是我总结的一些经验和教训:

关于数学:数学强调的是对基本概念、定理的把握,这不仅要记住这些东西,而且能够知道它的来龙去脉,能够独立推导,并清楚它的应用范围和基本考查点。同样,数学还强调灵活的思维,这主要是建立在对基本知识深刻理解的基础上,必须通过对课本的复习,理出一个知识框架体系,从总体上把握考点。其次才是多做题,先完成课本后面的习题,再找一两本参考书认真仔细地做一遍,把自己不会的题目和看了答案还是不懂的题目做个标记,以便后来重点复习。之后,就细细揣摩历年真题,把每个题目都弄懂,考前再做几套模拟题,剩下的时间复习以前做错的题目。复习数学要做到融会贯通、举一反三,应通过做题将所学的知识点联系起来,并将所学的思路与方法为己所用。

关于英语:英语最重要的就是阅读,但阅读也是建立在词汇量的基础上的,所以最重要的还是单词。只要阅读中的单词都认识了,英语分数肯定不会低。当然记单词也是有方法的,考研英语的单词不要求会拼写,只要求看到它能知道是什么意思,所以单词不要去硬背,那么多生词,背不下来,也没那么多时间。比较好的方法就是快速浏览,拿“新东方”的绿皮词汇书来说,开始时每天看两个单元(大约200个单词),25天差不多能看一遍,然后再看一遍,两遍后每天看3个单元。就这样每天都要坚持,当然不能只看单词,在看单词的同时一定要做阅读,这样才有效果,我就是用的这个方法,英语考了67分,还有就是真题中的生词一定要查出来记住意思。

英语的作文也不可小视,在短时间内英语的作文是最能得到高分的,作文的重要性仅次于阅读。作文分大作文和小作文。作文没什么好的复习方法,多背,适当地练。我觉得历年真题的范文很不错,把那些范文尤其是里面的一些经典句背熟,拿个高分应该是不成问题的。

关于政治:我觉得政治复习难度不大,花的时间也相对较少,辅导班作用不是很大,就是心理上的安慰。政治11月份开始复习不算晚,答题技巧很重要,一定要把答题纸写满。

关于专业课:说到专业课,那就依个人的情况有所不同了。有的专业课知识是自己掌握得非常好的,那就可以到最后一两个月再看,如果专业课知识掌握得不太好,那就要早点准备。不管怎样,专业课的真题非常重要,一定要做个三四遍。

考研是一种忍耐，是一种淡然，是一种坚持。当你认为自己是世界上最痛苦、最辛苦的人的时候，你也将成为世界上最幸福的人。最后用一句通俗的话和大家共勉：坚持就是胜利！

致学弟学妹

材料学院　刘　兵

年轻人不应随便给自己下一个定论，要相信年轻无极限，即使失败也要昂首前行，这是我最想对学弟学妹说的一句话。

路有很多条，不一定非要选择考研，显然这句话不适合出现在《难忘的考研岁月》中。为了日后的就业，考研只是一个手段，当然若有志于科研，也无可厚非。大一时，我一心想着考研，但一路走来，我发现不考研一样可以活出精彩的人生。关键还在于自己的能力和对所从事的行业的兴趣。所以，不要急于下一个基调，先想一想自己儿时的梦想，以后希望进入的行业，是否对自己的专业感兴趣。

如果你还是想考研，那么恭喜你，因为你已成功了一半，当然我所指的是考研成功。坚定的选择是帮助你克服考研路上一切障碍的精神支柱。有时你会感到孤独，有时沮丧，但为了理想，你必须去承受这些。在这里，我想让学弟学妹分享一下我的经验：我把考研当作一个项目或工程去完成。首先，你得在前三年学好基础课和专业课，并兼顾考研，协调好英语四、六级、VB 证书的考试。大四时，也许你不得不上一些奇怪的选修课，参加一些实习，做两周实验，但这就是你将面对的。我建议将一切可能腾出的时间和精力用于考研复习。

对于复习，我想给以后考研的学弟学妹在英语学习方面提几点建议：

英语一方面是靠平时的积累，另一方面也靠复习时候的冲刺。作文和阅读占了很大的分值。这也就意味着词汇量非常重要。复习英语一定要以真题为本，能做几遍就做几遍，千万不要做太多的辅导资料，否则既浪费时间又偏离轨道。还有就是作文，除了平时的训练外，各位学弟学妹还可以关注一下各辅导机构的押题作文，在考题中是有一定几率的。

说了这么多还未自报家门。我是高分子材料与工程专业刘兵，被浙江理工大学录取。总分357分，报考上海交通大学，未能进入复试，而后调剂。周围很多人都认为考上海交通大学不是一个理智的选择，但即使到我写这篇文章时，我都未曾感到后悔，年轻人不要害怕失败。我很享受这个过程，在面对这个结果时，我可以很坦然地说一句：是的，我尽力了。为一个目标付出过、努力过，不管结果如何，我都会很坦然，这会成为人生中一笔宝贵的精神财富。就像高晓松说的那样：你在老年时是回忆自己曾经算过的账还是年轻时作出的勇敢的选择？选择好的学校会成为考研路上的精神动力。各种高效、科学的学习方法还得各位自己去探索，这里不再赘述。

祝各位能看到这篇文章的大一学子在盐城工学院度过快乐的大学生涯。

考研就像一场马拉松

纺服学院　李冰冰

考研就像一场马拉松，是一次体力、耐力加定力的比拼，在跟对手角逐的同时，也是一次自己跟自己的较量。

体力，即身体素质。身体是革命的本钱，无论做什么都要有良好的身体素质作为基础，在考研过程中，一定要注意身体健康，要适时、适量地加强体育锻炼。在近一年的备考时间里，长时间地坐在教室里难免会有头晕脑涨的感觉，这时候与其坐在教室里继续发昏，倒不如给自己放半天假，放松一下，不要因为这半天假而唏嘘不已，也不要因为其他同学仍在认真复习而自己却在娱乐而心存悔意，适量的放松会让自己的身心得到舒缓，让自己以后的复习更有效率，达到事半功倍的效果。

耐力，即坚持不懈。一旦考研目标定下来后，就要一如既往，持之以恒，决不退缩，决不懈怠。每年寒假开学后我们都会看到，决定考研的人会很多，每个人都信誓旦旦，似有不到黄河心不甘之势。刚开始有很多人都到考研教室占座，一下课就往考研教室跑，但是一段时间后，就会有部分同学懈怠了，偷懒了，各种各样的理由成了他们不常去考研教室的借口，到了暑假，已经有部分同学选择了放弃。暑假开学后不久，会有一次网上预报名，这时候又有一些同学放弃了,等到真正报名时,又会有一批选择放弃,现场确认时再少一批,真正考试时再少一批,最后能够完整地参加全部科目考试的同学并不多,所以这些同学考上的机会就很大。因此,只要你够坚持,够认真,就一定能考上。

定力,即抵抗外界诱惑。进入大学之后,绝大部分同学的大学生活都是轻松愉快的,足足放松了三年,所以备考刚开始时,难免会感到疲惫,有时甚至会产生厌倦,向往以前“自由”的生活;再加上不考研同学“轻松自在”的课余时间,这些都在诱使着我们,动摇着我们的决心,如果没有足够的定力,真的会就此放弃。在备考后期,同样存在着诱惑、内心的迷茫、复习效果的不佳,加上接二连三的招聘会,都在动摇着曾经立下的坚定信念。而这时,唯一要做的就是排除一切干扰,坚定信念,加强定力,一如既往。

我相信,如果能够做到以上三点,考研就成功了一大半。而对于各科的复习方法,由于每个人的学习习惯和学习方法不同,复习方法自然也就因人而异。不过,网上有很多好的复习计划,必要的话可以上网搜一下,选出一两个计划并结合自己的实际情况做出适当调整,做出一份适合自己的考研计划和方法。

考研跟智力有一定的关系,但不是绝对的,它的成功与否更多地取决于一个人的态度与毅力,只要你始终认真对待并能够坚持下来,成功的机会就会很大。相信自己,成功就在不远处!

考研:架一座通往成功之桥

博雅学院　刘　行

回想考研这一年的经历,充满了酸甜苦辣,让我经历了人生的一次真正考试。虽然我经历过大大小小的考试,但这次的经历让我感受尤为深刻。考研可以让一个人成长很多,能锻炼一个人,使人成熟,也是人生中一段难忘的回忆。其实,考研没有我们想象的那么难,只要你真诚地去对待它,它也会真诚地给你一个回报。不管你是何种原因选择考研,当你决定的时候就要认真地去对待它,正所谓态度决定一切。

考研考的是什么?我觉得是心态。不管你是天资聪颖,还是后天勤奋,离开了好的心态你将一无所成。就以我的考研经历来谈一下我当时准备考研的过程。

英语:英语的复习首先是单词,我当时用的是《红宝书》。我认为,阅读和写作是非常重要的,一定要训练自己的阅读速度和写作水平。阅读速度的提高是建立在一定的词汇量之上的,因此词汇就很重要,每天按时记单词。在做阅读的过程中,每个单词和每个句子都要理解,不要求数量只要求质量。关于写作,应该好好练一下书法,在改卷的过程中,主观因素很大,漂亮的字体会给你带来好运。如果感觉不会写,就先背一个万能模板,然后再背其他文章,这样即使在考试的时候写不出来,至少还有模板可用。

政治:政治就像纸老虎,并不可怕,可能很多同学会选择报考辅导班,其实我觉得很没必要。资料不用过多,主要就是任汝芬1、2、3、4。我是9月份开始复习的,结合资料中的复习题加以巩固。在政治复习中背诵是必不可少的,基本概念、原理都要牢记,然后加入自己的理解,会得到事半功倍的效果,千万不要死记硬背。最后一段时间可以参考一些预测题,我觉得肖秀荣的最后四套不错,大家可以根据自己的复习习惯选择不同的参考资料。

专业课:每个人报的学校与专业不一样,考的专业课也不一样,但是我想对于专业课来说,一般都是报考院校指定的两门课。我考的都是理论,参考书之前也没看过,我就花了大量时间来背诵,了解历年的出题思路。虽然相对于数学,两门专业课是比较轻松的,一般考研中的高分都是两门专业课的,两门专业课总分考了240分,很常见,所以复习要到位,不要被别人拉开太多。要设法找到报考院校的历年真题,知己知彼,百战不殆。最后在考研复习中要切记:一定要动手做题,而且是掐着时间做题。

复试:准备复试时,建议大家不要太放松,因为身边就有同学因为复试太差被刷,结果连调剂的资格都没有轮上。如果觉得分数有点悬就提前准备调剂,如果有信心就认真看书,千万不要这边举棋不定,那边又不认真看书。

当你走过考研的路程,你会发现和你原来认为的不一样,只要你努力,就会有回报。也许你在考研中会遇到这样或那样的困难,想放弃时,就想想每个考研的都是这么过来的,你想有所收获,就必须耐得住寂寞。"命运会给曾经付出努力的人搭起一座成功的桥梁。"坚持到最后,你就会成功。

有的事现在不做一辈子都不会做了

电气学院　韩　晨

我叫韩晨,2009 年从海安县曲塘中学考入盐城工学院电气学院电力电子及电力传动专业,2013 年考取上海工程技术大学机械电子专业硕士研究生。

回想考研这条路,印象最深的就是每天起早贪黑地去图书馆看书,很佩服自己,高考都没考研这样刻苦,而且还坚持了这么久。很多同学听到考研都会觉得是一条不归路,觉得自己根本不可能坚持下来。我不是一个成绩优异的学生,处于班级中游,也挂过科,奖学金也没拿过,所以我就对自己说,我必须考研,不然毕业找工作的话我拿什么和人家比？有了这个想法,更加坚定了我考研的决心。

其实真正开始复习考研是从大三的暑假开始的,我至今都记不起 2 月到 7 月之间我到底做了什么。所以,有的同学觉得自己进度慢,不要慌,其实相当多的人是从暑假开始复习的,暑假很关键,能好好利用暑假,对下半年的冲刺有很大帮助。下面我根据个人和研友的经验,给大家一些建议,希望能给大家的考研带来一定的帮助,能少走弯路:

1. 第一点我不想说学习方面的,我想让大家定位好自己。现在考研的队伍是一年比一年壮大,但是录取的名额基本不变,所以考研的录取率就低了。考研不要盲目,很多同学是跟风,也有模有样地去图书馆看看书,但是坚持不下来,在最后几个月甚至是考前几天放弃,很可惜,浪费了时间也浪费了很多钱。要考就要有考上的决心,不要觉得自己成绩一般就肯定考不上,考研不是最出色的人考上的,而是最认真的人考上的。有的人对于就业很迷茫,不知道自己适合做什么,那最好的方法就是考研,多读几年书,对自己未来的定位很有帮助。

2. 找一个研友。这对像我这种学习不自觉的人来说尤为重要。跟我一起复习的同学很认真,所以一起看书的时候我就不好意思玩,久而久之就习惯了,不该玩的时候一定不玩。研友不一定要和你目标一样,起到督促作用就行。我考研的时候,和研友的根据地是图书馆 7 楼,那里人比较少,很安静,不过现在那里不能长期占座了。

3. 复习的要点。准备考研的同学问的最多的问题就是怎么安排复习时间,用什么辅导书。其实除了数学基本上都用二李的书之外,其他的书没什么特别好的。首先,数学的复习无疑是最关键的,分值最多而且复习到位的话,提升的空间也大。数学我是2月到7月把课本看了一遍,课后习题做了一遍,暑假的时候把复习全书高等数学部分看完,线性代数开了个头,差不多到了9月下旬才结束了第一轮。我复习得比较慢,大家不要借鉴我的。后来我又花了一个多月的时间看了第二遍,然后买了几本习题做。其实最关键的还是真题,难度不大,但是知识点很全,一定要多做。其次是英语,总体来说,英语我基本没怎么看,觉得自己英语还可以,现在很后悔,因为我英语只考了45分,全班我最低。英语我买的是黄皮书,难度比较大,我没做完,每次做练习错很多。我是在最后2个月开始跟何凯文的,他讲英语很厉害,我建议同学们可以在开始的时候就跟着他,这样复习起来有目标。而政治的复习则没那么重要了,我买了很多政治资料,其实根本没必要。一般情况下,你的分数肯定在60~75分之间,所以很多同学说政治背不了,其实不要紧的,大家都一样。政治提升很困难,运气好的话是能押到题,不过最多也就一两题。肖秀荣押得挺准的,今年押到了2题。最后是专业课,这个可以到9月、10月开始看,因为各个学校不一样,所以具体的复习方法我也不好说,不过一般而言,专业课不会太难,考的都是基础的题目,想在专业课上拉分不大可能,重要的还是数学。

我个人觉得考研是有必要的,给自己多增加一点知识,定位高一点,以后在社会上可以少碰壁,毕竟本科毕业的那几年是最迷茫的,自己不知道自己想要什么。所以,我想对有梦想、有激情的同学说:考研吧,有的事现在不做一辈子都不会做了。当时光流逝,回首往昔,有这样一段激情澎湃、追求理想的岁月,该是多美好的一件事。

考研是一种享受

材料学院　潘良兴

随着拟录取名单的公布,2013年考研终于尘埃落定,我也顺利地走完了考研这段刻骨铭心的征程。下面谈谈我考研的心得。

首先做好考研的准备。心里要思考,你要不要考研、你为什么考研等之类的问题。先回答好这些问题,心里要有个数,最好的状态就是要坚持到底,一定要考上自己理想的学校,最好不要有试着考、考着玩的心态。先给自己定个位,2012 年的暑假,我曾经也思考过这些问题,当时我越来越觉得我需要考研,考研也许是条更好的出路。由此我下定决心,不管多难,自己也要努力考研,而且要考得上。如果可以,心里有个自己想要考的学校的打算,然后试着联系以前的学长。一般专业课变化不大,可以试着先找找专业课的相关资料。反正要给自己一个考研的心理状态,做好考研的准备。

然后就是好好复习,复习过程中数学是重中之重,需要花大部分的时间。复习数学较好的资料就是李正元的数学复习资料,认真研究上面的每一套题,对于不懂的理论多看看教科书,不懂的题一定要仔细地研读,一遍不懂看两遍,两遍不懂看三遍,深思熟虑。那本复习资料至少看两遍,最好看三遍。

其次就是英语,复习英语我觉得可以根据自己学习英语的过程中的薄弱处多加复习。我个人觉得复习最近十年的考研英语真题是非常必要的,一份一份地过关,一题一题地研读,尤其是历年真题中的阅读理解更加需要引起注意。另外,就是作文,可以选择每周中的某几天专门复习英语作文,可以买些考研英语作文资料看看,不仅是看,更重要的是多写。最让我们头疼的就是英语词汇,在刚开始准备考研的时候,可以买本考研英语词汇的书籍背诵单词。我考研的时候,并没有对着单词书一个一个单词地去背,而是做历年真题的时候会遇见很多生词,我做完每一份试卷之后,就结合语境来记忆,这样 10 年真题做完就会增加了自己的词汇量,而且那些单词是试卷上出现的,所以肯定是考试的重点单词。

对于考研政治,重要时期就是考研前的一两个月,在此之前可以看看考研政治复习全书这样的资料,大略看完,不需要过分研读,大致掌握一下考研政治究竟是什么就可以了,这样可以节省时间去复习其他科目。到了大概 10 月份,国家考研政治最新大纲出来了,之后,可以根据大纲对照着复习全书中的相关内容进行更深一步的复习。其实这也不需要过分去研究,只是自己要觉得,这些是大纲中所要求的内容,肯定是考研政治那份试卷中要考的内容。那时候会出版很多相关的政治书籍,可以根据自身的情况去看。到了临考前的一个月里,会出来很多预测类的政治试卷,什么任汝芬的、起航的等。那些试卷是临考前非常非常重要的资料,在那一个月里,政治复习就应放在首位，对照那些试题要一条条地背诵记忆。

其实专业课是拿分的重点科目，而且也是各科目中比较容易拿分的科目，关键就是自己要拿到自己所报考学校历年考研专业课考试的真题，复习那些真题会对考研专业课起到事半功倍的效果。复习专业课的时候，最好根据所报考学校专业课考试的要求买本专业教科书，对照那个学校专业课考试大纲进行复习。

最后，谈一下我考研时候复习时间的安排，刚开始复习的时候，一般上午复习数学，下午复习英语，晚上可以看一下政治和专业课，其实也可以复习数学、英语，就看自己时间的分配了。到临考前，白天专心背诵政治、专业课和英语，晚上做数学试卷，查漏补缺。

以上是我考研过程中的心得，2013 年考研考了 344 分，数学考了 98 分，个人觉得当时数学复习时间花少了，可见复习过程中数学复习的重要性。

考研过程是一段刻骨铭心的路程，复习过程中一定要坚持到底，不要自暴自弃，不要心存侥幸，坚信坚持就是胜利！

会学习也要会休息

汽车学院　吴艾静

我叫吴艾静，2009 年考入盐城工学院汽车工程学院汽车服务工程专业，于 2013 年考入上海海事大学学术型硕士研究生。

我认为，选择考研需要具备忍得住寂寞的心、坚持到底的行动和会学习的能力。我是从暑假开始准备考研的，刚开始每天学得很充实，可以说暑期学习是考研的关键。每天早晨写好当天的计划，按计划做每天的事，到晚上将完成的打勾，这样让我清晰地认识自己的不足之处。人不是学习的机器，每天的学习也需要适当的运动。我会每天锻炼身体，有时也会花半天或者一天去打羽毛球、骑车等，让自己放松。总的来讲，我的整个考研复习的黄金时期是暑假，到了开学之后情绪略有烦躁，加之其他大小事情需要处理，整个学习都处于被动状态，因此也进入了一段较长的低谷期。现在回想当时的情况，有些事是可以处理好的。考研时选择一两个好研友是很有必要的，当自己烦恼时可以向他们倾诉心中的郁闷，当自己学习想放弃、想玩时可以看看他们的进度，当自己有不懂的地方时可以与他们讨论。一个人的考研是艰苦的，聪明的人会选择团队。

在数学和英语这两门学科上我花的功夫最多。我在暑期就复习这两门，我考研没有报班，最多看了些别人给的视频，我觉得那些就够了。这两门的重点在于重复，数学看的是复习全书，整个下来看了三遍，第一遍仔仔细细地做，其他两遍是根据第一遍留下的记号重点复习。另外，我还买了武忠祥的真题解析，真题也做了将近三遍。做真题时已经是9月底，有点迟了，每天上午按规定时间做一份真题，相当于模拟考试，然后分析整理错题、难题集。英语也花了很多时间，但最后考的效果一般，每天早上6点起床，背英语真题，包括其中的单词，后期还背了大小作文。以前5~6点也会去背书，但没能坚持下来。英语重要的是阅读分数，每天练两篇很有必要。我也看了很多阅读题解答技巧，最后还是觉得多练多背才是真正要做的。说到政治，是我最后悔的一门，听别人说只要最后一个月背就行了，而我根本不行，因为越到最后就越觉得自己什么都没学，不光是政治，其他科目也很头疼，所以到最后我政治考得比较差，连最后四套也没来得及认真做。总结起来就是，政治要早准备，可以最后两个月开始，做肖秀荣1000题，做五遍以上，到最后背肖秀荣最后四套上的大题目就差不多了。专业课我准备得也比较迟，将近10月份才进入状态，到最后有很多不懂的地方去找老师问。专业课主要是要找到报考学校的历届真题，反复做真题。

考研并不是整天待在图书馆、晚上熬夜就能取得好成绩的，重点是要会学习，有的地方是不需要面面俱到的，否则会把自己弄得很累，会学习也要会休息。这需要自己慢慢体会。不要把考研看得太重，人生还有很多选择。不必将自己整天弄得压力很大，累了可以听音乐、找朋友聊天、打电话给父母。天道酬勤，只要自己每天做了该做的事，就问心无愧。

美丽的坚持

电气学院　丁晓迪

我叫丁晓迪，本科毕业于盐城工学院，学的是电力电子与电力传动专业，2013年考上江南大学控制理论与控制工程专业硕士研究生。考研阶段的艰辛如今历历在目。在此,给学弟学妹一些建议,以便于更好地准备考研,少走弯路。

在确定考研之前,必须对自己有一个定位,要有自己的目标院校,有了目标才会有动力。考研的日子是乏味的,三点一线(宿舍、自习教室、食堂),每天都要重复做很多题,看到自己同宿舍的同学在打游戏、在玩,自己却在学习,种种孤独只有自己体会,但是正因为如此,你更加要坚定自己的信心,坚信自己的努力一定会有回报,这样你才会有更加强大的动力。另外,最好是有研友,这样大家会互相敦促、互相学习。在自己感觉身心疲惫的时候,适当地休息,出去散步,劳逸结合是最好的学习方式。

众所周知,理工科类考研无非四门功课——数学、英语、政治、专业课。现在我说一下各个科目的复习方式。

首先是数学,数学的复习要讲究方法,要多看书本上的知识点,书本上的概念一定要多看、多理解。我建议大家买一本《李永乐复习全书》,结合书本一章一章复习巩固。毕竟书本上只是大体了解,要通过做题去实现,对于全书上的题目,不要眼高手低,一定要亲自去做。刚开始做的时候可以不看步骤,自己尝试做做,做完了再与参考答案对一下,看一下参考答案的方法与自己的方法的不同点,然后自己进行归纳总结。在这里,我个人认为《李永乐复习全书》的线性代数讲解得非常到位,一定要细看。此外,如果觉得还是有点欠缺,可以买一本《基础训练 660 题》,上面大多是选择题和填空题,有难有易,尤其是概念的选择题必须要把每个知识点弄清楚。数学复习一定要参考考试大纲,不要囫囵吞枣,否则会得不偿失。数学的复习,一定要多与别人探讨、交流,这样很有用处。不懂的一定要多问,要多巩固、归纳总结,能够举一反三,才能轻松应对数学考试。

英语方面可能我有点心得,今年我的英语一成绩 74 分,是相当不错的。大家一定要树立信心,克服英语这个难关。很多人畏惧英语,是因为已经许久不看英语,或者是英语六级还没有通过,其实完全不必担心,考研英语和英语四、六级考试是完全不同的,要树立信心。个人认为,英语复习只要多看真题就足够了,真题要一遍一遍地看,看出他的出题思路,哪怕复习遍数再多也要坚持,每个选择要知道到底错在哪里。很多人觉得英语重在阅读,的确如此,得阅读者得天下。在此我给大家推荐《张剑考研英语 150 篇》,用它来锻炼自己的速度以及提高正确率。对于英语大小作文,我个人感觉在最后两个月着手准备差不多。

其次是政治，个人感觉很惭愧，别人都拿高分的政治我考得很不理想，可能我当时太拘泥于细节的复习。在这里，我也给大家介绍几本书《肖秀荣1000题》和《肖秀荣最后四套卷》，这两本书很重要，要充分利用好。政治的复习要多背诵，什么年代发生什么事件，事件的主要参与者，提出了什么重大的举措，这些举措分别是什么，这些只要在脑海里有个印象就可以了，需要理解记忆。

最后关于专业课的复习，专业课的复习相对其他科目来说，还是有点不同的，因人而异。有些人专业课学习得好，可以把更多的时间留给英语和数学。有些人专业课差，那就要多花点时间，专业课还是很容易拉分的。

最后，送给大家一句话：静以修身，切勿急于求成。祝大家考研成功。

梦想伴我考研路

化生学院　韦庆杰

我是韦庆杰，化生学院 B 海洋 092 班的学生，报考的学校是南京农业大学，录取专业是渔业专业，心中期盼读研的梦想终于实现。

回想这一年来的考研岁月，同学努力复习的幕幕场景历历在目。此刻，我坐在去年考研的教室里写下此心得，让我能再一次重温与研友努力奋战的氛围，似乎又回到了那每天起早贪黑，和同学互相学习、互相讨论、互相激励的难忘的珍贵时期。

考研前期——由于在大一的时候就想考研，所以我考研的决心很坚定。考研准备是在大三上学期确定的。之前，咨询了考上研的学长以及专业课的几位老师，心里对考研有了大概的了解。个人感觉，不管你是否跨专业，前期找老师咨询一下，定会受益匪浅，至少可以让自己对所报专业的发展方向有很大帮助，不至于使自己在考研路上产生各种不必要的怀疑，少走弯路。

复习过程——首先是两门专业课，个人倾向于数学，所以我选择的是数学和另一门专业课。两门都是学校自主命题的科目，建议大家一定要拿到历年真题，不管花多大代价。这对于自己复习的方向与题型有很大帮助，可以使自己复习达到事半功倍的效果，当然平时的认真复习与刻苦努力是前提。我在大三暑假前，对照学校的考研大纲，把数学四本书的各个知识点温习了一遍，同时把课后的习题挑选着做了一遍。说明一下，数学课后的习题解析等资料，我校图书馆都能借到，特别详细、特别好。专业课是在暑假开始复习的，暑假是复习的黄金时期，非常重要。对于数学，当时用的资料是《数学复习指南暨习题解析》，对于考农学的学弟学妹这本书很好，难易程度与农学大纲规定的相当，资料不在于多少，反复做上面的题目，把自己易错的题一定要做标记，再次看的时候有针对性。对于专业课，一开始是对照着相应的习题一直看书，别怕一边看一边忘，前期是让自己对这本书真正理解，我当时对着习题有针对性地看了 5 遍。记住："简单的事重复做你就是专家，复杂的事重复做你就是赢家!"到后期的时候，一定要练真题，仔细斟酌每道题以及题中所涉及的知识点，这点非常重要。真题是本、是根、更是宝，一定要琢磨真题，反复做，认真做。要让心中读研的梦想一直激励着自己前进，再怎么辛苦也就一年的短暂时间，不管结果如何，至少做到自己努力了，不后悔，不留遗憾，多想想考上之后、梦想实现的激动与喜悦，这个时候，什么懒惰、什么疲惫，都统统烟消云散。

下面是英语和政治，英语对于考研成败至关重要。虽然英语国家线很低，但是想达到国家线并不是那么简单的事情。复习英语的关键在于你的阅读量。多做一些阅读理解，边做边记一些生僻的单词、优美的句子，然后在这其中进行有针对性的记忆，对于词汇量的积累很有帮助。另外，经常写写英语短文，能锻炼写作能力。当然，还是那句话，把历年的真题彻底理解，里面的单词、句子等一定要有所记忆，反复琢磨反复做，真题是值得细细品读的。最后，说一下政治。尽管我政治分数考得不是很高，但是我想说一点，学政治需要一种感觉，只要你有了那种感觉，政治就不用愁了。当然这种感觉来源于书本，所以复习时要认真看政治的复习资料，找到其中的逻辑。经常做一些政治题目也是关键，从题目中发现知识。最后，最好报个辅导班，针对性强，别小看它，这绝对可以帮你缩短时间，不会让你觉得无所适从而眉毛胡子一把抓。

考后感悟——考研这一年，说长不长，说短不短，但是经历过，绝对不会后悔，充实了自己的生活不说，更是实现了自己读研的梦想，从而使自己离人生的目标更近一点。这期间，也彷徨过，也想要放弃过，更有歇斯底里过，但最终因为不甘于梦想离自己远去，还是坚持下来，成为"剩"者为王中的一员。坚持就是胜利，虽然再普通不过的道理，但不是所有人都能做到的，当你带着心中的梦想并有足够的毅力去做到的时候,才会真正体会到其中的艰辛与不易,最终会收获实现梦想的喜悦。一分耕耘一分收获,努力了不一定会成功,但你不努力绝对不会成功。有梦想才有所期待,同时有梦想才叫生活,有梦想才叫人生。为了自己的梦想,加油吧!

有梦想就有舞台

电气学院　程　欣

我是 B 电气 091 的程欣,2009 年考入盐城工学院电气工程及其自动化专业,2013 年以 382 分的成绩考取江苏大学电气工程学院硕士研究生。

回忆考研真是一段充满酸甜苦辣的经历,很值得回忆。其实刚进大一我就决心考研,因为我高考很失败,本来有机会考上"211"院校的,可是发挥失常。所以,决心考研,是对自己的承诺,就是不心甘啊。男儿当自强,相信自己一定行,大二开始我的信心就满满的,心里默默念道:考研我来了!

其实对于考研,真的贵在坚持,就是"屁股要坐得住,效率第一",还有就是学习方法,我从大三暑假开始才正式进入全面复习状态,我准备得晚,不过我把以后每个月的任务都已经规划好了,效率必须高。下面是我对考研经验的一点个人小结,希望对学弟学妹有所启示。

对于数学,我认为是考研分数高低的决定因素,一开始就很注重数学。所以我在数学上花的时间也是最多的。4 月到 6 月大概把课本全部看了一遍,书后习题都做了一遍,打好基础真的很重要。7 月、8 月两个月的暑假真的非常重要,我在学校把李永乐的复习全书从第一页看到最后一页,每一道题目都做了一遍,记住第一遍是最重要的。然后做了 660 题,之后把错的题目勾下来,又看了一遍,最后花 20 天左右的时间第二遍看复习全书。这次更加注重一些好的方法和基本概念,暑假 2 个月的数学就是这样复习的。因为时间比较紧张,所以每天都很认真,全部能看得进去。9 月开学买了一本经题解析 1 000 题,半个月就做完了,每天的做题量是很大的。依旧把错的题目勾下来,第三次看了复习全书,这次看概念和书上做错的题目。认真理解后,拿出 660 题错的题目和 1000 题错的题目全部做了一遍。一转眼已经 10 月中旬了,开始做真题,反复做。考前半个月再看看我们课本上的概念,购买汤加凤的冲刺班视频，看了一遍后，进一步夯实了基础。有时间的话还可以做做模拟题。

对于英语，其实我的基础还可以，所以学得比较轻松，考了 67 分，也是意料之中，但是也有一定的方法，相信会事半功倍的。我认为，最重要的就是单词基础，3 月到 6 月背记徐绽的单词书，每天规划好背记的页数，不管多难坚持背完。背第一遍，我的单词就已掌握了一大半，接着是暑假，暑假复习英语的时间是固定的，每天早上两个小时背单词，背记的是星火考研英语，背完做 2 篇阅读理解，其实哪本资料都差不多，关键认真做和分析，弄懂句子的结构。9 月开学，背记的是星火送的小单词书，只有几页，罗列了所有考研词汇，阅读依旧坚持每天做 2 篇。到考前一个月开始做真题，要求把 1999 年到 2012 年的所有真题都认真做一遍，做到每一句都能读懂、分析透，并背诵作文、经典句子，我个人认为效果很好。

对于政治，我花的时间最少。11 月才开始看徐之明的《红宝书》，看完一章配套做他的选择题，我觉得挺好的。政治我觉得还是报个辅导班比较好，我买的蒋中挺的强化班和冲刺班，全部看了一遍，他讲的还是挺有意思的，收获也比较大。最后一个月开始背书蒋中挺的核心必背考点，最后背了他的最后五套题，我觉得这样就足够了。如果想考 80 分高分就得更加努力，选择题是得高分的决定性因素，大题目大家的得分其实都差不多，认真拿选择题的高分。

专业课，各个学校的复习方法和资料不尽相同，我就说一下江苏大学的吧。江苏大学有本试题库，上面的题目基本和考题差不多，很多很多，一定要做两遍，最后把真题 10 年全部做会。如果试题库能掌握得比较好，应该很容易得 135 分。

以上是我的一些复习经验。条条大路通罗马，关键找到适合自己的学习方法。坚定目标，不懈努力，天道酬勤，如果你做到了，你一定会成功。

我的考研经验

化生学院　王婷婷

又是一年考研收获季节，提笔要写考研心得，脑海中便浮现出许多关于考研的画面。想起当初考研时的雄心，想起在闷热暑假复习的煎熬，想起和同学自习回宿舍时看见一排排宿舍熄灯的有趣。考研的路算是走到了最后，但坚韧走到最后并不是一件容易的事。

整个考研过程一路走来，我觉得收获颇多，也总结了一点点自己的考研经验：

数学：个人认为数学基础是关键，复习宜早不宜迟。刚开始复习的时候，你会发现你看的越多不会的也就越多，因此一定要好好复习教科书，打好基础！数学的复习需要多练多做题，提高正确率，时间是检验真理的唯一标准，知识框架完整与否，正确与否，通过做题可以不断地完善。数学复习前期，可以先看书本做课后习题，遇到不懂的一定要问老师或者同学，不可囫囵吞枣。其后，可以开始看李永乐的复习全书，建议刚开始看的时候不要花太多时间去做后面的习题，重点是书上的知识点和例题。看例题的时候，遇到不会的，不要急于去看解题思路，一定要有一个自己的思考和分析过程，可以把自己的解题思路写在题旁作对比，总之一定要看透吃透你所看的东西。在后期的全书复习过程中，可将自己认为有价值的题目和知识要点整理出来，以便以后重点复习。李永乐的660题也是一本很好的资料，可以通过它来查找我们知识的漏洞，也可以通过它来提高我们做题的正确率和速度。在看完复习全书和做完660题后，就可以开始做真题和其他模拟题的训练。对于做错的题目，我们要尽可能回归书本和复习全书，找出以前与之相似的题型却又不同的地方，比较分析，想想错在哪里，当时做的时候对哪个知识点没想起来或不确定的，尽量弄明白。做题在质不在量，关键是学会。

英语：一开始，我的英语复习进入了一个误区，我每天拿着单词书背单词，但是我发现，记得快忘得也快。后来，我请教以前的学姐，学姐告诉我可以通过做阅读来记单词，随后我便一直通过做阅读来记忆单词。相比于以前每天背单词，后来的复习便一直在读阅读文章，然后再翻译一遍，遇到好的句子我再背几遍。个人认为这样不仅积累了单词，增强了做阅读的语感，而且也为后期的作文复习打下了基础。英语的复习是一个积累的过程，在复习的时候一定要注意整理归纳，一定要有耐心。记得在初中的时候，英语老师曾告诫我们：英语没有会与不会的，只有背与不背的！因此，英语的复习贵在坚持，坚持反复背诵、记忆、整理，坚持反复做题，我相信一定可以获得高分！

政治：政治的复习相对于其他三门课来说相对要晚一点，我是在考试大纲出来之后才开始看的。在看考试大纲的时候，可以用标记笔按照自己的风格和思路做标记。在复习考试大纲的同时，可以配合做题来加深自己对知识的理解和记忆。也可以报个班，让辅导班帮你收集、整理资料，可以省好多事，听他们的答题方法对得分也有帮助。考试时自己再多发挥发挥就差不多了，政治在答题的时候自己的理解发挥也很重要。

专业课：专业课因学校而异，最好找到报考学校要求的教材。平时上课的时候一定要认真听，做好笔记，打好基础，这可以使你的专业课复习轻松很多，也可以节省复习时间。事实上，考的知识大多数是课堂上讲过的，重点是要做透真题，能举一反三，好好熟悉专业课的考试题型。一般来说，专业课的题型都比较固定，不会很灵活、很偏。

最后关于复试，大家可以在成绩出来之后尽早联系导师，去见导师之前做好准备工作，尽量了解对方的信息。在此，我非常感谢许院长以及学姐学兄在我选择导师与复试期间对我的指导与帮助！

相信在又一个春天开始的时候，你们终将获得一个成熟历练的自我。但要记住，生活就像爬山，需要耐心，但更需要昂扬的激情，才能度过人生的一道道山口。祝大家好运！

士不可以不弘毅，任重而道远

电气学院　**汪　敏**

“士不可以不弘毅，任重而道远”这句话的意思是，有远大理想抱负的人不可以不刚强勇毅，责任很重，路途又很遥远。这句话一直作为我考研过程中的座右铭。我是 B 电气 094 班的汪敏，2013 年考取河海大学测试计量技术及仪器专业的硕士研究生。回顾我的考研过程,我觉得不"苦"却很"酸",它就像一颗很酸很酸的糖在你的舌尖,酸到让你想把它吐掉,却要自己硬着眉头,把这种滋味尝进心底,等你再次舒展眉间时,那便是甘甜……

从2012年3月开始,我下定决心考研,并且及时进入考研复习状态。当时,我很清楚我接下来的一年所要面对的是什么,要承受的是什么。现将我的一些心得呈于纸上,算是一种总结,也是给学弟学妹作学习参考吧。

一、考研的心态:贵在坚持

"蒙蒙亮的天际,寒冷的冬天,炎热的夏天,枯燥的书本,孤独的思考……"似乎这些都构成了一年的考研生活每天的点点滴滴,但是考研的过程贵在坚持,你只有坚持下来,最终能够坐到考场上,你就是一位勇者。这一年,很孤独也很温暖,期间我也遇到了种种困难,也不止一次想要放弃,害怕自己到最后会竹篮打水一场空,幸亏一位研友一直鼓励我,给了我坚持下去的勇气。研友的陪伴与鼓舞在考研过程中是一股不可或缺的力量,让我觉得很温暖,让我一直走到了最后,走向了成功。

二、考研的方法:重在效率

数学:首先,要让自己打好基础,抓好书本,把书本看透,重视课本后面的习题,最终,纵观整个数学的复习还是离不开教科书。其次,是参考书,我用的是李永乐的复习全书,"多做题、会做题","多做题"是为了提高对知识点的熟悉程度,"会做题"是为了达到"以不变应万变"的效果,一味地做题却不去思考,只会事倍功半,并不能达到想要的效果。最后,要重视真题,真题要多做几遍,因为这些都是试题的命题方向。数学是一个很能拉分的科目,所以一定要重视。

英语:我的英语底子一般,所以在词汇量这一块必须有所加强。我是通过做真题阅读理解来增加词汇量的,辅之以词典来巩固。一篇阅读理解做完之后,我会用不同颜色的笔标注出陌生的词汇,加以记忆和巩固,久而久之,我标注的陌生词汇越来越少了。这就是进步,是好现象,意味着你的词汇量在逐日增加。对于作文,找一本语言较好的范文,先通过背诵熟悉一下写作的框架和脉络,后期一定要对自己进行实战演练,动手书写,这样作文水平才能有真正意义上的提高,才能在考场上发挥自如。

政治:重在理解,理解之后的吸收就会自然而然,平时注重积累和归纳总结,这样会减少你后期的复习压力。我报了一个辅导班,辅导班的作用是帮你梳理知识点,作用也不是很大,算是一种心理安慰吧,关键还是在于自己对政治的重视程度。我周围有同学没有报辅导班最后也考得很好。

专业课:专业课这一块由于每位同学所报的学校不一样,所考的专业课内容也不尽相同,大概的复习过程就是:课本 + 课后习题 + 真题试卷。首先,要温习回顾课本,巩固复习所学的内容。其次,重视课后习题来提升解题能力,掌握知识点。最后,拿到真题,仔细研读,熟悉出题趋势,做到心中有数。这里,我也想讲一下我的经验教训,就是希望学弟学妹在复习期间,不要把“找导师”作为“牵肠挂肚,魂牵梦萦”的事情。这些事应该留在你成功进入复试之后再去思考,在你准备初试复习阶段,这些事只会影响你的学习状态和效率,会使你的学习大打折扣。

最后,希望各位学弟学妹一步一个脚印、一步一个阶梯顺顺利利地走完整个考研之路,如果那是你的梦想,你就要为之奋斗!

享受考研

电气学院　施　慧

奋斗了半年,辛苦了半年,坚持了半年,我的考研生活在波澜起伏中渐渐接近尾声。回顾整个考研历程,我的心情是复杂的,没有别人成功考上的欣喜,也没有别人遗憾落榜的失落,更多的是刻骨铭心的记忆和宝贵的收获。这段时间,我不觉得辛苦,因为是考研让我的生活更加充实,当坐在教室里心无旁骛地为梦想奋斗时,我真的觉得单纯而快乐的学习是件非常幸福的事情。同时,考研使自己真正体会到一次长时间的、一个人的艰苦奋斗,因为不同的学校、不同的专业,有不同的准备方法,我们不再站在同一条起跑线上,我们谁都无法炮制别人的这段生活经历,要的是一个人慢慢积淀、慢慢摸索。所以在这里,我把自己在考研过程中所徘徊的、认为比较重要的和大家分享一下。

一、坚定考研决心

要弄清楚到底为什么要考研,可以是为了获得一份好工作,可以是为了获得更高的学历,可以是逃避就业压力,但是一定要清楚是为了什么,因为这是让你坚持到最后的最大动力,是让自己充满激情和斗志的源泉。在决定以后,要明白考研和平时成绩、基础是没有太大联系的,而我们要做的、最重要的就是让自己沉下心来,尽早学会不让外界的事情干扰你。

二、理性确定目标

要做到先理智选择,后执着坚持。可以把高校分为3个档次:你向往的大学,经过自身努力可以考上的大学,相对来说难度不大的大学,再理性、沉着地去考虑,且要根据自己的兴趣、能力等情况来决定。从我个人的角度来想,我不是一个遇强则强的人,面对无法克服的困难一般都是绕道而行。我想这就是保守吧,这也不是一朝一夕可以改变的,所以在选择的时候,我决定要根据自身的实力来决定所报考的院校,选择了一所非“211”院校。假如你是在困境中更能激发斗志、更有冲劲的同学,完全可以选择自己向往的大学,因为有多高的目标就有多大的动力。同时,清楚地认识到自己的实力,你的强弱项、你本科专业课的基础,再弄清各个目标院校的特点,如英语要求是不是很高,专业课试题相对来说是不是较难,复试门槛是不是很高等,然后做到理性选择。到暑假过后,根据已经复习好的效果来确定一个报考院校,确定以后不能轻易改变,不要徘徊,因为一旦有一丝犹豫,在那段期间就会影响你复习的心态,浪费很多时间。

三、树立信心和恒心

考研的整个过程虽然是平常的,但持久的毅力是必需的。我觉得还是以平常的心态面对这个过程,不需要渲染一种艰苦慷慨的色彩,整个过程中只要持之以恒、有计划地展开,到最后是水到渠成。也许在考研初期,大家都会踌躇满志,而为之全力奋斗,但是经过长时间的单调考研生活后,以及到大四身边人都在找工作的时候,很多同学都会动摇。这个时候就要问问自己:“到底是为了什么我才来考研的?”这一段期间,我彷徨过,无助过,怀疑过自己,但是在心底深处却一直有一股很强烈的感觉,那就是:只要坚持到最后,我肯定会考上!也就是这一句话一直支撑着我直到走进考场。

四、科学的复习方法

关于这一点,我要说的是一定要制订两份学习计划,一份大方向的计划表,从开始准备考研到考试这段期间每个月的学习任务要分配好;一份是小方向的,落实到每一周每一天的计划表。也许有的人小方向的计划会有偏颇,那没关系,不用焦虑,亡羊补牢,确保抓住大方向计划。我想每个人的强弱项不一样,学习的侧重点肯定不一样,但是值得我们注意的是,不管你这一门学科基础如何好,也不能松懈,也要做到每天都要复习,因为基础是不能告诉你考研的命题角度的。从我个人角度来看,除政治以外的学科的真题,是我在后期感觉来不及背水一战时唯一的参考书。这些都是要反复练习的,每做一遍我都会有不同的收获、不同的理解。至于辅导班的选择,个人认为在复习初期是没有太大必要的。因为这个时候自己都没有了解书本上的知识,一味地听老师讲,只会一头雾水,怀疑自己,这也是我浪费时间比较多的一块,感觉那一段时间丝毫没有收获,所以在初期建议大家静下心来一个人好好复习打好基础。但是在系统地学习了一遍之后,报一个强化班还是有必要的,辅导班的老师都是专门研究考研命题的,他们提纲挈领地讲课会让我们的复习事半功倍。

经历过就会发现,考研远没有自己先前想象中的辛苦,因为在这个阶段中目标明确,没有任何杂念,摆正心态,那么你就是在奋斗着并享受着。相信自己,一个平和而稳定的心态,一股持之以恒的决心,一个冷静不慌乱的头脑,一定会铸就你想要的成功!

灵活考研

材料学院　张明锁

我叫张明锁,来自材料学院 B 金属 092 班。我的第一志愿是东南大学,不过很不幸,差了一分,但因为总体上分数还可以,最终调剂到了江苏大学学术型硕士,我还算幸运。

考研的准备时间和你最终的成绩真不是成正比的,这种例子在我身边比比皆是。在这里,我要特别强调,方法真的很重要。别人的复习方案,我们可以借鉴,但我们必须根据自己的实际情况来制订一份专属你的考研计划。下面就我的复习方案做一简单介绍,希望对大家有些启发。

我是 3 月份正式投入考研复习的,一直到暑假前,这段时间我都在为考研打地基,你也应该明白地基的重要性。数学和英语这两门课很重要。对于英语,我坚持每天做一篇阅读理解,早上可以起得早些,找个安静的地方读会书,培养一下语感。数学的话,我是把两本书仔细地看了一遍,课后的习题基本做了一遍。对于一些重要的定理,一定要亲自演绎一遍。当然,很重要的一点,看数学时,一定要按照大纲上的知识点来看,切忌盲目地什么都看。

时间很快,转瞬间,你就会迎来暑假。暑假的任务依旧是复习数学、英语这两门重头戏。与前段时间不同的是,这段时间,我们要开始构造整个大厦了。可以选择留在学校复习,我觉得这样的效果更好些,当然,这也因人而异。谈谈数学,我用的是复习全书,复习一遍是最基本的,最好在开学前,第二遍能够看 2 ~3 章,这样可以保证你后面的时间不会太紧。英语方面,还是继续做阅读理解,不过量应该加大,每天做 2 ~3 篇差不多,也无需马上就做到 4 篇。这段时间重在精读,要搞懂文章中每句话的意思,这对于你单词的积累,效果也是很大的。

开学前到考前这段时间,你会明显感觉到时间不充裕,而且越到考前就越严重。在这里,我想说,不要急躁,按照计划走自己的路,时间只是过渡而已。开学后,你就可以抓专业课的学习了,因为我开始得有点晚,所以后期明显感觉专业课复习得很不充分。你应该找到你所报考学校近几年的专业课试卷,一般学校每年重复的比例还是比较大的。但对于"985"院校,专业课一定要认真复习。像我报考的东南大学,重复的不会太多,题目很灵活,而且量也比较大,我最终都没做完,当然,主要原因还是在我。对于政治,可以晚些复习,我是在 10 月份以后开始复习的,你若想早些开始,建议你应该以做选择题为主。我用的资料是《风中劲草》,这本书归纳出了所有的重点,方便你的记忆,它附有一本习题册,也应该尽快把它做完。到后期的话,就着重抓时政,还有做预测题,推荐用肖秀荣的四套卷,里面的所有内容都应该熟背。英语方面,你可以尝试每天做 4 篇阅读理解来检测自己,当然其他几块内容,也应该时不时拿来练练,别那么生疏。作文可以在最后一个月准备,提前准备好优美语句,各种框架,到考场上要做到思考片刻后就能马上下笔。对于数学,也到了强化阶段,复习全书第二遍结束后,可以看一些其他资料,我看的是张宇的《高等数学十八讲》以及他的视频讲解,这对于梳理知识和提高解题方法有很大作用。当然,每年真题的重要性,我就不多说了。

一切准备好后,你就可以踏进考场了。在这里,我想说的,也是比较重要的,就是临场发挥。我的临场发挥很不好,尤其是数学和专业课,这导致会做的题目却得不到分的尴尬局面。建议在考前就进行各门课的考试练习,以真实考场的要求来模拟,计算好时间,做到心中有数。

一路考研下来,确是辛苦,但只要我们找到了正确的方法,充满自信,学会劳逸结合,相信你的考研之路终究会有一个圆满的结果。

最初的梦想

纺服学院　陈　阳

考研生活差不多前后经历了一年，我想说这一年充实而快乐，有过迷茫，有过懈怠，但最终还是坚持了下来，因为我不想轻易放弃四年前就在心中萌芽的那个考研梦。提笔写考研心得，脑中不停地浮现这一年的点点滴滴，总觉得想说的话很多，却不知从何说起。

关于考研，我就谈两个方面：

第一，报考院校的选择。我们这一届有很多同学因为院校选择不恰当而没能考上研究生，这是很可惜的，所以大家在选择学校之前对自己一定要有正确的定位。综合自己的学习能力、学习效率、学习时间等考虑清楚该选择哪一所院校，不要妄自菲薄，也不要眼高手低。与其考完了调剂，不如选择的时候就稳一点，况且现在愿意接受调剂的院校越来越少了。

第二，我想谈谈英语。英语每天至少做一篇阅读，不要做太多，还要背适量的单词。之前，有些同学问过我怎么做阅读，怎么背单词，在这里我分享一下我的方法。考研阅读和英语四、六级是有比较大的区别的：从时间上讲，英语四、六级阅读一篇要七八分钟，而考研的 4 篇阅读总共 1 个小时；从单词上来讲，考研阅读中的词汇更难，一般考不常见的意思，所以平时背单词要注意；从句子组成看，考研阅读对长难句要求较高，但是这并不代表考研阅读很难，掌握好的解题方法比看懂文章更有效。我说这句话的意思就是在看阅读的时候，不要纠结于某个生词或某个长难句，而要关注首尾段以及每段的首尾句，关注 but，however 等转折词后面的句子，注意 it，that，this 这些代词指代的意思，它们都是解题的关键，题目做不做得对是最重要的，而文章看不看得懂是次要的。对于背单词，我建议英语底子好的同学背记每天做阅读时出现的单词，而英语底子一般的同学则先背背词汇书作为基础，再记忆阅读中的词汇。关于作文，我建议从 9 月开始看作文，不仅要看，最好能记住一些经典的句子、搭配、长句，定期写一篇作文，这比看作文更重要。完形填空我不建议买辅导书，因为完形填空不会影响考研英语的分数，而且做得再多也没多大的作用，反倒浪费很多时间，所以做做真题里的完形填空就足够了。新题型要掌握方法，否则时间上来不及而且错误率很高。英语翻译题也没什么特别的方法,大家自己摸索适合自己的方法。

最后,我提醒几点:

(1) 整个考验过程注意劳逸结合,身体是革命的本钱。(2) 学习要注重效率,并不是学习时间越长越好。(3) 虚心向同学或学长请教,总会有一些新的收获。(4) 报考同一个院校的同学要团结一致、互帮互助,可以一起学习、一起讨论,你会发现比一个人学习时效率高得多。(5) 自始至终保持良好的心理状态是非常必要的,不要给自己太大的心理压力,经常给自己一些积极的心理暗示,相信自己一定行。(6) 所有的努力最后都在那四张试卷上体现,所以考场发挥很重要,要做到会做的绝不失分,不会做的多角度思考。

考研:努力学习才是正道

土木学院　王洁炜

时间过得真快,不知不觉中,考研已经过去很久了。如今的慵懒颓靡和过去的勤劳拼搏形成了鲜明的对比。也许是失去的东西是美好的,如今特别怀念那时的生活。有时,心理上的落差促使我思考考研是什么?

考研是什么?考研是10个多月来埋头书海领悟知识,是早晨对着镜子喊"我可以",临近离开自习室时努力忍受强烈的自卑,还是看完一本本自己厌恶已久又不得不看的书,或是控制自己即将睡去的灵魂并努力使其振作。我想不同人的回答不尽相同。那么考研到底是什么?要回答这个问题首先要弄明白自己为什么要考研。我想不一样的人基于不同的出发点,回答也是不尽相同的。弄明白了为什么要考研,现在可以解决什么是考研了。我认为,考研就是带着目的,经过不懈的努力,不断自我提高,从而达到理想给自己提出的要求,进而实现目前的理想,为更好地完成以后的人生规划奠定基础。考研不是目的,也不是结果,而是过程,是手段。

如果选择了考研,那么就要做好吃苦的准备。同样是选拔性考试,高考和考研有着很大的差别。高考那时,除了学习还是学习,其他复杂的细节都由其他人帮你完成。当你松懈时会有人督促你,自卑时有人鼓励你,自满时有人提醒你。考研则不同,和考研相关的事都得由你自己完成。如选择报考院校,购买公共课辅导书,是否报班等。

至于报考院校,这个并非千篇一律,也没什么具体原则。这要看自己考研的目的,并结合自身的实际情况,投己所好,综合考虑。一定要慎重,它会影响结果。但也不建议在选择报考院校上花费太多时间,这不但会影响心情,更会影响复习进度。一旦决定后就全身心投入到复习中去,不要疑虑太多,相信你的第一选择。至于购买公共课辅导书,可以向学长多打听,了解一些辅导书的优缺点。我用的政治资料是:《风中劲草》、肖秀荣的1000题、任汝芬和肖秀荣的最后四套预测卷。英语资料是:星火词汇、张剑的150篇阅读(基础篇)、考试虫作文、张剑的历年真题(珍藏版)。数学资料是:四本教科书、李永乐的复习全书、历年真题、660题。我感觉辅导书不在于多,关键要把书中的精华悟透;至于是否报辅导班,这个也因人而异。我是报了,但感觉效果真没多少,因为我听课效率较低,听听就走神了,到后面多数是去玩的。而且老师介绍的一些解题技巧在他们手里感觉很管用,但到我手里一点也用不起来,所谓技巧,也是以扎实的基础为前提的。总之,我不建议报班。如果有谁自主学习能力差而听课效率高的话可以去尝试。

关于学习方法的话题,我不想多说。因为我认为没有绝对正确的学习方法,只要适合自己就行。我只认为勤奋、坚持、自信才是成功的王道。还有要记住,按照自己的节奏复习,千万别因别人的复习速度而打乱了自己的阵脚。一切都有其存在的理由,复习快并不意味着基础好,能考好。一定要踏实复习,一步一个脚印,彻底搞清楚每一个知识点,不能只停留在似懂非懂阶段,不能浮躁。

关于复试,如果过了复试线,那么是值得祝贺的,因为这意味着有了参加复试的门票。如果初试考得不高,别气馁,好好准备复试,把复试表现好还是有机会的。如果初试考得很高,那么千万不要掉以轻心,那些所有和"考研初试分高就是王道"相似的说法早已成过去式。随着考研人数的不断增加,很多学校(尤其是"985"院校的王牌专业)的生源早已不成问题,而老师也早对那些高分低能的学生司空见惯了。所以一些学校降低复试差额比(1:2甚至1:3、1:4),如果你专业课基础不够扎实,面试又表现得不够好,那么即使初试分数再高也会成为被刷的对象。如今高分被刷早已不稀罕了。当然这也不意味着初试过复试线就行,没必要考高分。能考高分当然要尽量考高分,毕竟被刷的多数还是刚过线的那些人。在初试考高的前提下,尽量在复试中发挥好。

所以总结成一句话,努力学习才是考取理想学校的王道。在大一、大

二、大三上课时就要打好基础,不能有侥幸心理,更不能有临时抱佛脚的心理。考研也是一次经历,它带给你的有痛苦,更有快乐!

华丽的转身

材料学院　唐　洋

我叫唐洋,2009 年 9 月从江苏省射阳中学考入盐城工学院材料学院高分子材料与工程专业,2013 年 6 月考取华东理工大学材料科学与工程专业硕士研究生。

下面谈谈我在考研过程中的心得,希望能给学弟学妹一些帮助。

首先是态度,考研不同于高考,大家都知道高考我们有老师的细心教导,甚至"鞭挞",每天的学习可以被规划得很好。但是考研我们完全依赖自己,自己规划学习生活,所以"自制力"显得特别重要,时时都要把考研这件事放在心里。

其次,具体谈谈每一门科目的复习。在这里我重点谈一下数学。数学是一个很拉分的科目,所以一定要特别重视,每天保证足够的时间(至少 3 个小时)复习数学。大三暑假结束的时候课本应该看完了,书上的任何一个公式、定理必须熟知,它的证明和推导过程也必须掌握。定理的证明每年都会考到,而且定理的熟练掌握有助于我们深刻理解定理并熟练运用。在看课本的同时,书后习题也必须一道一道地认真做,因为课后习题是课本上知识点的最好反映。做的时候千万不要碰到不会的就看答案,自己先思考,经过深思熟虑之后实在不会再看答案,这样印象比较深刻,看完答案后还要再做一遍,不要认为自己已经会了就不做了,这样最容易养成眼高手低的坏习惯,切忌。暑假过后就要看李永乐的复习全书(复习较早的同学暑假时可以把复习全书高等数学部分做一遍),要一题一题地认真做,做完静下心好好总结,很多题目要举一反三。总之,复习全书要多做几遍,做熟做透。到最后一个月可以做做真题,熟悉考研的题型、模式。我对数学的理解概括起来就是:定理、定义、公式熟烂于心,每一章的内容条理清晰地记在心中,做题要静下心来思路清晰善于分析,不断总结,不断回归课本。

英语也是一个非常重要的科目,每年有好多人总分过线,英语却没过线,所以大家要非常重视英语。前期一定要好好背大纲规定的词汇,反复背。英语是一门语言学科,一定要每天背诵,保持语感,同时要练习阅读,考研阅读占非常大的比例,一定要重视。我建议大家不要随便选择阅读资料,最好做真题,因为真题是最能反映考试内容、技巧等方面的。英语作文也要提前准备,注意优美语句的积累以及写作方法的掌握。

政治大家不要担心,一般都能过国家线,拉不开多大差距,但是也不能掉以轻心,该背的东西一定要好好背。其实考试的时候很多东西是有套路和固定模式的,注意总结。最后做一些考研机构的冲刺资料,熟悉一下答题思路和方法就可以了。

专业课要联系自己的师兄师姐,因为每个人报考的学校不一样,专业课自然就不同。首先要找到报考学校指定的考试参考书,把指定书目多翻几遍,知识框架梳理清楚。也可向师兄师姐借复习笔记和历年真题,这对自己的复习非常有帮助。总之,每个学校的情况不一样,一定要根据自己报考学校的实际情况进行复习,这样效果是最好的。

最后,我想说其实考研并不难,只要坚持下来一定会有收获。考研是最能磨炼一个人意志的一段旅程。在这期间,我们会迷茫,会烦躁,甚至想放弃,这正是考验我们毅力的时候,也是处于十字路口的时候。只要我们勇敢地坚持下来克服困难,前面的路会越来越平坦,风景会越来越美丽。当我们以后回头看看这段征程的时候,心中的那份激动便喷薄而出,那是多么的美好啊！所以,考研的学弟学妹加油吧,只要你努力,你充满斗志,成功就在不远的地方向你招手,相信自己!

考研犹如品茶

经管学院　王嗣亮

我是经管学院 B 财管 091 的王嗣亮。很欣慰我有这个机会和大家一起分享那些让人很不起眼、又道不完的时光。

我想跟大家说:考研不是梦,会在某一神圣的日子,在梦中成真。考研不是口号,亦不是高贵的宣言,它是脚踏实地接地气的“啃书”精神。考研,不为父母,不为友人,自己就是自己的支柱,不要因为他人而动摇自己的决心。朋友,考研只为自己。只是为了自己拼搏。朋友,若你没有全力以赴奋斗的决心,那请三思而行。

考研是一件磨人的事,很苦。可是当你回过头时,想想究竟苦在何处?你会发现,这不是苦,这是财富,是人生中可遇不可求的珍宝。经历过那段令你又哭又笑的阶段,你只会收获更多。考研犹似品茶,苦后甘甜。

一、几点忠告

1. 慎重选择考研。在大三有很多人会考虑自己大四生活的规划,有考公务员的,有找工作的,有考证的,还有考研的。在这里,我再三强调,无论男女朋友,请慎重选择,请对自己负责。因为你自己的一个看似不经意的选择,可能会影响你一辈子的走向。自己明白自己到底想要什么,自己能干什么,自己想得到什么。这很重要,不能跟着别人去做一件成本高、风险大、收益低的人生投资。适合自己的,才是美好的。满足自己的,才是最佳的。盲目跟风,只会越发糟糕。

2. 理性选择专业与学校。少儿时,每个人心中都有一个清华梦、北大梦;长大时,你会发现,不必想得过多,因为这与你没有多大的关系。长大了,梦醒了,你会发现你在过着一种普通人的平凡的求学生活。我想说:请科学选择学校,不能高攀亦不能低就。根据自己的整体情况,科学理性拿捏。前辈的经验可以借鉴,父母的提议可以参考,但只有自己可以为自己做决定,因为你是你,不是我,也不是他。每个人都有自己的特点。

3. 坚定自我,从一而终。在考研复习暑期阶段,甚至即将正式报名时,会不断听见有人换学校。其实,这是兵家大忌。一鼓作气,再而衰,三而竭。这是句古语,用在这里也合适。我不是完全否定更改学校的行为,只是想告诉大家,既然前期那么长一段时间进行的选择,一定是经过左思右想的慎重判断。当你想要进行改变时,请列出具体的推翻前面选择的可靠的理由,这不是固执己见,只是一个决定推翻另一个决定的必要步骤。你可以更改,但务必有充足的理由说服自己。

4. 研友结伴,共享风雨。上几届的师兄师姐都感叹,考研期间,要找到真正的研友。我想说,一个人的考研是孤独的,两个人的考研是单调的,三个人同行是阳光的。研友不在多,在于是否与你志趣相投、目标相仿。当你无助迷茫的时候,你有的不只是一个肩膀,你需要的是一种关怀,是一盏明灯、一盆冷水,让自己清醒。

二、复习建议

大纲是关键,在复习前,请仔细研读大纲,分清知识点的轻重。英语、数学是重头戏,需要很花精力去啃完它,要想有好成绩,英语是拦路虎,用来刷人的,数学是用来拼分的。

1. 数学复习。高等数学上下册、线性代数、概率论四本数学书,起码要过三遍,同时练习书后习题。在看过两遍后,可以参考习题 660 等对应的填空选择题目。建议把习题 660 买回来后,不要做在书上,准备一本本子,把自己的具体演练过程记录下来,可以自己规定时间做,但是必须保证每天练习,不要忽多忽少地做习题。做错的要仔细订正答案,记录所用时间与正确率,作为以后参考的数据。此外,错的题目要时不时地拿出来看看练练。在书本已经复习一两遍后,若你觉得实在没有把握的话,我建议你报一个数学基础补习班(只是基础补习班),最好是面授班。我报的就是自己学校学院办的班,在双休日上课,有几个老师确实讲得不错。但是,我不太建议报网络视频班,上视频班效率不高,而且没有集体学习的氛围,对于意志比较薄弱的朋友来说,情况可能会更加不理想。

2. 英语复习。英语是我的薄弱环节,我在较早的时间拿起了英语,因为单词是基础,第一步背记考纲英语单词。不要买厚厚的单词本,我和我的考研朋友都有体会,即使你曾经雄心万丈,想要消化掉,往往事与愿违,可能在刚刚进行 10 个单元不到,你已经放弃了。所以,我建议最好使用非词典形式的单词本,必须每天有 2 ~3 小时的英语复习时间。第二步,可以考虑买一两本阅读资料进行练手,这里可以将就用用黄皮书,买基础版的。我不太建议买好多复习资料,因为你自己只要经历过一次,就晓得有些书完全没有价值,特别是那些模仿阅读真题的,到后面你会发现,仿的真不是一个水准的,会混淆你的思维。考研阅读不太需要你完全读懂,因为你在正式的考场上没有充足的时间去看懂文章,你需要手感,需要一种思维方式、一种解题技巧,仅此而已。英语的学习靠的是自己,不建议去报班。很多复习班是在浪费你的时间与精力。

3. 政治复习。对于政治复习可以稍微推迟一点,因为政治大家差不多是一个水准,很少有政治考得比较抢眼的。不要说自己曾经政治学得多么好,这跟研究生政治考试没有太大关联,决定你分数的是最后一份卷子。政治可以考虑在大纲过了 2 ~3 遍后,买选择题进行演练,肖秀荣的、任汝芬的选择题都可以考虑。不过,我还是建议买肖秀荣的选择题进行练习,练完 3 遍后,大家可以买疾风劲草一系列的书。小建议:这系列的书特好用,非常不错,一共三本。一本类似知识大纲,一本选择题大题的练习,一本参考答案,知识点看 5 遍左右。一定要好好练习它的选择题,最起码 3 遍以上。

4. 专业课复习。如果你不是跨专业,如果你平时专业课比较扎实,在了解所报院校所报专业的初试参考书目后,衡量一下专业课的难度。通过多种渠道了解以往该校专业课的情况,可以适度进行相应的复习。书本看过 3 遍后,练习真题,真题最起码做 5 遍左右。

最后,我想跟各位考研朋友说:"宝剑锋从磨砺出,梅花香自苦寒来。"再苦再难,咬咬牙,狠狠心,也就过去了。没有过不去的坎。既然选择了这条路,那就好好坚持走完它。

劝君莫惜金缕衣,劝君惜取少年时。

有花堪折直须折,莫待无花空折枝。

积跬步　至千里

材料学院　尹小文

2013 年 4 月 10 日,上海海事大学在网上发布硕士研究生录取名单,看到自己榜上有名,激动的感觉难以言表。我考取的是上海海事大学交通规划与管理专业,初试成绩分别为:政治 73 分,英语一 55 分,专业课 113 分,数学 97 分,总分 338 分。下面叙述一下自己的一些体会。

关于报考的学校,最好早做决定,目标一定要高。由于我们今年是最后一年免学费的,当时报考的时候考虑到调剂需要花费大量费用,加上研究生学习期间又要交学费,就选择了绝对有把握的学校。而对于你们,不管你们考哪个学校都要交学费,不如冲刺一些"985"院校。交通方面很不错的当然是上海同济大学、南京东南大学等,380 分以上差不多就能上了,但复试比起其他学校会难很多,一定要好好准备,不能掉以轻心。"211"院校像长安大学也很好,但由于其地理位置,分数线比较低,330 分左右就能考上了,而其与"985"院校交通工程的等级划分却差不多。当然还有重庆交通大学、长沙理工大学都不错。不要因为会受到歧视而不敢报这些学校,越有挑战,动力就越大。补充一点,男生最好考硬交通,女生考软交通,即男生报道路与铁道工程,女生报规划管理之类。

政治考了 73 分是出乎我意料的,我是从 11 月才开始复习政治的。刚开始听说《风中劲草》不错，但后来觉得也就那么一回事，还有任汝芬的复习全书不用看的，知识点太多，根本记不住，明智的选择应该把重心放在数学的学习上。但是，12 月份临近考试时会有一些冲刺试卷还是要认真背诵的，我当时背了启航的猜测题，任汝芬的最后四套，肖秀荣的预测试卷。其中，肖秀荣预测试卷更为经典，今年考研政治试卷里就出现了原题。我觉得看这些就够了，而且一定要在最后关头大声背诵。12 月份，临近考研时天气很冷，但是一定要坚持背下去。

英语我没怎么看，真题也就做了一遍，前期单词也没怎么背。因为我英语六级以 520 分的成绩一次通过，感觉没有必要在英语上下功夫。不过，等真正接触到考研英语的时候你会发现，英语四、六级都是浮云，考研英语整篇文章都看不懂，生词太多，句型也很复杂。总结了，要想英语拿下高分，要注重学习的积累，可以去图书馆找《时代》周刊看一看，听说考研试题当中有好多是摘自那上面的。英语取得高分的秘诀在于作文，大作文（一般看图题）20 分，小作文（应用）10 分，要背模板，同时也要多关注一些优美的词句，句型多样，但不能通篇都是长难句，要注重长短结合，多背多写永远是学好英语的关键。

关于专业课，最重要的是要从上一届的学长那里获取复习资料。专业课老师一般都很忙，而向学长问一些问题，一般情况下他们都会给你帮助。我是从 12 月份开始背的，你看一下所考学校的历年试题，如果变化很大，就应该看一下书本，而且应该认真总结。如果变化不大，看一下试卷，总结一下，考个及格应该没问题。当然，这一切都建立在你所考学校的难易程度。据我所知，像东南大学这样的学校考得就很灵活，千万不能只依靠这些资料，能找到里面的学长或者同学来获取内部资料是最好的。

数学是我花时间最长的一门功课，几乎贯穿考研整个过程。之前在打算考研时，也向别人了解了很多关于这方面的情况。我数学一直不是很好。如果觉得“无厘头”，那就先看书本。如果觉得自己以前掌握得还不错，就直接从李永乐的复习全书看起，每一题都不放过，先思考再看过程。考研题不是说有多难，而是在于你对知识点的掌握有多熟练，越熟越好。要想考研成功关键在于数学，要想考名牌大学，数学最起码要考到 130 分，要想考到 130 分，复习全书至少要看 5 遍，当然如果你脑子好使的话，3 遍还是要看的。

不得不承认，考研很乏味，但“不积跬步，无以至千里”。首先一定要坚持，每天的学习时间根据自己的基础拟定，制订了计划就不要去找理由推脱，不要因为某部电视剧、某天的天气、个人的感情等，放弃学习。据我所知，那些考同济大学的人大概一天的学习时间不会少于 12 小时。其次要注重效率，暑假建议留校学习，条件虽比较艰苦，但既然选择，就坚持去做。要么就别做选择，折磨自己。

最后，预祝学弟学妹考研成功！

考研需要有效的坚持

环境学院　马　杰

我于 2013 年考取南京师范大学环境工程专业硕士研究生。考研结束已经快 5 个月了，我也正式成为南京师范大学的一名硕士研究生了。我是从去年的 3 月 1 日开始正式投入到考研备战之中，一直到今年的 1 月 5 日。以下是我的一些建议，与各位学弟学妹分享，也希望学弟学妹再接再厉，取得好成绩。

一、关于怎样选择参考书

关于英语，最好的参考书就是真题，但是仅仅用真题是不够的。在第一轮复习的过程中，大家可以先以背单词为主，然后通过一些阅读材料巩固和复习单词，但是不要急于做题，这个阶段只是背单词适应考研文章的长度，要把文章读进去，加强长难句的练习。换句话说，第一阶段的主要任务就是过单词关，过语法关，然后读一些辅助的阅读材料。这些资料网上有很多，大可不必去花重金买很多书，到头来根本看不完。

政治的参考书，我想大家没有必要完全追随所谓的名家大师，我唯一要推荐的一本书就是《红宝书》。大家会说那书根本看不进去，更不要说背了，但是事实证明《红宝书》就是一本不得不“迷信”的书，它真的很值得“膜拜”。市面上其他参考书都是根据它的内容进行总结、概括或者改写的，如果你真的读不进去，就再买本某大师的书，将二者对照来看，这样效果会好些。

数学参考书，我买了考试大纲解析和李永乐的复习全书，还有文都考研汤家凤的复习视频，跟着汤老师的复习节奏，基础班、重点班、冲刺班，一路走来，感觉很好，文都的视频值得一看。

二、关于“政治可以等到10、11月份再开始看”的说法

我觉得这绝对没有科学依据，也许有些人很聪明或者基础很好，他们也许可以这么说。但是对于普通人来说，对于希望政治拿高分的同学来说，这绝对不值得听信。虽然现在政治大纲还没有出来，但是可以通过旧大纲去学习。一些最基础的东西变化不会很大，比如马哲、政经。而且关于马克思主义基本原理概论这门课里有很多知识需要理解，只会背不会用，应付考试肯定不够。政治虽然大学里都开这门课程，可是真正学好的没有几个吧。现在让大家看那么多纯理论的书肯定想睡觉，所以不如趁现在时间还充裕的时候多多适应一下政治的学习方式。

三、关于坚持

有些人会说，坚持到最后就能考上之类的话，他们说的不全对。坚持是指有效的坚持，不是说每天坚持去自习室睡觉这样的坚持也可以考得上。我在自习室里看到很多同学在睡觉，我想他们真的是在浪费时间，不仅浪费了考研的时间还浪费了一次考研的机会。我想说，大家如果真的下定决心考研，就要有效地坚持到最后，应届生看到周围的同学找到了好工作那你也要坚持住；考研是孤独的不被理解的，所以遇到困难要挺住；越到最后压力越大就越容易坚持不住，所以最好的方法就是大家要有明确的目标，要有坚定的信念，然后义无反顾地坚持下去。

奋斗的乐趣

土木学院　杜　杨

我叫杜杨，2009年考入盐城工学院土木工程专业，2013年考入南京理工大学结构工程研究生。

做人最大的乐趣在于通过奋斗，获得我们想要的东西，有缺点意味着我们可以进一步完美。所以，我和大家感受不同的是，考研的过程并不是枯燥无味的，达到成功不是我唯一的目的，我更珍惜和同学们在一起奋斗，在一起取长补短、互相进步的过程。有一个好的心态是迈向成功的开始。

下面首先谈谈初试，数学的复习三个字可以概括：基、钻、广。“基”就是要重视课本，回归课本，要力图把书本上的知识点弄懂弄通，然后结合自己

的情况挑一本数学复习资料。对于想考"211"院校甚至更好学校的学生,我推荐李永乐的复习全书;对于想考中等学校的学生,我推荐张宇的复习全书。"钻"就是要天天看,认真看,对于疑难问题要钻研。数学是一门连贯性很强的学科,也是我们考研路上花的时间比较多的学科,所以要引起大家足够的重视。这次好多同学考不好就栽在数学上。"广"当然就是知识面要宽广,任何知识点都不可以放过。在这里特别提醒学弟学妹,复习数学千万别走捷径。2013 年考研数学是你哪里不会就考哪里,所以知识点的全面性至关重要,我相信这也是未来考研的一种趋势。数学复习得好可以考高分,但复习得不好是很拖后腿的。

下面说说英语和政治,9 月份之前不要做英语真题,10 月份之前不要碰政治,这是我的建议。9 月份之前英语就是背单词,如果在这段时间内你能掌握超过百分之八十以上的考研英语词汇量,你就是成功的。9 月份开始可以着手练习英语阅读理解,阅读理解很客观,在考研英语中分数比重占得比较大,所以一定要提前重点关注。给自己定个目标,9 月份结束后英语阅读理解开始复习,正确率达到百分之七十五以上。10 月份可以开始复习政治和背诵英语作文了。

政治,我当时只背诵大的原理(推荐任汝芬的序列 1),小的知识点通过做题目来达到目的(推荐《风中劲草》),效果是立竿见影的。到了 11 月份政治就必须梳理完一遍,这时候很有必要背诵第二遍、第三遍。12 月份开始做模拟题(政治不建议做真题),推荐肖秀荣的模拟题,对照模拟题来进一步检验自己的不足。

下面说说从 10 月中旬往后背英语作文的重要性,考研英语作文和阅读理解占的分值很大,一定要足够重视。考研英语有大小两篇作文,时间有限,在极为有限的时间内你是不可能临时创作出那么多华丽的词语和例子的,所以一定要平时积累、平时背诵,最后再根据积累的内容写 N 个模板(几种不同题材的作文都要写)。

最后说说专业课,这也是拉分的关键。今年南京理工大学专业课题型和往年完全不一样,没有客观题,全都是主观题,题量也比以往大很多,这也就决定了我们的考试结果必然惨不忍睹。专业课变数很大,今年有可能全是概念题,明年就可能全是计算题,我们把历年真题好好做之外,就是全面撒网。

初试是一块敲门砖,复试就至关重要了,尤其是对于想考好一点学校的学生，复试比例占得特别大，好多学校初试、复试的比例都是1:2，初试高分被刷的人不在少数。复试尤其是面试老师打分也是不留情面的。举个例子，我们这次面试最高分188分，最低分不到120分，这一下子就差了将近70分。对于复试我想说的是，在校学习期间每一门专业课都必须学好，因为面试的老师都是教不同科目的，问的问题也很杂，尤其是对我们这些本科出身不是很好的学生来说，老师更会刁难我们。

最后，我想说自信是成功的关键，准备考研时不必在乎别人怎么说，只要你有信心朝着自己心里的目标一步步迈进，你会发现成功的彼岸就在前方。

坚持的力量

化生学院　陈婷婷

我叫陈婷婷，来自化生学院B海洋092班，今年考取南京农业大学水生生物专业硕士研究生。该如何介绍我的考研经历呢？其实很简单，坚持。

对于考研，每个人会有不同的感受，就如不同的人读《王子复仇记》有着不同的哈姆雷特，但是都会有同样的感受——悲伤。考研的过程也是这样，不同的人有不同的复习方式，坚持则是我们每个人的信念。这是我最想和大家分享的一点。

作为一个经历考研的过来人，我也有许多想法和大家交流，也是我想把自己认为考研重要的地方分享给学弟学妹。

首先，我希望大家确认的一点是：我为什么要考研？我认为考研的目的有以下几个：第一，我想继续深造，获得更为深入学习的机会；第二，为找一份好的工作而考研。如果说你的考研目的是第一种，那么你就需要早做准备，因为你需要选择条件更好的学校；如果你仅仅是为了出来找到一份好的工作，你可以稍稍迟一点看书，即使如此，也必须花费半年的时间复习。

其次，如何复习你所考的各门科目？

英语：很多人知道英语在研究生录取分数线中占有很大的比例，我的一位同学就是英语差5分没有被他心仪的学校录取。但是，我并不认为英语很恐怖，只要找到适合的方法就行。我不妨说一下，其实我的英语六级没有通过,英语四级分数也不是很高,但是最后考研我的英语还过得去。最主要的是你需要找一个比较好的考研英语培训班,结合老师所讲的,有针对性地复习。比如,我的作文不是很强,但是我按照辅导老师所说,两天写一篇作文。在最后一个月,我不停地打磨自己的作文模板,以不变应万变,我相信无论什么题目的作文,我都有话说。同时,每天都得读读单词本,即使很枯燥,也要坚持。我相信如果这样做,英语是可以过 50 分的。

政治:我不知道大家是怎么复习政治的,但是我高中时是文科班,所以总体感觉还是有些在吃老本。我读大学的时候,政治课我都很认真地听。作为一个中国人,你需要了解你的国家和你所处的国际环境,才能更好地分析如何利益最大化。在这样的程度之下,你可以快速复习政治。我是在最后两个月复习政治的,买了两本资料做,以便加强选择题的正确性。

专业课:我考的两门专业课分别是数农和动物生物化学。我想这两门课对于我们专业的人应该不是很难,认为简单反而会不在意。我认识的一位和我考相同专业的同学,他是跨专业考的,但是他的初试分数很高,两门专业课都在 130 分以上。我很佩服他,不是学生物专业的人分数考得如此之高。他考数农但复习时看数一,这样在考试时就很简单了。如果你和我一样懒惰,但是你考的学校又是自主命题,那么你需要把学校往年的题目好好做做,一遍不行做个三四遍,总能做熟。运气更好的话,你能找到你所报学校当年的复习资料,那你得好好分析资料,并且做熟,高分基本不难拿。我的另一门专业课需要大量记忆,所以没有其他好办法,只能不停地看、不停地背。

以上就是我的一点经验,值得看看吧!我想经历过考研的人有比别人更重要的一段经历,因为这段经历会给我们以后的生活带来更多的感悟和坚强。不要随意放弃,坚持下去,一定会有不一样的天空!

内心有多强大,你就能多强大

材料学院　徐新东

我是徐新东,材料学院交通 091 学生,我报考的是河海大学交通运输工程专业硕士。考研已尘埃落定,阔别考研已有数月,现在的我等待的是 9 月份的开学。也许明年的你也会这样悠闲地传授着那份属于你的经验。回想2012年这一传说中的末日年,感慨万千。若干年后,记忆中大学生活留下的应该只有这段深刻的考研岁月。

一、数学的复习

我考的数学一130分。我清楚地记得2012年2月13日我背上书包,带上高等数学课本,自习于图书馆三楼。高等数学第一章正好是极限这一难点,开始几乎完全看不懂,有时甚至有放弃考研的念头,幸好我还是坚持下来了,当时每天最多也就复习两小时。当时,我和其他考研的同学存在分歧——要不要做书上的课后习题。我一直相信学数学一定要练习,所以我选择习题和例题都要学习。虽然进度比没选择习题的同学慢一些,但事后证明,没有选择习题的同学都后悔没有按我的方法,浪费了近两个月的时间。

按照考试的时间安排,数学安排在上午。我把数学复习的时间固定在每天早晨背完单词之后。有时候有些题没做完,会拖到下午完成。当然在4—6月份,晚上的时间也属于数学复习。由于有数学阴影——高考数学惨败,所以我比较担心我的数学,底子不牢,数学思维较差,所以我在数学上花了大量的时间。

在看复习全书的过程中,我力求每道题都自己动手做,实在不会的才看答案。当然会做的也要看过程,因为可以发现自己与解题人的思维不同之处,以及答卷的标准格式。做错的我会在题目前标记A;毫无头绪的但是觉得有启发的,觉得学会了思路的标记B;完全不会,看也看不懂的标记C。第一遍很有挫败感,很多ABC。也许是第一遍太多了,所以第二遍结束时,还是有不少ABC"健在"。在第二遍的时候就好一些了,但随着你对知识点的熟悉,很多以前不懂的,自然而然地就知道所以然了,消灭了很多ABC。我想这就是"读书百遍,其义自见"的真实体现吧。第二遍过后,我开始正式的真题训练,因为贴近考试才是最捷径的提高方法。暑假这个黄金学习时间,在模拟考试和考研班的混合双打中,很快就过了。我的数学基本保持在120分左右。现在回过头来,前三个月是积累,6月是学习的瓶颈,7月是量变过后的质变,我突破了瓶颈。所以,各位学弟学妹,在你看不见希望的时候,你要坚持,告诉自己你离质变不远了,它就在你坚持、不断努力的前方等着你。

10月份,我又开始了李永乐之旅,复习全书过第三遍。在下半年的复习中,我感到数学思维的敏捷度大有提高,这时候我的复习重心便放在了求稳上。不求速度，只求精细度。加之专业课和政治的加入，数学复习的时间只能保证在 4 个小时。

下半年的数学复习时间为了能保证 4 个小时，我 7 点钟就到教室，在一个小时的背英语单词后的 8:00 准时开始，11:30 结束。后两个月就是查漏补缺和真题训练。复习全书上不懂的，教科书上不懂的，全部再做。很庆幸的是，很多题我都能解出来了，仍然不会的我又抄在本子上，以方便查阅。真题基本上我都做了两遍，但是还是会错，我也将错题抄在本子上，目的是在最后几个星期，对易错题再巩固，提醒自己考试的时候不要犯同样的错误。我将历年数学真题大题考的知识点一一列在笔记本上，看看每年考的题型，这是 2012 届的一个学长教我的，这样可以预测到下一年所考的知识点（注意：只是知识点）。我认真查看了历年真题，成功预测到概率论会考，在考场上果然看到，当时心里真叫高兴啊！补充一句：线性代数一定要看李永乐的视频，融会贯通后线性代数部分满分不成问题。

二、英语的复习

我考的是英语二，阅读相对于英语一比较简单。英语二的资料非常少，阅读完全可以按照英语一来复习，只有作文是不一样的，买一些作文书自己总结就可以。至于英语二的资料，千万不要买蒋军虎的资料，我就是吃了这个亏。阅读有的就是英语四级的难度，完全不起作用，作文就更"菜"了，当时我们只有 3 年的真题，三年的作文老蒋居然用同一个模板写。我想英语四级过了的同学写得都比他模板的句子好，而且就这样一种模板，全国那么多人看过，总有人会用，到时撞车了，改卷时肯定就悲剧了（英语二改卷在复旦大学，超级严，作文撞车就等着考分个位数吧）。我同学用的是星火的那本，我也几乎把它做了一遍，觉得还不错，可以买来做做。

我复习这一年，只有一件事没有断过，那就是背单词。每天一个小时，背了又忘，忘了又背。单词这东西就是回顾、回顾、再回顾。我记了至少八遍单词，反复循环直到最后两个月才停止。

至于大作文，就几种图表，两个都升，一升一降，饼状图。每个写一个自己的模块，背背就 OK 了。复习作文我是后两个月开始的，先是背范文，背到一定程度了才发现我还是什么都不会写。到了 12 月我才意识到，我必须在现有范文的基础上糅合出自己版本的英语范文。自那以后，我就开始在范文中归纳自己的模板。然后按照预测作文，改编成我自己的版本，开始背诵。每篇都有几句万能句，所以背起来驾轻就熟，在考场上也就水到渠成了,最后得了66分。

三、政治的复习

我对我的政治只想说:踏实。因为自己政治觉悟不高,又是工科生的缘故,政治的复习我付出了比班上任何考研学生更多的精力。但是我有一个同学,政治没怎么看,只背了下大题,考了70分。所以,我不建议大家报考研政治班,我当时报的一个是恩波,果然被坑了,讲得一般般,还不如自己看。如果你自己看不进去,适当报个冲刺班也行。我是9月开始,每天晚上两个半小时复习政治客观题,12月份开始,晚上4小时的背大题时间,最后获得了67分。像我这头蛮牛一样,苦心耕耘,分数却一般般,所以政治性价比始终不高,各位根据自己的时间安排和态度,仁者见仁、智者见智吧。

四、专业课的复习

我报考的是交通运输工程专业。8月份开始看专业课。对于专业课的复习,我只想说我是在一遍又一遍的过程中,慢慢熟悉指定教材,每一遍都要对自己觉得是重点但不熟悉的知识点进行自我总结。河海大学考的只是王炜的《交通工程学》的前五章,我把每个知识点都写在一张纸上,看着知识点背到最后,我可以用自己的语言复述出书中的每个知识点的之所以然来。专业课的复习主要就一个字:全。必须全面。我这次考试就出了历年没有出现的题目,但确实是前五章里那些容易被忽略的知识。半年的复习,我每天尽力保证3小时的专业课复习,对于你们不知道有无参考性,毕竟专业不同。对于交通流,在卓越网买个交通流习题集做做就可以了。

一次重要的人生历练

材料学院　**路　璐**

我叫路璐,材料学院B高分子092班,由于考得不理想,无缘第一志愿。

回望过去一年的备考时光,不知该如何形容。有时充满信心,有时满腹的失望,又有时感觉那么的复杂、痛苦或是煎熬。

从这次考研的经历中我深刻感受到,付出与收获不一定成正比,但不付出一定是没有回报的,对于能调剂成功,我还是很开心的。

回想走过的一年,还是挺辛苦的。当下定决心要考研后,开学我便投入到考研准备中去。首先我在网上查看了一些考研方面的信息,了解了整个考研的大概内容,然后再向一些学长求教了解一些考研信息。我还参加了一些考研辅导班的免费讲座,渐渐地对考研有了较系统的了解,知道了怎么规划时间,怎么安排每门课程的复习进度。在前期准备工作完成后,我便真正进入准备。在大三暑假前,主要是基础公共课数学和英语的准备,9 月份开始专业课和政治的复习。

数学的第一轮复习首先花了将近一个月的时间将所有的教材细看了一遍,并且带着课后习题一起看,看完书本后,花了不到两个月的时间看完李永乐的复习全书。我觉得第一轮复习不要光追求速度,一定要踏踏实实地搞懂每个知识点,有疑问、难题要钻研,实在不会的可以先放一放,这样一遍下来对数学基本有了全面的印象。数学的第二轮复习是从暑假前夕开始的,这个阶段我看了第二遍李永乐的复习全书。第三轮复习主要是大量的实战练习,当然复习全书还要继续看,打好基础是关键。一方面做大量的题目,不能眼高手低,另一方面把以前遗留的难点各个击破。真题是很宝贵的资源,所以我是在冲刺阶段做真题的。

英语的复习简单地说就是两个字:坚持。英语的学习在于长期的积累和培养语感。英语离不开词汇与阅读,单词的记忆要循序渐进,阅读能力的培养也是一个长期的过程,每天坚持做一两篇阅读理解。最后要反复做真题,对真题中的每句话、每个单词都做到熟练于心。平时背一些作文范文,对于写作也是很有帮助的。

政治的准备没必要太早,在大纲出来之后才开始复习。现在想想当初应该报个辅导班,辅导班的老师会整理出一套针对考试的理论知识,绝对比自己无头苍蝇乱撞强。暑假以后,政治每天带着复习一定时间,到考试前夕,猛背知识点。

专业课是在暑假之后开始复习的,专业课的复习书本很重要。看专业课书本时有种"书读百遍,其义自现"的感觉,看第一遍没什么感觉,甚至是看不懂,到了第二遍、第三遍时就很不一样了。所以我认为书本要多看,还要结合历年真题,往往会碰到相似的题型。

备战考研,是辛苦的,更是快乐和幸福的,同时也是一次重要的人生历练。

阳光总在风雨后

化生学院　洪浩月

一、考研的关键——心态

考研的各种滋味，只有经历的人才最懂。你踏上了这条路，那你就准备为自己所选择的努力吧！考研最难的是起步阶段，人最难的是认清楚自己，而考研最初，我们要做的就是充分认识自己，适不适合考研？为什么要考研究生？为什么要坚持？这些问题，我们都逃避不掉，必须面对。况且，通常情况下，你不说也会有人来问你，别人的疑惑你也许没有解答的必要，但时间久了，你会不会也受干扰、也对自己疑惑起来？其实，那些都不是决定性的，你只要有一颗必胜的决心，有那么一点相信自己的固执，那么，考研这个赛场，你至少是稳住阵脚了。

考研是一场无悔的付出，你只要坚持，只要在快要放弃的时候告诉自己再努力一点点就好，所谓"水到则渠自然生成"正是这个道理。没有几个人是天才，没几个人聪明到只看一眼便什么都记住。学习从一开始就是反复提升的过程，一个记住、忘记、再记住的过程。每天早晨睁开眼睛告诉自己又是新的一天，坚持！人生的轨迹并不是按照喜欢的方式运行的，有些事不是明天要上演的戏剧，没办法找到原稿，然后一笔抹去，所以，别让自己遗憾！

二、考研的重要阶段——暑假

很多人会问，暑假才开始复习是不是太晚了，我想以自己的经历告诉大家任何时候都不晚，一旦你的态度很坚决，很多问题就不攻自破了。而且，复习最重要的不是你花了多长时间泡在自习室里，而是效率问题。你花一天的时间，书却只翻开了一页；相反，你花费一个小时的时间，就弄懂了好几个问题，哪一个更加有效率，不用我说，大家都知道。

一般辅导班的大部分课程都在暑假强化。中创考研在时间布置方面做得不错，基本上是上一天课留一天复习整理时间，不出差错，都能掌握。暑假时，千万不能偷懒，想着明天也可以整理之类的，要逼自己把当天的任务解决掉，因为下次上课的时候又是新的知识，又会有很多整理事项。

我的考研英语基本上是在暑假结束的时候搞定的。暑假接近尾声的时候,我基本上弄清楚了英语的出题脉络。做一篇阅读理解,基本上不会超过4个错误,而且已经稳定,有固定的错误方向,所以我能够有目标地加强,这为我以后的复习省了很多麻烦。所以,自身条件不错的话,建议同学在暑假把时间倾向一下英语。如果报了辅导班的话,我想告诉大家:既然你选择了,那你就相信自己的选择,不要去质疑它,因为人无完人,不能苛求,而一旦你苛求了,就不会投入全部精力,那你收到的将不会是全部,所以,尽你所能,吸收能吸收的知识!

三、考研的持续阶段——9月以后

一般来说,进入9月份以后,很多同学会或多或少地有些不安,觉得很多知识点还没掌握就进入9月份了,觉得就只有几个月了,但还有很多东西没弄懂,甚至有些人连专业课第一遍都没过完。这种情况下,紧张是难免的,但只要"稳"就可以了。

我们1月7日、8日才考试,还有4个月的复习时间,时间绰绰有余,只要规划好,一步一步稳稳地向前就可以了。

我9月份以后开始有计划、有针对性地复习。一般早上7点出门,花一个小时背一下英语和专业课,英语单词是前一天做阅读或者其他真题的时候把不懂的整理在一张纸上,专业课则是真题。有些东西一开始很盲目,背的时候也盲目,不见得都明白,但读的次数多了,自然就明白了。

上午的状态是最好的,可以整理一下专业课,把几个难懂的问题放在这个阶段处理,如果看累了,就休息一下,适度的休息会达到很好的效果。你可以和同学聊天,探讨问题,很多时候,会收到不错的效果。当然,不想看其中一科,那就换另外一科,这样不断调节,也不会太疲惫。如果你觉得乏了,脑子不想转了,那就动手整理一下你认为的重点,多动手整理一些专业课的知识,在后期强化背诵时你会发现效果是多么显著。

一般英语都是在下午考试,所以,复习英语的时候,最好放在下午,让自己的思维全方位调动起来。晚上人的记忆力是最强的,我觉得这个阶段把白天整理的专业课、英语还有政治再看一遍是不错的。一般情况下,都能记住大部分,累的时候,可以做一些政治的选择题,就当是练习。如果合理分配时间,一天下来,收获一定不少。

四、考研冲刺阶段——12月以后

这个阶段,我觉得最需要注意的就是不放弃,每天告诉自己坚持。这个阶段,就不能平衡各科的复习了,基本上英语已经不能再改变什么了,所以重点开始转移到政治上。一般这时候政治的重点也开始明确了，所以花大量时间背政治、做题，看以前的整理，这样政治就能迅速提升。

这个时候，心态又开始了它的平衡作用，千万不要紧张，只要稳扎稳打就可以了。第一步踏下去收到空旷的回声，第二步就会没信心。所以，每一步都要稳稳的，告诉自己：已经努力到一定程度了，不管别人多努力，你的努力摆在那，是抹不掉的，所以收获是必然的，这世上没有那么多意外。

最后，相信学弟学妹只要你们努力了，坚持了，一定会有不错的结果。所谓阳光总在风雨后，考研这条路上，我努力了，也收获了。我可以，你们也一定可以！

考研风景独好

经管学院　胡永惠

我是电子商务专业09级的学生胡永惠，今年考取了安徽理工大学管理科学与工程专业硕士研究生。作为考研大军中很普通的一员，非常荣幸能够与大家一起分享我的考研心得，同时，也希望我的介绍能给学弟学妹带来有用的信息，或多或少能为你们考研带来一点帮助。

第一，学校与专业的选择是考研的第一步也是最重要的环节，直接关系着考研的成败。应该根据自己的实力等各方面因素综合考虑学校与专业，合理定位，切忌眼高手低、好高骛远。一旦决定就要从一而终，非必要不要更改。我宿舍的一位同学就因改专业打乱计划、扰乱心情，最终放弃，准备二战。既然决定考研，就请你放弃以前的习惯，创造一切条件为考研铺路，请不要把"打酱油"作为借口，去年不乏多人因为"打酱油"而最终放弃。

第二，耐得住寂寞，懂得坚持。常听人讲考研的策略，殊不知坚持才是最大的策略。考研不仅仅是对知识的考查，也是对心理和生理的挑战。高强度的学业压力及内心的煎熬，迷茫、彷徨左右不离，没有信念、没有坚持，很容易被考研路上的各种诱惑所打败。舍友睡懒觉、看电影、逛街，而你却必须待在考研教室里背单词、写试卷。我要说的是，既然选择了远方，就必须风雨兼程。成功有时就是比别人多坚持了一点。真正坚持到最后，你会发现，风景这边独好。考研是一段坎坷的历程，更是一篇无怨无悔的青春故事。我可以一个人在图书馆七楼的楼道里背一上午的专业课而无视他人的目光,可以每天风雨无阻准时到达考研教室。在以前这些是我不可能做到的,刻骨铭心的经历将是我一生受用不尽的财富。

第三,保持良好心态,注重考场发挥。在考研过程中,保持良好的心态也是重中之重。在复习的时候不要和同学比进度,适合自己最重要。看一遍书要有所收获,扎实的基础才是关键。一位研友一天就把肖秀荣的1000题做完,这样只会事倍功半。考场的心态也是非常重要的,我考数学那一场,刚开始几题不会做而直接影响了后面的心情;下一场专业课,虽然好多新面孔,我还是硬着头皮顶了下来,逐渐上了轨道,结果可想而知,天壤之别。所以,在考试期间,一定要保持平静,并及时给自己以积极的暗示。

第四,调剂一定要趁早。在分数出来后就可以根据目标院校的分数决定是否要调剂了。要及时关注研招网的调剂信息,看到合适的就可以发邮件或者打电话去询问。有很多学校在调剂系统开通前就已经满额,所以要调动身边可用的资源,尽早进行调剂。学院在调剂时给了我很大的帮助,在这里要向他们说声谢谢!

考研承载着太多的辛勤与汗水、希望与失望。一路走来,对生活、学习、友谊都有了更深刻的理解,对未来有着进一步的规划。努力不一定有回报,但不努力一定不会有回报。每个人都是不甘平庸的,所以我愿以付出来掌控自己的命运,愿以勇敢来接受现实。在追梦的道路上,我们都是勇敢者。

最后,祝选择考研的学弟学妹都能金榜题名!

漫谈考研

经管学院　陈　钊

我是来自 B 物管 091 班的陈钊,今天很荣幸能有机会在这里和大家分享我考研的一些经历和感想。我报考的是哈尔滨工业大学经济与管理学院土地资源管理专业,考试科目和成绩分别为:数学三 111 分,英语 67 分,政治 80 分,专业课 109 分,总分 367 分。在准备考研的初期,最让我困惑的是学校及专业的选择问题,所以今天我想重点就学校和专业的选择谈一些自己的看法。

每个人追求的目标和事物是不一样的,我们必须想清楚自己追求的是什么。真心想考研的人大致可以分为三类,在想清楚自己追求的目标之后,我们可以按照下面的方法看看自己是属于哪类人,然后按照所属的类别选择学校。

第一,如果你有自己特别感兴趣而且有一定专业基础知识的专业,愿意沿着这个专业的方向去做学术研究,那么可以按各个院校该专业的知名度来选择,建议选择学科排名前、学校综合知名度中等或中等偏上的院校。

第二,如果没有自己特别感兴趣的专业,为的就是自己心中的名校情结。或许当初刚来到盐城工学院的时候有很多人都立志考研,为的就是心中的那份不甘心,然而现在还有多少人还记得自己当初的誓言呢。很多人在大学里过得太安逸了,我们需要在大学最后一年多的时间里给自己一次搏击的机会,不管是考研还是考公务员或者是选调生,一定要认真,争取在最后一年多的时间里给自己一个很好的交代。当然,我自己不是高考发挥失常来到盐城工学院的,我纯属正常发挥。但我刚进盐城工学院就想自己一定考研,一方面我觉得自己想去一个好的大学见一下世面,学习更多的专业知识;另一方面,家里人的希望也是我考研的一个重要因素。如果像我这样,心里有着这样一份念想那就努力去考,努力去实现,这时我们可以选择一些“985”院校、“211”院校里的一些专业知名度一般的学科。

第三,现在的就业形势不是很好,所以有部分同学想通过考研避开就业压力。对于这类同学,可以选择一所一般的院校,到那里继续我们所学的专业或是就业比较好的专业。两年或是三年毕业后自己将有一个更高的起点。如果家里经济条件允许自己晚两年工作,我们可以暂时逃避一下当前的就业压力。

今天在这里或许有很多人会下定决心自己要参加研究生考试,但如何坚持下去是值得我们注意的。个人总结了以下几点:

第一,考研需要动力。我们必须想明白自己为什么考研,这个目的一定要足够吸引你,足够认真复习一直到参加考试。

第二,考研什么时候开始复习?我当时是大三下学期开学后,就是2012年3月初开始进图书馆的。当时有位学长和我说了一句话,让我印象特别深刻。他用自己考研受挫的经验告诉我:如果你是坐得住的人,你就早点开始复习,这样的人应该已经开始了;如果你是坐不住但学习效率比较高的人,可以稍微晚一点点,但最晚差不多5月中旬也应该开始看书了。所以,考研复习何时开始没有一个固定的时间,要根据个人的情况定什么时候开始。

第三,关于研友的问题。我考研的时候大概有三位玩得比较好的研友,和周围考研的同学相处得也融洽。那时候我和信管的韩煜林天天一起去食堂吃饭,周末的时候我们几个研友也会偶尔一起出去吃饭或是去打球,所以每次回想到考研复习的过程我总是很开心。所以我觉得,如果可以的话,自己找一个研友,当然一定要注意,你的研友一定是真心想考研的,千万不能找位"打酱油"的研友,不然我们自己离"酱油路"也不远了。

第四,对于考研公共课如何复习的问题。大家可以上考研论坛多看看前辈们写的经验帖,但一定要注意根据自己的实际情况进行相应的调整,有的方法看起来很好,但未必适合自己。这方面我感触较深的是,如果 9 月前其他科目复习得不错的话,最好能在 9 月之前开始看政治,最晚不要晚于 9 月中旬。政治不像很多人想的那样,我觉得政治需要理解,这样到了考场上才能写出东西。为了帮助理解,我们可以拷一些辅导班、强化班的视频,尤其是马哲和政经部分,有助于我们弄清楚考试考的是哪些原理,突出考试重点。政治复习最重要的一点,必须买一本大书,比如任汝芬的序列 1 或者教育部的《红宝书》,建议序列 1,因为那上面有蓝色的字体画出了重点。大书一本就够了,买了还是为了理解。理解有很多好处,有助于我们记忆,把书上的东西记到脑子里,最后写到试卷上。

第五,建议真心想考研的人暑假留在学校复习。暑假是考研复习的重要阶段,暑假前一般是打基础,暑假期间的复习效果会从很大程度上决定考研的成败,复习的基础会比较扎实,使后期复习不那么费劲,压力也就不会那么大。如果这段时间复习不好,会导致自己考研失败或者放弃。

最后,预祝大家都能坚持到考试的最后一刻,在考场上都能发挥出自己的水平,考上理想的大学。

我的考研时间表

化生学院　高金荣

考研结束了,我正式成为江苏大学的一名硕士研究生。回想四五个月的考研备战经历,我终生难忘,这段经历已经深深地烙在我的心里。还记得每天早晨天还没亮就从床上爬起来看书的情景，每天晚上很晚拖着路灯下疲惫的身影回宿舍的场景也历历在目。这段经历将成为我人生宝贵的财富，不仅仅是因为它让我获得了攻读研究生的资格，更重要的是它教给我一个人生哲理：凡事必须坚持。

除了坚持天天上自习外，还有重要的一点就是要有目标，包括长远的目标和短期的目标。长远的目标，是指在未来一个月或者更长的时间内，将哪本专业课课本全部看完，或者将政治的重点全部过一遍等；短期的目标可以分为一星期的目标、一天的目标甚至一天中某个时间段的目标。有了清晰的目标和计划后，你会发现自己仿佛一下子找到了方向，复习起来也有了强大的动力。

我在7月中旬报了一个政治辅导班，上了一个星期的课程，这基本上算是我暑假的全部收获。我从9月1日开始正式投入到紧张的考研复习之中。首先，我给自己定了一个长远的规划，共分五步：

1. 从9月1日到10月1日：每天上午、下午以及晚上三个时间段，分别复习专业课、英语和专业课（政治不用这么早复习）。在这一个月的时间里，要以一门专业课为主，到了10月1日基本上这门专业课的教材要看完。英语的复习主要就是做阅读，培养自己的语感，同时积累自己的词汇量。

2. 从10月1日到11月1日：每天的三个时间段，分别复习政治、英语和专业课。政治的复习推荐使用任汝芬的序列1，每天上午要认真熟记里面的重点和知识点。另外，在每看完一章之后要做相关配套的习题以加深记忆，这段时间里可以不用着急，到月末的时候可以只复习到全书的一半。英语在这段时间也是主要做阅读，继续加强语感和词汇量；专业课也是以一门专业课为主，抓住重点，注重理解，在理解的基础上学会熟记。到11月1日，第二门专业课教材要全部看完。

3. 从11月1日到12月1日：每天的三个时间段，也是分别复习政治、英语和专业课。政治按照上月的复习方法继续复习，到月末的时候可以完成全书的另一半。所以复习完政治基本上一共要花两个月的时间。政治的第一遍复习是很重要的，所以花的时间也最长，在复习的时候一定要认真，这样会为自己打下良好的基础。在这段时间里，英语就要开始单项训练了，专业课复习也是按部就班。

4. 从12月1日到1月1日：每天三个时间段，也是分别复习政治、英语和专业课。不过这段时间主要是进行第二轮复习。政治要开始大量做题，做完题要翻阅复习资料,加深记忆。英语这时候要开始训练作文了,每天写一篇作文,写完之后再看看标准答案上的文章,找出它的闪光点,碰到好的句子和词汇一定要记住,要为我所用。专业课的复习,这段时间主要是做历年真题,通过做真题发现命题的特点,再回过头来看教材,以便找出自己第一轮复习时的遗漏点。

5. 从1月1日到1月4日:这段时间调整心态很重要,一定要保证充足的睡眠时间和保持自信的态度。适当地看看书和以前做过的题目。

我的整个考研备战就是按照这五个步骤来的,步步为营,最终如愿考上了硕士研究生。希望我的这个计划也能给明年考研的学弟学妹一点启示。

考研不是一个人的事情,有很多学习之外的事情需要注意。首先,研友很重要,一个好的研友能有带动作用,而且能和你进行探讨,同时进步,可以相互监督,到后期座位紧张的时候可以互相占座。我还记得我和研友乐此不疲地探讨流体中的纳维斯托克斯公式(虽然与考研科目无关),以哲学观点看待对自我的认识,由不清晰到清晰的一个过程,受益良多。

总之,在考研中,最重要的四个字就是“努力”和“坚持”。你坚持到了最后,而别人没有,那么你就已经是赢家了。考研期间有很多诱惑,我只能说我从未被诱惑,因为那些都不是我想要的。路是自己选的,选择了,就要坚定地走下去。我想说的是,同学们的坚定一是表现在确定目标院校和目标专业后,一定不要一遇到困难就随随便便就换学校;二是表现在坚持考完最后一科。既然改变不了事实,那么就只能改变自己,多加努力,让自己变得更强大!

做自己想做的事,就尽力做好

博雅学院　顾林霞

我叫顾林霞,2009年9月考入盐城工学院博雅学院土木工程建筑工程专业,2013年6月考取江苏大学土木工程与力学学院工程力学学术型硕士研究生。

决定考研是大一时候的事情了,由于对自己的高考成绩很不满意,又放弃了复读,所以为了证明自己,我在大一一开始就决定考研。其实我考研的最大动力就是想给自己换个包装,脱掉本三这件外衣。

首先,既然选择了远方,便只顾风雨兼程。我想说的是,既然你选择了考研这条路,你就应该明白考研这条路上的艰辛,就应该耐得住寂寞,十几天如一日去自习。如果自己没有这个恒心和毅力,还是趁早放弃!这并不是危言耸听,现实就是这么残酷,人在做,天在看,如果你打算不劳而获,是不可能的!

考研路上找个好研友一起度过这一年的难忘时光,也是很有必要的,相互的鼓励让日子变得欢快一些。

关于什么时候开始准备考研的问题,我觉得这个应该根据自己的情况而定,当然越早越好,但还是那句话,贵在坚持。我是大三下学期开始看数学和英语的,只看这两门,因为这两门是靠平时的积累,尤其是数学,知识点很多,很零碎,要记得东西也比较多。政治和专业课放在 10 月份以后也是可以的。下面我具体说说各门课程的复习计划。

关于数学,我考的是数一,用的参考书有:课本、李永乐复习全书、真题、400 题(由于本人计划没做好,400 题最后没全部做完)。在开始准备考研时就听师兄师姐说过,课本很重要,一定要非常熟悉知识点,这样才能在考试时熟练地运用,把该得的分数都拿到。这句话绝对不是空话,在最后模拟冲刺的时候,你就会深刻地体会到这句话的重要。大三下学期,我的专业课程比较少,我坚持每天挤出 5 - 6 个小时在考研复习上,其中花在数学上的时间为 3 小时。我的主要复习策略是:基础知识点 + 课后习题,先花十几分钟把知识点梳理一下,然后再做课后习题。到了暑假,我毅然选择留校,因为天气炎热,我把复习时间集中在上午,下午则在宿舍休息放松,晚上凉爽之后继续去自习室奋战,整个暑假就这么过来了。暑假我还是只看数学和英语,我先把李永乐的复习全书过了一遍,但是没达到我想要的效果,好多东西还是前面看、后面忘。针对这个情况,我打算把复习全书看上三遍,加深记忆。因此开学之后的前两个月,我又第二遍看复习全书,这一遍着重是看自己不会的内容,虽然最后由于时间不够,第三遍未能全部看完,但知识点已经掌握得比较牢固了。所以,我的个人建议是不管你用什么参考书,一定要看到两遍以上,加深印象。看完复习全书之后,我开始做真题,这里不用我强调,大家应该都明白真题的重要性。对于真题,我的建议是第一遍给自己计时。当然,刚开始做题时大部分人会有很强的挫败感,因为你还不能熟练运用四本书的所有知识。这时候内心一定要足够的强大,要相信自己,一边做题,一边继续复习知识点。做题时应该有自己的错题集，认真总结自己常犯的错误，做到不要被同一块石头绊倒两次。对于后期各类考研班出版的各种模拟题，我觉得没必要太认真，总体重心依然应该是课本 + 真题。

接着是英语，我用的参考书不多，有星火考研词汇、真题。大家比较头疼的是词汇，很多人的词汇量并不丰富。对于记单词，我先背的是单词书，后期背的是真题里面送的高频词汇。最重要的还是通过做真题来记单词，这样更加容易记住。除了大纲词汇，还可以多记一些影响自己阅读的超纲词汇，熟词生义的单词也很重要。考研词汇书里比较好的我认为是星火词汇书，分类清楚，便于记忆。关于阅读，相信大家都知道"得阅读者得天下"，由此可见阅读的重要性。还是那句话，真题最重要。个人认为只要把握好真题的出题规律，阅读应该可以得到比较可观的分数，模拟题做不做都可以。英语真题一定要做两遍以上，不要揪着模拟题使劲儿做，本末倒置。英语阅读辅导书和真题比较相近的有张剑的 150 篇，但是比真题要稍微难一点儿，做的时候就当练练手，不要太较真儿。

政治，我考得不好，不敢献丑，总体上我觉得要把《风中劲草》的第一本看至少 2 遍以上。政治，我用的参考书有：《风中劲草》的第一本、肖秀荣的 1000 题，后期出版的任汝芬和肖秀荣的最后四套题，而且把肖秀荣的最后四套题背了一下。由于今年反押题现象比较严重，所以考到的题没有往年那么多，但还是会考到的。

专业课方面，虽然大家考的都不相同，但有一点是相通的，即注重基础，注意概念的理解。书本也一定要看得滚瓜烂熟，万变不离其宗。

对于各种考研班，个人觉得没有必要报，虽然我报了人信的政治辅导班，后来觉得作用实在不大，还是得靠自己。另外，考研期间一定要注意身体，俗话说身体是革命的本钱。大四开学后，虽然时间比较紧张，但还是要劳逸结合，我每周都会用半天的时间来放松一下，逛逛超市（最后一个月除外）。

最后我想说，做自己想做的事情，尽力就好，经历才是最可贵的。无论做何事，无悔就好！

忘不了的一段路

土木学院　孙加华

我叫孙加华,江苏建湖人,2009 年 9 月从江苏省建湖高级中学考取盐城工学院土木工程学院,2013 年以总分 412 分考取重庆大学建筑与土木工程专业硕士研究生。虽然距离考研结束已经过了一段时间,但是每当回忆起那一段奋斗的岁月仍然感慨万千。

与有一部分考研的同学不太一样,我从一进入大学就抱着考研的目标。我当时还没有想太多,就是让自己习惯于每天去博学楼看书,习惯于静下心来去做一些事情。现在看来,前三年的功夫下的还是非常有作用的。个人觉得考研复习也是一场场自习,只不过这一场场自习的目的性更强而已。虽然我考的分数还可以,但是我包括很多研友还是走了很多弯路,浪费了很多时间,这些也特别希望学弟学妹在复习中好好注意一下。下面我就几个总的方面,和大家简单谈谈考研。

一、学校的选择

相信好多学弟学妹会很纠结这个问题,这很正常,需要慎重选择。我个人觉得考研就像跨台阶,首先我们得了解台阶有多高,也就是我们想报考的学校对于自己的能力难度有多大。当然,这里涉及两个问题:一个是学校方面,另一个是我们主观方面。第二方面我将在下面谈到。对于想要报考的学校,我觉得这是一个动态的过程,比如在复习的起初,我们可以指定好几所学校,当然这几所学校最好能有难度上的梯度,比如第一类老八所或者一些好的“985”院校,第二类“211”院校之类的,第三类土木专业稍好一点的学校。随着复习过程的进行,目标也可以随着变,直到调整到最为合适的学校。选取学校梯度的确定主要来源于:(1)自己擅长的专业科目,有的同学材料力学好一点的可以选择初试考材料力学的学校,比如重庆大学、大连理工大学等。(2)登录一些考研论坛之类的网站,里面会有一些学长关于学校的谈论,更有一些资料的分享(这些资料非常有用)。(3)与已经考取自己打算报考学校的学长交流一下(这种方式获取的信息最为准确可靠)。(4)随时关注报考学校官网的信息,比如考纲是否变化了,指定书是否更换了等。这些可以在闲暇时间去做,既了解考研信息,又放松了复习紧张的神经。

二、如何复习

我想这一步一百个人会有一百个不一样的方法，也是学弟学妹最为无所适从的阶段。我的方法是：计划的制订可以应时势而变，制订的计划必须严格执行，复习当中特别注重方法和效率。这些，我想不应当成为一种口号，而应当真正落实到我们的行动中去，这样才会发挥一些效果。

首先，制订计划。我想会有好多同学想到这一步，还会列一个小纸条贴在桌子上来告诫自己。问题是真正按照上面来做的却不多，这里有几个问题应当引起我们的注意：(1)计划的制订一定要科学合理。曾经看过一些研友的计划表格，看着好吓人，一天的学习时间多达 13 个小时，中间几乎没什么休息休整的时间，结果实施起来的难度过大，结果也就可想而知。(2)我们大多数同学前几年基本上是处于学学玩玩的状态，突然要一天坐好长时间，恐怕难以适应。所以，我们应该在复习的初期遵循循序渐进的原则进行，在一个月的时间内让自己的作息时间慢慢调整过来。随着复习的推进，我们的计划内容也会作调整，比如早上阅读时间会加入政治的背诵等。

对于计划的执行自然是重中之重的，没有执行力很难达到预期的效果。记得我每天一坐到自习教室第一眼就看一下桌上的小纸贴，脑子里想一下在计划的时间段里如何更加高效地复习。比如，单词背到哪一章。一般来讲，早上 8:00 ~9:00 我是用来背单词和浏览之前做过的阅读理解。这里有一个细节，之前的阅读理解需要不断地去看，一方面可以提高阅读文章的能力，另一方面可以回忆之前忘记的单词。9:00 ~11:30 复习材料力学。这一段时间里我在理解书本上公式的基础上，不断做习题。个人觉得理工科专业一定的题量是十分必要的，总结错误才会进一步提高。

复习当中特别要注重方法和效率，这一点我觉得是复习的核心。很多同学都知道这些，可是真正付之于实践就显得很困难了。我的复习方案和好多同学差不多，属于齐头并进式的。这里顺便提一下，一般来说，一天的复习大多分为以下几种方案：(1)随机式。就是看心情复习，或许会看一天的数学，或者按状态看看其他几门。(2)齐头并进式。就是在一天的复习中包含要考的所有科目，按照一定的时间段安排好。(3)阶段式。可能近一个星期着重看专业课之类的，再过一个阶段看数学等。这些方案可以单独使用，也可以复合使用。个人觉得没有最好的方法，最适合自己的，能最大限度地发挥自己潜力的方法才是最好的。大家可以都尝试一下，过了一段时间再来取舍。到了复习的一定阶段，大家都会很疲惫，看不下书和厌学情绪普遍存在，当然强调一下坚持的态度是很重要的，但是，如果影响到正常的复习效率，还是拿出一段时间休息一下。如果今天晚上太累了，就出去逛逛街，打打球，洗洗澡……明天的精神状态会更加好。我个人不太建议复习得太晚。比如，我自己在后期的复习阶段早上7:15起床，晚上11:00回宿舍，感觉精力还是挺充沛的。大家普遍会陷入的误区就是以为拼命多花时间，就会带来好成绩。一定程度上的刻苦是必需的，但是效率才是王道。记得有一个其他学院的同学坐在我们图书馆座位的边上，考的是文科，天天早上5点多就过来了，晚上具体什么时候走也不知道，因为无论我们走多晚，她总是在那里。她从大三开始就这么刻苦，晚上经常打瞌睡，当时我们集体佩服她。遗憾的是结果她考得很不理想，不过考前她自己也说过，太累了，估计会考不好。所以，在大家都在拼命、拼时间的情形下，高效率和适合自己的方法才是王道。

三、复试体现本科基本功

成绩出来之后，如果能过报考学校的复试线。强烈建议大家赶快转入复试准备当中。现在的学校越来越注重复试成绩了。比如，重庆大学土木学院改革之后，初试成绩只占最后成绩的40%，而复试当中仅笔试一项的比例就高达45% ，口语占5%，专业面试占10%。从比重看来，初试成绩还不到一半的成绩，这就给初试低的同学带来了逆袭的机会。录取结果公布以后，一片哗然，学术型硕士进300多人招80人，刷了好多人，400分刷了10人。专业型硕士也刷了30多人，370分被刷的也有好几人。我就是吃了这个亏，专业型硕士初试排名第一，复试笔试发挥太差，最后总排名第11。笔试考完了，很后悔自己当时没有好好看书！心情十分失落，还好，专业面试表现不错。很多人对于面试感觉很是神秘，其实就是下面坐了几个老师，各个方向的都有，岩土的、抗震的、地质的、钢结构的、混凝土的等，包含本科所有方向。不过这也看个人运气，当时我被分到高层和混凝土组里。这里面有一个技巧，当别人出来之后一般会谈什么，我们可以多去和人家交流交流，把握总的哪几个方向。在我进去之前，好几个人都被问到高层的知识，我有点紧张，因为这是本科的选修课，我压根没选。后来进去之后，本来想把自己得过的一些证书给老师看看。老师问了一下：是不是全国建模和挑战杯之类的？我说不是。他说，那就放那里吧！我顿时感觉有点紧张。初试成绩高的好处这时体现出来了，我前面一个人初试350分左右，一进去各种狂轰滥炸地问，他自己都不想待下去了。我坐好之后，老师笑笑说：分数考得不错,谈谈你的学校和你的本科生活吧。太好了,不问题目,拉家常我拿手啊,然后我 360 度地把我们学校介绍了个遍。分数高的学生,老师还是想留下来的,后来当然也问了两个问题,有一个我是真心不会,问的是一个公式的由来,有点晕。不过我的回答老师却让我获得了专业面试最高分,不会可不能直接说不会呀！我顿了一下(其实假作思考):老师您的问题我真的不是很清楚,就如刚刚和您谈到的,我本科学习只是注重一下公式的运用,您说的公式我可以背给您听,公式的由来这一点确确实实是自己所欠缺的,所以今天来到重庆大学,如果有机会留在这里进一步学习,我想我一定会努力弥补这方面的欠缺。记得下面的老师都在点头说:嗯嗯,这倒也是,以后可以再学习嘛！后来就出来了。所以这里建议大家说话千万不能太直接,适当委婉地表达也是十分可取的。

最后,特别希望学弟学妹好好加油复习,把复习当作一种简单的生活,踏踏实实地做好每天的任务。祝大家好运！

我大学中过得最充实的时光

纺服学院　江坤朔

首先,我觉得不论考研的结果怎样,我感谢那段岁月。可以说那是我大学中过得最充实的时光,为了一个目标去努力,没有人督促你,一切都要凭你自己的毅力,早上 7 点多起来,晚上 11 点多回宿舍,特别是冬天冒着凛冽的寒风,有时自己都被自己感动了,我喜欢这种感觉。

其次,考研我觉得应该注意以下几点:

1. 动力。首先,你必须明确自己考研的动力,无论是为了找到更好的工作,还是为了提升自己,不然考研周期那么长,你会坚持不住,你会崩溃。再说,考研是为你自己而考,你是为你自己的未来去努力。

2. 目标。当时我选择东华大学就是东华大学是国内轻化行业最好的学校,要考就考最好的,目标太低,有时人就会有懈怠心态,而且你报考好的学校,别人问起你的时候你也可以自豪一下吧。

3. 计划。凡事预则立,不预则废。考研的前期,你必须结合自己的实际情况确定一份计划,计划的制订不要过于苛责,要留出余地,否则完不成会导致你怀疑自己。计划确定以后,就要严格执行。你要始终坚信自己的计划是最好的,别看别人复习的进度比你快,你就慌了,有时候太快未必是好事,关键还在于掌握你自己的节奏。

4. 坚持。别老抱怨自己辛苦,比你辛苦的人不知有多少,考研这种苦算得了什么。关键在于坚持,考研考的就是你的意志品格,你坚持下来了,就是胜利者。每个辛勤付出的人都会得到回报的。

5. 运动。不赞成死读书那种方式,考研应该劳逸结合。如果每天运动有点困难的话,你至少保证每个星期一点运动的时间,跑步或者打球什么的,运动不仅有利于你给枯燥的学习生活减压,而且有利于你的身体健康。没有一个好身体,你想做什么事都是白搭。

6. 心态。每天保持好的心态绝对可以使你的复习达到事半功倍的效果。特别到最后,大家都难免有焦虑或者自信心不足等问题,这也没有复习那也没有复习 ,我考不上咋办啊。首先,乐观,我喜欢这样一句话:"所谓乐观就像炉灶上的茶壶,屁股烧得红红的,却仍心情特好地吹口哨。"其次,不断的心理暗示,睡前或者早起的时候你要不断对自己说,我是最棒的,我都考不上,那没人能考上了。最后,保持平静的心态,有时候你不太在乎结果,反而会得到好结果。

最后,我想说说关于政治和英语的复习,因为这两门考得还不错,别的我就不说了。首先政治吧,政治不要复习得太早,否则你容易忘掉,而且还浪费时间,这是无数前辈总结出来的血的教训。10 月份正好,那时候开始看考研大纲解析,看的同时做一些肖秀荣 1000 题和任汝芬序列 2、3,看完一遍,再看一遍,把前期做错的题目再做一遍。如果你嫌大纲解析太厚的话,可以看《风中劲草》,这上面列出了所有重要的知识点,这是考研的口碑产品,值得信赖。但切记大纲要看一遍,然后再去做一些试卷上的选择题,注意只做选择题,政治得高分的关键就在选择题。大题目就看任汝芬最后四套题、肖秀荣最后四套题足已,重点是任汝芬最后四套题,每年考研试卷上的题目这上面都能预测到或者是相关的。当然,政治还要看真题和当年的热点。还有,最后报政治冲刺班是没意思的,会打乱你的复习节奏。

英语:得阅读者得天下,得单词者得阅读。复习的前期关键就在单词,我那时是从大三下学期开始看的,看的是"新东方"的绿皮乱序版,乱序我觉得看了不容易腻。上学期你可以买一本题源,就是精选美国《商业周刊》《纽约时报》上的文章,因为每年的考研文章都是从这些杂志上选的。暑假的时候开始做黄皮书上的文章，每天保持一定的阅读量，错了不要紧，才开始大家都错的，慢慢做培养自己的语感，语感的养成只有多做，别无他法。从暑假开始做真题，真题永远是考试最好的老师，无论是英语四、六级还是考研英语，真题多做多总结。翻译新题型只要做真题就行了，不需要另买资料。英语一日都不能间断，即使考试前两天也要做几篇阅读，保持做题的兴奋度。

每天提醒自己不要忘记梦想，每天激励自己，努力成为生活的强者。祝大家都能心想事成。

努力追求梦想

汽车学院　张翟辉

我的名字叫张翟辉，来自江苏盐城，2009 年考入盐城工学院汽车工程学院，今年考取同济大学研究生。能写此篇心得与大家分享，我感到万分荣幸。我自知文字功底薄弱，不当之处，欢迎大家批评指正。

汽车梦是我的考研动力，大部分原因是我想通过考研这个渠道去学我想学的东西。从小我就非常喜欢机动车辆，路上遇到一辆车（不管是摩托车、拖拉机、卡车、客车还是小汽车）都会兴奋好一阵子。见到造型独特的车辆更是喜欢得不得了，晚上都会睡不着觉。所以，我想了解更多的关于汽车的知识，尤其是汽车造型方面的知识，所以我选择了考研。

复习环境是很重要的外因，这个也许因人而异吧。我个人很喜欢仁和楼的考研自习教室，那边很清静。那边后勤部的阿姨与保安大叔人很好，他们做事都很认真细致，整个氛围很好。闲暇之余，他们还会向你透露一些往届学长的考研情况。考研教室旁边就是个报告厅，不少关于考研的讲座会在那儿举行。

复习过程中，要注意广泛收集信息，避免徒劳而无用。学校发的《难忘的考研岁月》是本不错的参考书，里面你可以找到关于复习参考书的选择、时间的安排、辅导班的选择、复习策略的建议，我看了之后很受用。大家不妨找出那些建议的共同点，这些共同点就是经典中的经典。在这儿，我想单独说说专业课的复习。我专业课选择的是《机械设计》，由于我报考的学校近几年都不提供真题，所以给复习带来了不小的困难。最后考试的时候发现自己复习的内容与所考的内容还是有点偏差。我的建议就是到所报考的学校去搜集最前沿的专业课信息。

对于我的成功，我不敢谈经验，因为我怕误人子弟。现在手持这些经验回头看考研的那段经历，觉得"经验"还是经不起推敲。换个人，换个环境，这些经验就不成为经验了。不过我可以说说我的教训，大家还是辩证地看待。我的教训就是不要贪多而不求精。这个教训是拿我的失败与其他研友的成功对比得到的。用一句话概括就是："用功譬如掘井，与其多掘数井，而皆不及泉，何不老守一井，力求及泉而用之不竭乎。"最后想对吕红明老师、郑尧刚老师说声谢谢。吕老师在我心里种下了一个同济大学的梦想。郑尧刚老师跟我们走得比较近，这或许是年纪接近的缘故吧。我们有什么问题第一个都会去找郑尧刚老师商量。他给了我很多建议。在此，郑重地谢谢两位老师！

天道酬勤，贵有恒

优集学院　张佳南

又是一个草长莺飞的季节，阳光明媚，岁月静好。2013 年考研的帷幕已渐渐落下，坐在我再熟悉不过的教室里，静静怀想过去一年的考研之路，淡淡苦味中夹杂着丝丝甜蜜！我是机械设计制造及其自动化专业的学生，报考的是本专业，其实我的考研分数并不高，但最后还是很幸运地被第一志愿学校录取了！其间，我也有很多自己的经验和学弟学妹分享！

首先，我讲一下自己的考研过程。我是大三下半学期真正决定考研的，刚开始可以先看数学和英语，这两门花的时间也是最多的。决定考研了就要早做准备，一有空就要静下心来看书。这里，我想强调的是一定要坚持，因为一旦停歇，之前看的知识就会模糊，过段时间再想继续看的时候前面的内容可能已经忘记了，学习是一个循序渐进的过程。

暑假期间，我选择了留校，个人觉得学校是高效率学习的最佳场所。学习的关键在一个"恒"字，每天都要坚持，我是采取每天都制订计划的方式来督促自己的。比如，这个月我要把数学复习全书看完一遍，那么，分配到每一天的任务至少该是几页，或者一天要记住几页单词等，自己按照这样的步子一天一天地完成。我正式学习专业课是在 10 月份，之前可以搜集各种相关资料（包括找到该学校指定的书目、历年考研真题、专业课复习笔记、联系师兄师姐了解考试侧重点和复习要点等）。10 月份，政治和专业课都提上日程了，要重新分配每门课每天的时间，具体的时间大家可以按个人习惯来分配。

到了考研最后一个月，我主要做真题，限定好做题时间，可以比实际时间缩减 10 分钟，留着考场上涂答题卡。这个时候慢慢地也要调节作息时间，尽量适应考试那天的时间安排。最后一个星期的时候，晚上不要太晚，保证睡眠，同时要放松心情，保持良好的心态。在这里，我希望你们带着一颗恒心，坚持下去，只要能坚持到最后就等于成功了一半！

我考研的初试成绩并不高，数学没考好，所以我下面只谈对你们有借鉴意义的一些经验和方法。

首先是英语。我的英语处于中等偏下水平，所以自始至终我都不敢对英语有一点点的放松。英语试卷中的选择题占比重很大，考到语法和词组搭配的地方很多，于是我一开始就在图书馆借了一本相对较薄的语法书，每天坚持看几页，同时，我每天坚持大量词汇的积累。英语的语感是很重要的，我早上学习的第一件事就是读几篇作文范文，或者是之前做过的阅读理解，或者是一些经典的长难句等。每天都要坚持，把早读当做是吃饭一样去坚持，日复一日，你的语感和做题效率不提高都不行！希望和我一样英语不是很好的学弟学妹不要气馁，考研英语没有那么难，正确的学习方法加上一颗坚定的恒心，相信你们会拿到意想不到的分数！

其次是政治。我是在 10 月份以后才正式开始看政治的，之前只是适当做一些选择题练手。对于政治，大家不要太操心，理解加记忆即可。我最后几天就是每天花两个小时左右来背诵一些经典知识点，然后找一些题来做，像肖秀荣最后四套题和任汝芬最后四套题等。考试的时候要注意答题的章法和卷面的整洁，我当时试卷上每道题几乎都写满的，一点涂改都没有。

最后是专业课。专业课最重要的复习就是历年真题，这个至少做两遍以上。专业课考试都有指定的书目，书本的课后习题不可小看，老师出题会以书本为准，很多考查的还是基础内容，一定要把书本吃透，课后习题我做了两遍。当然只看书本还是不够的，你可以找找和该专业课有关的习题集。我在图书馆找了三本相近的习题集，很纠结地做了两遍。这个过程虽枯燥乏味,但坚持下来你会发现受益不少,我的解题速度和正确率都有相当大的进步,更重要的是思路开阔不少。最后要达到的效果是:看到一道题就能想到它该用哪种方法来解答。

考研是一场持久战,只有坚持到最后的人才能笑到最后!在这里,我要特别感谢学校给我们营造的良好学习氛围,学院领导和老师们对考研学生的关心和支持!最后送大家一句话:考研其实并不难,贵在有恒!

绿色之光

环境学院 彭 云

彭云,2009 年考入盐城工学院环境学院环境工程专业。于 2013 年考取南京师范大学环境科学专业硕士研究生。

从定下目标决定考研直到复试的结束,大概要经历长达一年半的历程。我很幸运地考上了南京师范大学地理科学院环境科学专业的研究生,在此我也和大家分享一下我考研的一些心得,希望能够帮助学弟学妹在考研中取得优异的成绩,考上自己心中理想的大学。

选择考研那就意味着你选择了与众不同的生活方式,伴随着你的将是寂寞和枯燥;选择考研意味着鼓起破釜沉舟般的勇气,因为这期间你将放弃一个又一个属于你的就业机会。所以,这是每个考研学子在确定考研目标时应该首先考虑的。

从我自己的考研经历来看,经验也好,教训也好,可以归结为 12 个字:"坚持就是胜利,细节决定成败。"考研战线拉得比较长,最重要的就是要坚持到底,坚持每天读、每天背,同时在坚持的过程中一定要注意细节。教训对于你们来说或许来得更加深刻和更有力量。请记住:不要迷恋重点,重点只是个传说。前事不忘,后事之师,希望学弟学妹不要重蹈覆辙。虽然这里没有华丽的辞藻,没有幽默的表达,但是有我真情实感的流露。希望我的一些考研经历和体会,能给你们带来信心与力量。

英语是我的弱项,也是考研历程中让我最头疼的问题,甚至几次差点成为导致我放弃考研的罪魁祸首。英语复习最重要的资料就是真题,真题应该反复做,总结思考出题人命题的规律,形成自己的一套解题方法和思路。

练习题可以少做点，如果没什么时间的话，不做练习题也行，但是单词一定要坚持记。至于记单词的方法每个人都不同，我很多方法都试过，最终觉得无论运用什么方法，还是要你坚持每天去记，反复地、一遍遍地记才有效果。我把一些真题里不认识的单词全部用卡片做出来，利用零碎的时间记忆，每次记单词我都不会花很多时间，因为看得太久人会烦，所以我每次都是少时多遍的记忆。英语还有一块很重要的就是作文，复习作文应该平时准备一些好的句型。我每次做完真题和练习题都会把那些好的句子用一个笔记本摘抄下来，利用早上读英语的时间拿来背，我觉得对于写作挺有好处的。有人问，要不要背一些英语范文还有模板呢？这个要根据每个人的个人喜好和英语基础来定。英语基础不太好的可以多背一些文章，还有可以形成自己的模板。我基础不太好，所以采用比较死板的方法，从正负两方面总结出热点话题。如果基础比较好的话，可以不用刻意背模板。

政治，一般不是我们的绊脚石，但是我们应该尽量让它成为我们的垫脚石；它不是考研的拦路虎，但是可以为考研锦上添花。政治复习中，最重要的资料莫过于历年真题。对于历年真题，应该像英语一样反复地做题，总结出命题和解题的规律。其次就是在最后两个月的时候要集中时间背大题。

专业课，一般不会成为你的问题，它是你得分的制高点，你想考个好成绩，专业课的分数很重要。

最后一点，摆正心态、劳逸结合，形成适合自己的考研生活方式。考研过程中当然会遇到很多困难，有时你会发现看过的、背过的总是会忘记。这是非常正常的情况，千万不要因为你背过的东西又忘记而烦恼，因为每个人都一样，你忘记了别人也会忘记，关键在于我们要坚持去背。因此，不要因为一点小小挫折而丧失自己的信心。在备考的过程中，应该注意劳逸结合，看书看累了，实在不想看了，可以适当地去运动，散步也可以，总之不要一直闷在图书馆里。

考研因为战线拉得很长，对于身体和智力都是极大的考验。你会觉得非常累，特别是觉得睡眠非常不足，这就要凭借你的意志力坚持下来。但是一定要保证每天至少6个小时的睡眠时间，这样才能保持精力进行下一天的复习。就我自己的经历来看，从我准备考研以来只有到了考研最后一个月的时候我才觉得不累。自准备考研以来，我都觉得非常辛苦，直到最后一个月的时候，我发现突然间感觉不累了，每天按照计划复习也能完成任务。我觉得大概是因为经过一年，考研生活规律已经基本养成了，身体已经适应和习惯了每天的生活节奏。最后的关头主要面临的是心理上的巨大压力,所以要调整好自己的心态。希望大家都能好好地努力,进入自己心目中理想的大学。

2013 我的考研历程

材料学院　孙　祥

2012 年 7 月 20 日,这一天我的考研历程正式拉开序幕。从这一天开始,我的一切都以考研为中心,全身心地投入进去。

考研,目的只有一个,读研究生。理由却会有许多种,继续深造、逃避就业或者父母的"逼迫"。对我而言这些因素都是之一,我希望成为研究人员,穿着白大褂在实验室里操作各种设备做着研究;我对本科毕业生的工资无限失望,对研究生毕业生月薪福利待遇无限向往;父母总是对我说,读研吧,学历往高读,哪怕你出国我们也继续供你……

找着各种理由,怀着唯一的目的,大三暑假回家稀释一下我的思家之绪后,我再次回到学校开始了我的考研之旅。

在以前的考研交流会上,学长曾说,考研是一个专一、持之以恒的过程,有恒心,有毅力,有计划,有目标,有付出,才会有收获。然而,考研是一个完全自主的行为,不像高中会有老师、有同学、有纪律不停地强迫或者自我逼迫着去学习、学习、再学习。这儿,我们所能做的就是自我约束,放弃休闲时间,放弃游戏爱好,甚至减少运动时间,逃掉部分课程,把大部分精力投入到考研学习中去,不被周围事物所诱惑,不三心二意,不三天打鱼两天晒网。当然,考研不是走火入魔,适当时间进行体育锻炼和自我身心放松也是十分必要的。我在暑假期间每天下午或晚上都会到篮球场打一会球,每两周出校园一次逛街采购生活用品以及参加班级组织的集体活动等。不要以为晚上加班到一两点钟会每天比别人多学一些知识,其实这是在浪费第二天大半天的精力和学习效率。所以,合理的作息时间是完全必要的。

当然,适合自己的学习计划和不打折扣地按计划学习也是考研成功的关键。有计划地学习可以告诉自己现在该干什么,接下来要学习什么,明天有哪些任务要完成,这样才会时刻保持清醒的头脑和学习效率。同时,每天完成自己的学习任务或适当多一些知识,既有一种成就感又是一种自我激励,不会因似无尽头的学习过程而气馁。例如,我在暑假期间每天背两单元单词,做一章节数学复习全书;用一个半月的时间把考研词汇背诵一遍,数学复习全书完整做一遍。每天做完这些事情后,若有时间剩余我会适当多学些内容,或者较计划时间稍微提早些回去休息,这样既可以有成就感,又不会因过早完成任务、剩余过多时间浪费而产生内疚感。

很多人会问,要不要报辅导班,要买哪些考研辅导书。就辅导班而言,我认为没必要,辅导班的知识和材料都可以从其他渠道获得,所以合理的学习计划以及学习持之以恒的毅力可以胜过一切辅导班。我一直按照自己的方式、自己的计划进行考研复习,从未上过任何考研辅导班或者把观看视频课程作为自己的学习方法,这些只会扰乱自己的学习计划。考研辅导书在于精而不在于多,从网上或者师兄师姐的推荐下选择最受欢迎的辅导书,然后精学精做,用两到三遍的次数掌握书上的绝大部分知识点,这样就可以掌握考研的基础知识。

有了扎实的基础知识,却不熟悉考研真题的知识运用模式就好比有力气不知道往哪里使,所以通过做历年真题了解题型、知识重点及知识运用技巧是十分重要的。通过做真题判断题型及难易程度,并以此合理安排答题顺序也是十分重要的。数学考试时,不要花费大量时间在难度高的题目上而忽略十分简单的题目,这样反而会得不偿失。

有了合理的学习计划和坚持不懈的复习付出,就会获得成功。初试过后接着就是复试,专业课笔试、英语口语、专业面试,特别是毕业设计以及平时的实验一定要投入时间与精力认真准备。面试时,尽量不要紧张,放松心情,认真回答面试老师的问题,一般老师是不会故意为难你的。当你收到被录取消息时,一切担忧、一切不安都瞬间消失不见,此时的心情是无比放松的,你会感觉之前所有的付出都是值得的。

2013 年 4 月 17 日,这一天我的考研历程正式结束。

耐心之树，结黄金之果

材料学院　王兵钦

我叫王兵钦，江苏兴化人，2009年从江苏省口岸中学考入盐城工学院高分子材料与工程专业，2013年考取苏州大学材料化学与化工部的化学工程专业硕士研究生。

一晃大学四年过去了，马上就要毕业了，回首过去一年研究生备考的日子，我觉得一切就像发生在昨天一样，往事历历在目。暑期留校时，自习教室里的奋笔疾书，篮球场上的大汗淋漓，这一切是那么的充实。考研是我人生中的一个重要转折点，不管今后的路是平坦还是崎岖，这段经历我会一生受用。下面的内容希望能给准备报考研究生的学弟学妹一些帮助。

对于所报考院校的选择，最好是"211"院校或"985"院校，我想这是最起码的。大学之大，非大楼之大，乃大师之大。报考一所好的学校，开阔自己的眼界，扩大自己的交际圈，认识很多牛人，人生道路又多了机会，因此选择方向非常重要。

考研的态度和心态很重要，特别是考前最后一个月，要调节好。如果长时间在一个自习室复习久了，换一个新环境进入考研冲刺不失为一个好方法。备考期间有压力的时候，可以选择打打球、跑跑步，上网搜点搞笑短片观看减减压，考研注定是孤独的。千万不要搞疲劳战，这会事倍功半。复习效率非常重要，每天要有有规律的作息时间，一定要确保休息好。选择考研，就必须坚持下去，用最佳心态考完最后一门科目。就我们专业而言，平时好好准备，坚持下来的同学最后都考取了研究生。在复习方面，我一直觉得我的数学二复习得不全面，平时做题方法也不对。下面就谈谈政治、英语、专业课的复习方法和答题技巧吧。

政治：政治是考研复习中最不需要提前花时间看的科目，我是在国庆节开始看政治的。在参考用书方面，我用的是任汝芬序列1（先对照考研大纲粗看一遍，熟悉考点）、肖秀荣1000题、启航20天20题、任汝芬序列4和肖秀荣的四套题，并通过任汝芬和肖秀荣的最后四套题来押题，最好能把里面的所押知识点背熟。就今年考卷来看，任汝芬和肖秀荣的押题卷还是押到好几个大题。政治要想考高分，前面的客观题不能失分太多。主观题解答，一要尽量把相关的知识点都答上去，二要字迹整洁，也会加分的。

英语：首先，千万不要担心英语四、六级与考研英语的利害关系，前者与后者是两种不同的答题与命题体系。大学本科最好能把英语四级过掉，英语六级如果能过的话，复试会有加分的。词汇用书方面，我用的是“新东方”乱序版，我记单词的时候就是边背单词边用笔写下来，这个方法挺管用的。考研英语答题最好不要按题序来做。一般来说，先把 4 篇阅读与大小作文答完，完形填空放在最后。说到作文，我强烈推荐《考研真相 160 篇》。这本书涵盖的范围比较全，今年的大作文与里面的一篇范文就很相像。

专业课：如果不是跨专业考试的话，专业课复习一般放在 9 月初，前提是所报考院校的历年真题都收集完全，历年真题至少要做 3 遍。对于专业课，首先要把专业课本搞懂、搞透、搞熟，实际上当我把专业书看完一遍的时候，就感觉有新的收获，正所谓“书读百遍，其义自见”。

下面重点谈一下复试：当收到复试通知后，报考院校如有本校的学兄学姐，要抓紧联系他们（备考期间就应该主动联系上他们），主要是让他们帮忙查查初试排名情况和所报考专业报录比，还可以让他们帮忙推荐报考学校声誉较好的导师。确定导师后，最好发一封礼貌并且真诚的邮件，内容是简要介绍自己报考的意愿。复试前提前两三天去复试院校熟悉考场和适应住宿环境，最好能提前约好导师见上一面，因为平时有的导师在实验室确实比较忙。遇到好的导师，他有可能会适当地透露些复试技巧与面试注意点，所以，见导师的时候要表现得沉稳大方，不要紧张。就苏州大学材料化学与化工部而言，这所学校比较重视复试的笔试成绩，最后排名成绩也是初试成绩与复试成绩加权排名，面试其实就是用来权衡大局的。我初试排名第 19 名，由于复试笔试考得比较高，复试一下子排名第 5 名，最后跟着一个比较好的团队。在这里我非常感谢那个备考复试比初试更疯狂的我。如果复试笔试太差，导师会觉得你不重视复试，那情况就不容乐观了。另外，不要太担心自己的口语水平。

耐心之树，结黄金之果！耐得住繁华，守得住寂寞。人就应该在什么时候做什么事情，在人生的每个阶段做好这个阶段应该做的事情，该学习的时候好好学习，该工作的时候认真工作。不管别人怎么说，大学是个提高综合能力的地方，如果你学习失败了，你就什么也不是——不排除意外，处世能力过分出众而成功的人是有，但你考虑好了吗？你会是那个意外吗？

最后预祝学弟学妹考研成功，进入理想的学校，人生更上一个台阶，为母校增添新的光彩。盐工人，你一定行！

盐城工学院 2011 届毕业生考研情况统计表

姓名	性别	所在学院	考研情况	
			学校名称	考取专业
刘　楷	男	化生学院	华东理工大学	化学工程与技术
钟　园	女	化生学院	浙江工业大学	应用化学
翟金华	男	化生学院	安徽师范大学	应用化学
林　杰	男	化生学院	常州大学	化学工艺
吕龙腾	男	化生学院	浙江工业大学	应用化学
吴亚洋	男	化生学院	安徽师范大学	有机化学
吴金燕	女	化生学院	常州大学	化学工艺
吕　伟	女	化生学院	西安交通大学	环境工程
储月霞	女	化生学院	浙江工业大学	化学工程
吴　微	女	化生学院	南京工业大学	应用化学
刘　刚	男	化生学院	常州大学	有机化学
何　志	男	化生学院	常州大学	化学工程
王密密	女	化生学院	中国矿业大学	化学工程与技术
陆丹丹	女	化生学院	南京理工大学	应用化学
王丽娟	女	化生学院	常州大学	有机化学
房　娟	女	化生学院	南京工业大学	化学工程
佘　飞	男	化生学院	南京工业大学	化学工程
徐　笑	男	化生学院	南京工业大学	无机化学
缪金鹏	男	化生学院	辽宁大学	有机化学
郁美净	女	化生学院	扬州大学	化学工艺
徐桂银	男	化生学院	南京航空航天大学	应用化学
臧慧娟	女	化生学院	江南大学	应用化学
王建微	女	化生学院	常州大学	有机化学
孟蓉蓉	女	化生学院	常州大学	化学工艺
蒋静漪	女	化生学院	南京邮电大学	光学
韩婷婷	女	化生学院	江苏大学	应用化学
曹　宇	男	化生学院	吉林大学	无机化学
丁　峰	男	化生学院	南京理工大学	应用化学
张　卓	女	化生学院	常州大学	有机化学
宗　婷	女	化生学院	常州大学	有机化学
杨　璐	女	化生学院	南京工业大学	有机化学
王祚芳	女	化生学院	南京工业大学	分析化学
李秉宣	女	化生学院	南京农业大学	生物化学与分子生物学

续表

姓名	性别	所在学院	考研情况	
			学校名称	考取专业
吴　洁	女	化生学院	南京工业大学	生物化工
毛　宇	女	化生学院	南京农业大学	生物化学与分子生物学
唐　雨	女	化生学院	南京农业大学	微生物
杨汝剑	男	化生学院	华东理工大学	生物化工
刘兆国	男	化生学院	南京中医药大学	药理学专业
陈富文	男	化生学院	兰州理工大学	生物化工
何　伟	女	化生学院	南京林业大学	细胞生物学
荣加国	男	化生学院	苏州大学	药理学
赵倩雯	女	化生学院	中国药科大学	中药药理
陈英杰	男	化生学院	上海师范大学	生物化学与分子生物学
彭才华	男	化生学院	广西民族大学	应用化学
袁　媛	女	化生学院	江南大学	食品营养与卫生
马佳佳	女	化生学院	南京财经大学	农产品加工及贮藏工程
刘方方	女	化生学院	宁波大学	海洋生物学
孙先枝	女	化生学院	安徽农业大学	动物营养与饲料科学
时振洲	男	化生学院	南京工业大学	化学工程
卢　懿	女	化生学院	江南大学	食品工程
李俊怡	女	化生学院	南京农业大学	动物营养与饲料科学
冯紫媛	女	化生学院	中国海洋大学	生物工程
朱晓梅	女	化生学院	上海海洋大学	水生生物学
朱明坤	男	化生学院	华中农业大学	动物营养与饲料科学
马兴宇	男	化生学院	上海海洋大学	水产养殖
王　涛	男	化生学院	南京农业大学	海洋生物学
胡敬环	女	化生学院	上海海洋大学	水产养殖
沈永龙	男	化生学院	南京农业大学	水产养殖
王宏雷	男	化生学院	广西大学	水产养殖与分子生物学
陆春华	男	化生学院	南京理工大学	化学工艺
马　洋	男	化生学院	南京工业大学	化学工程
方　丹	女	化生学院	南京理工大学	材料学
李芳美	女	化生学院	南京理工大学	应用化学
张小慧	女	化生学院	华东理工大学	制药工程与技术
陆　婷	女	化生学院	扬州大学	材料工程
殷春涛	女	化生学院	安徽理工大学	环境工程

续表

姓名	性别	所在学院	考研情况	
			学校名称	考取专业
伍　希	女	化生学院	浙江工业大学	化学工程
潘红英	女	化生学院	南京中医药大学	药理学
谢　峰	男	化生学院	浙江工业大学	农药学
鲁康伟	男	化生学院	常州大学	化学工程
卞云霞	女	化生学院	西华大学	企业管理
陈丽花	女	化生学院	南京理工大学	制药工程
刘　霜	女	化生学院	华东理工大学	制药工程
徐　松	男	化生学院	南京理工大学	化学工艺
沈烨冰	男	化生学院	贵州师范大学	分析化学
刘　云	女	化生学院	江苏大学	无机化学
杨玉坤	男	化生学院	浙江工业大学	农药学
孟晓晓	女	化生学院	上海应用技术学院	应用化学
高群燕	女	纺服学院	上海工程技术大学	服装设计与工程
陈佳丽	女	纺服学院	天津工业大学	纺织材料与纺织品设计
史杏娟	女	纺服学院	天津工业大学	纺织材料与纺织品设计
金　浩	男	纺服学院	天津工业大学	纺织工程
韩　栋	男	纺服学院	天津工业大学	纺织工程
徐共荣	男	纺服学院	浙江理工大学	纺织工程
杨　非	男	纺服学院	南通大学	高性能纤维研究
李慧颖	女	纺服学院	江南大学	纺织工程
王香琴	女	纺服学院	上海工程技术大学	服装工程
杨欣欣	女	纺服学院	江南大学	纺织工程
陆家冰	女	纺服学院	东华大学	纺织工程
夏芳芳	女	纺服学院	苏州大学	纺织材料与纺织品设计
周　燕	女	纺服学院	苏州大学	纺织工程
温　娇	女	纺服学院	南通大学	纺织工程
焦慧扬	女	纺服学院	江南大学	纺织工程
孙雪珂	女	纺服学院	苏州大学	纺织工程
杨洁莹	女	纺服学院	东华大学	纺织生物材料与技术
承婷婷	女	纺服学院	苏州大学	纺织材料与纺织品设计
徐　萍	女	纺服学院	苏州大学	纺织工程
乐珮珮	女	纺服学院	江南大学	纺织工程
郭　晨	女	纺服学院	江南大学	纺织工程

续表

姓名	性别	所在学院	考研情况	
			学校名称	考取专业
汤昆鹏	男	纺服学院	江南大学	纺织工程
单　良	男	纺服学院	苏州大学	纺织化学与染整工程
吴　健	男	纺服学院	西安工程大学	纺织轻化
叶　辉	男	纺服学院	西安工程大学	纺织化学与染整工程
张玉芳	女	纺服学院	苏州大学	纺织化学与染整工程
许　燕	女	纺服学院	苏州大学	纺织化学与染整工程
葛钦栋	男	纺服学院	江南大学	纺织工程
魏　兴	男	纺服学院	苏州大学	纺织化学与染整
华江楠	男	纺服学院	江南大学	纺织工程
周　莹	女	纺服学院	江南大学	纺织工程
刘　菲	女	纺服学院	苏州大学	纺织化学与染整工程
赵益轩	男	纺服学院	东华大学	纺织工程(染整)
许孟飞	男	纺服学院	苏州大学	纺织化学与染整工程
郑成志	男	纺服学院	东华大学	纺织化学与染整工程
田太洲	男	纺服学院	东华大学	纺织化学与染整专业
许红梅	女	纺服学院	苏州大学	纺织化学与染整工程
赵丽华	女	纺服学院	常州大学	环境工程
潘　婕	女	纺服学院	西安工程大学	纺织化学与染整工程
仇兆波	男	纺服学院	江南大学	纺织工程
王　慧	女	纺服学院	上海大学	化学
施建刚	男	纺服学院	西安工程大学	纺织化学与染整工艺
李小凤	女	纺服学院	苏州大学	纺织化学与染整工程
李晓辰	男	纺服学院	苏州大学	纺织工程
蔡婷婷	女	纺服学院	苏州大学	服装设计与工程
徐正艳	女	纺服学院	上海工程技术大学	服装设计与工程
袁建荣	女	纺服学院	东华大学	服装设计与工程
季宋文	女	纺服学院	东华大学	服装设计与工程
黄　猛	男	纺服学院	华东政法大学	法律硕士(非法学)
黄　欣	女	纺服学院	上海工程技术大学	服装设计与工程
肖　云	女	纺服学院	西安工程大学	服装设计与工程
陶露露	女	材料学院	南京工业大学	材料学
朱美娟	女	材料学院	常州大学	材料学
姚立春	女	材料学院	南京工业大学	材料学

续表

姓名	性别	所在学院	考研情况	
			学校名称	考取专业
余海涛	男	材料学院	济南大学	材料工程
张　路	男	材料学院	同济大学	材料学
焦宝龙	男	材料学院	贵州大学	冶金物理化学
陆建兵	男	材料学院	南京工业大学	材料学
周　田	女	材料学院	同济大学	材料学
周婷婷	女	材料学院	常州大学	材料学
王　然	男	材料学院	苏州大学	材料学
许　帅	男	材料学院	桂林理工大学	材料学
张加官	男	材料学院	南京工业大学	材料工程
陈玉良	男	材料学院	浙江工业大学	工业催化
李成亮	男	材料学院	南京工业大学	材料学
王　浩	男	材料学院	南昌大学	法律硕士(非法学)
冯贯贯	男	材料学院	桂林理工大学	材料学
濮　溧	男	材料学院	同济大学	材料学
孙陈诚	男	材料学院	南京工业大学	材料学
骆　乐	女	材料学院	同济大学	材料学
顾东林	女	材料学院	华东理工大学	材料科学与工程
苏胜男	女	材料学院	安徽财经大学	法学
严长俊	男	材料学院	南京工业大学	材料加工工程
于　雷	男	材料学院	苏州科技学院	应用化学
曾金珍	女	材料学院	南京工业大学	材料工程(专业学位)
高　超	男	材料学院	安徽工业大学	材料科学与工程
王玉云	女	材料学院	南京工业大学	材料加工工程
费　翔	男	材料学院	南京工业大学	材料工程(专业学位)
沈　伟	男	材料学院	桂林电子科技大学	材料学
蒋乙峰	男	材料学院	常州大学	材料学
沙　凯	男	材料学院	东华大学	材料物理与化学
顾龙华	男	材料学院	南京工业大学	材料学
王　维	男	材料学院	常州大学	材料学
金　晶	女	材料学院	东华大学	物质智能系统
缪　柯	男	材料学院	苏州大学	应用化学
时劲松	男	材料学院	常州大学	材料加工
张　涛	男	材料学院	华东理工大学	材料科学与工程

续表

姓名	性别	所在学院	考研情况	
			学校名称	考取专业
赵江涛	男	材料学院	华东理工大学	材料科学与工程
李晓莲	女	材料学院	常州大学	材料学
段敏敏	女	材料学院	上海海事大学	交通运输规划与管理
施　雯	女	材料学院	河海大学	交通运输规划与管理
邱　皓	男	材料学院	河海大学	交通运输工程
李　娟	女	材料学院	扬州大学	交通土建工程
朱雯君	女	材料学院	东南大学	交通信息工程及控制
徐　瀚	男	材料学院	河海大学	交通运输规划与管理
郁利彬	男	材料学院	上海大学	材料加工
张海峰	男	材料学院	上海大学	材料加工
金莎莎	女	材料学院	南京航空航天大学	材料学
郭　辉	男	材料学院	江苏大学	材料学
韩加军	男	材料学院	西北工业大学	材料学
葛　源	男	材料学院	江苏大学	材料学
季　乐	男	材料学院	江苏大学	材料学
方光锦	男	材料学院	青海大学	材料学
潘春仁	男	材料学院	东南大学	材料加工
周迪生	男	材料学院	上海大学	材料加工
张德忠	男	材料学院	东南大学	材料加工
姚　翔	男	材料学院	南京工业大学	材料工程
刘冬雪	女	环境学院	江苏大学	环境工程
范　益	女	环境学院	河海大学	环境工程
李　锦	女	环境学院	南京理工大学	环境工程
朱　军	男	环境学院	南京理工大学	环境工程
吴　俊	男	环境学院	华东师范大学	环境工程
姜艳艳	女	环境学院	浙江工业大学	环境工程
匡正亚	男	环境学院	苏州科技学院	环境工程
宋凯琳	女	环境学院	上海大学	环境工程
周　斌	男	环境学院	东华大学	环境工程
范良鑫	男	环境学院	福州大学	环境工程
张　俊	男	优集学院	济南大学	机械工程
孙　苗	男	优集学院	南通大学	机械设计及理论
曹智臣	男	优集学院	苏州大学	机械制造及其自动化

续表

姓名	性别	所在学院	考研情况	
			学校名称	考取专业
于启宝	男	优集学院	东华大学	机械制造及其自动化
高　建	男	优集学院	四川大学	机械制造及其自动化
郭　林	男	优集学院	江苏大学	机械设计及理论
何　龙	男	优集学院	南京航空航天大学	机械电子工程
浦永祥	男	优集学院	济南大学	机械工程
刘斌勇	男	优集学院	中国民航大学	飞行器设计
沈赛男	女	优集学院	南京航空航天大学	飞行器设计
房　栋	男	优集学院	华东师范大学	中国现当代文学
周　洋	男	优集学院	南京邮电大学	计算机软件与理论
谢道明	男	优集学院	安徽理工大学	物流工程
凡宝荣	男	优集学院	江南大学	计算机应用技术
王立杰	女	优集学院	安徽理工大学	计算机应用技术
何战涛	男	电气学院	东南大学	集成电路工程
洪　涛	男	电气学院	河海大学	电气工程
马晓虎	男	电气学院	河海大学	电力电子与电力传动
沈美云	女	电气学院	安徽理工大学	电力电子与电力传动
陈子国	男	电气学院	江苏大学	农电
李　东	男	电气学院	东南大学	软件工程
马继扬	男	电气学院	安徽理工大学	电力电子与电力传动
潘　敏	女	电气学院	南京理工大学	电气工程
孙海乔	男	电气学院	江南大学	控制理论与控制工程
李鹏鹏	男	电气学院	安徽理工大学	控制理论与控制工程
沙　成	男	电气学院	安徽理工大学	控制理论与控制工程
秦　键	男	电气学院	江苏大学	检测技术与自动化装置
曾建鹏	男	电气学院	长春工业大学	检测技术与自动化装置
陆昴林	女	电气学院	江苏大学	检测技术与自动化装置
王　维	男	电气学院	河海大学	控制理论与控制工程
张　洋	男	电气学院	天津中医药大学	中医内科学
丁　婧	女	电气学院	扬州大学	动力工程
姚　烯	女	电气学院	南京航空航天大学	控制理论与控制工程
赵国良	男	电气学院	安徽理工大学	控制理论与控制工程
于德飞	男	电气学院	南京航空航天大学	电气工程
张燕燕	女	电气学院	扬州大学	电机与电气

续表

姓名	性别	所在学院	考研情况	
			学校名称	考取专业
戴　宁	女	电气学院	昆明理工大学	控制工程
冯冬梅	女	电气学院	江苏大学	控制理论与控制工程
陈　强	男	电气学院	江南大学	控制理论与控制工程
张文戈	男	电气学院	江南大学	系统工程
瞿亚纯	男	电气学院	江苏大学	控制理论与控制工程
鞠金涛	男	电气学院	江苏大学	控制理论与控制工程
王前进	男	电气学院	中国矿业大学	控制理论与控制工程
卢　丹	女	机械学院	江苏大学	机械设计及理论
季　金	男	机械学院	上海理工大学	机械设计及理论
尹洪波	男	机械学院	常州大学	机械制造及其自动化
殷一炳	男	机械学院	江苏科技大学	机械电子
董香龙	男	机械学院	南京理工大学	机械制造及其自动化
高　帅	男	机械学院	南京理工大学	机械制造及其自动化
陈萍华	女	机械学院	江苏大学	机械设计及理论
马　奎	男	机械学院	江苏大学	机械设计及理论
汪　磊	男	机械学院	江苏大学	机械设计及理论
刘露阳	男	机械学院	南京理工大学	火炮、自动武器与弹药工程
刘　凯	男	机械学院	江苏大学	管理科学与工程
齐　帅	男	机械学院	中国矿业大学	工业工程
鹿奎奎	男	机械学院	中国矿业大学	工业工程
徐　铭	男	机械学院	常州大学	动力工程
李国伟	男	机械学院	成都理工大学	机械工程
徐　宁	男	机械学院	江苏大学	物流工程
杨帅帅	男	机械学院	常州大学	油气储运工程
胡　哲	男	机械学院	常州大学	热能工程
夏斯伟	男	机械学院	南京航空航天大学	机械制造及其自动化
仇龙晶	男	机械学院	江苏大学	农业机械化工程
蔡青阳	男	机械学院	安徽理工大学	机械制造及其自动化
周　进	女	机械学院	南京理工大学	机械设计及理论
陆　群	男	机械学院	浙江工业大学	检测技术与自动化装置
陈晓芙	女	机械学院	安徽理工大学	机械制造及其自动化
陈　浩	男	机械学院	江苏大学	机械制造及其自动化
欧阳佳	女	机械学院	南京航空航天大学	机械设计及理论

续表

姓名	性别	所在学院	考研情况	
			学校名称	考取专业
张云娟	女	机械学院	南京航空航天大学	机械设计及理论
王　汝	女	机械学院	大连理工大学	工程力学
钱泰磊	男	机械学院	华东理工大学	动力工程及工程热物理
李　菲	女	机械学院	华东理工大学	动力工程及工程热物理
时　彤	男	机械学院	江南大学	机械设计及理论
黄艳玲	女	机械学院	江南大学	工业工程
张　任	女	机械学院	江苏科技大学	机械制造及其自动化
刘　峰	男	机械学院	安徽农业大学	机械设计及理论
靳　智	男	机械学院	南京理工大学	工程力学
谢妍琳	女	机械学院	西安电子科技大学	机械电子工程
李洪杰	男	机械学院	中国矿业大学	采矿工程
徐　星	男	机械学院	江苏科技大学	船舶与海洋结构物设计制造
吴　清	男	机械学院	南昌航空大学	航空工程
黄慧权	男	土木学院	贵州大学	环境工程
陈燕秋	女	土木学院	河海大学	市政工程
刘金凤	女	土木学院	安徽工业大学	市政工程
戴　静	女	土木学院	扬州大学	环境工程
许　鹏	男	土木学院	江苏大学	水利水电
卢莹莹	女	土木学院	河海大学	市政工程
陈梦龙	男	土木学院	重庆交通大学	技术经济及管理
韦　唯	女	土木学院	西安建筑科技大学	交通工程学
吴　怡	女	土木学院	南京工业大学	管理科学与工程
沈　欣	女	土木学院	上海大学	防灾减灾工程及防护工程
李苏盐	男	土木学院	天津大学	建筑与土木工程
葛韦华	女	土木学院	太原理工大学	建筑与土木工程
瞿丽华	女	土木学院	河海大学	结构工程
姚怀峰	男	土木学院	山东建筑大学	结构工程
周　宇	男	土木学院	西安建筑科技大学	结构工程
胡　芝	女	土木学院	西安建筑科技大学	建筑与土木工程
韦蓉蓉	女	土木学院	中国矿业大学	结构工程
占东辉	男	土木学院	广西大学	结构工程
齐　益	男	土木学院	苏州科技学院	结构工程
许鹏程	男	土木学院	天津城市建设学院	建筑与土木工程

续表

姓名	性别	所在学院	考研情况	
			学校名称	考取专业
王炎梅	女	土木学院	西南林业大学	风景园林
崔正华	男	土木学院	河海大学	结构工程
彭成波	男	土木学院	西安建筑科技大学	结构工程
王张萍	女	土木学院	西安建筑科技大学	结构工程
王丽容	女	土木学院	扬州大学	建筑与土木工程
徐良进	男	土木学院	苏州科技学院	土木与建筑专业
周　铸	男	土木学院	长安大学	桥梁与隧道工程
杨　洋	男	土木学院	太原理工大学	结构工程
马宏飞	男	土木学院	西安建筑科技大学	土木工程建造与管理
张付杰	男	土木学院	重庆大学	防灾减灾工程及防护工程
张　楚	男	土木学院	英国纽卡斯尔大学	MSC in Structural Engineering
刘　宇	男	汽车学院	苏州大学	机械制造及其自动化
史翔云	男	汽车学院	江苏大学	机械制造及其自动化
陶俊龙	男	汽车学院	南通大学	机械设计及理论
庆鹏程	男	汽车学院	江苏大学	车辆工程
王　晶	女	汽车学院	江苏大学	车辆工程
周玲君	女	汽车学院	南京工业大学	机械工程
张　郁	男	汽车学院	南京理工大学	兵器发射与科技
姜加龙	男	汽车学院	燕山大学	车辆工程
陆萌萌	男	汽车学院	江苏大学	机械制造及其自动化
邹　敏	女	人文学院	江苏大学	英语语言学
王　涛	女	人文学院	上海对外贸易学院	应用语言学
沈　俣	女	人文学院	河海大学	教育学
范　里	男	人文学院	山东科技大学	翻译硕士
濮丽丽	女	人文学院	苏州大学	基础教学学
曾方玉	女	人文学院	南京师范大学	文艺学
顾雪梅	女	人文学院	扬州大学	汉语言文字学
蒋　欣	女	人文学院	江苏大学	社会医学与卫生事业管理
李欢欢	女	人文学院	安徽师范大学	课程与教学论
陈　黎	女	人文学院	安徽师范大学	教育学原理
管锐智	男	人文学院	扬州大学	史学理论及史学史
杨　娇	女	人文学院	扬州大学	课程与教学论
陆　伟	女	经管学院	安徽财经大学	国际商务

续表

姓名	性别	所在学院	考研情况	
			学校名称	考取专业
王亚娟	女	经管学院	南京邮电大学	企业管理
韩佳培	女	经管学院	长春工业大学	国际贸易
李婷婷	女	经管学院	南京师范大学	法律硕士
何　潞	女	经管学院	安徽理工大学	管理科学与工程
贾　楠	女	经管学院	东华大学	企业管理
赵庞晶	男	经管学院	河海大学	企业管理
邢　杰	女	经管学院	厦门大学	物流工程
阴文超	男	经管学院	西南财经大学	法律硕士
徐　竟	男	经管学院	上海海事大学	法律硕士
江志强	男	经管学院	东华大学	企业管理
王洪斌	男	经管学院	武汉工业学院	企业管理
李新华	男	经管学院	南京理工大学	技术经济及管理
蒋亚茹	女	经管学院	南京航空航天大学	会计学
倪　晔	女	经管学院	江苏大学	企业管理
蔡　霞	女	经管学院	华东理工大学	应用经济学
陈　彦	女	经管学院	南京财经大学	国民经济学
孔维云	女	经管学院	上海海事大学	企业管理
张文庆	女	设艺学院	山东艺术学院	设计艺术学(品牌与广告设计)
谢金之	男	设艺学院	扬州大学	美术学
李安叶	女	设艺学院	苏州大学	设计艺术学
范中云	男	设艺学院	扬州大学	美术学
孙　松	男	设艺学院	苏州大学	艺术设计学
周　游	女	设艺学院	内蒙古师范大学	设计艺术学
侯　晓	女	设艺学院	南京林业大学	设计艺术学
曹　波	女	设艺学院	中国矿业大学	艺术设计
王　飞	男	信息学院	中科院上海应用物理研究所	信号与信息处理
宁浩杰	男	信息学院	江西科技师范学院	信号与信息处理
武卫翔	男	信息学院	南通大学	通信与信息系统
唐海玉	男	信息学院	大连理工大学	电路与系统
吴以群	男	信息学院	安徽理工大学	计算机科学与技术
潘秋萍	女	信息学院	昆明理工大学	计算机科学与技术
周　蒙	女	信息学院	东华大学	计算机科学与技术
刘　湘	女	信息学院	华东师范大学	企业管理

续表

姓名	性别	所在学院	考研情况	
			学校名称	考取专业
袁　明	男	信息学院	北京邮电大学	计算机科学与技术
池　湉	女	博雅学院	南京工业大学	建筑设计及其理论
周子婷	女	博雅学院	南京师范大学	设计艺术史
曹　静	女	博雅学院	江南大学	纺织工程
钱柿汝	女	博雅学院	江南大学	纺织工程
徐秋月	女	博雅学院	上海工程科技大学	服装设计与工程
程　龙	男	博雅学院	江南大学	纺织工程
徐海林	男	博雅学院	安徽理工大学	计算机应用技术
王豹文	男	博雅学院	南京林业大学	机械设计理论
邵懿纯	女	博雅学院	上海海事大学	英语语言文学
荀　琦	女	博雅学院	长安大学	建筑学
韦　杰	男	博雅学院	南京工业大学	结构工程专业
孙龙纲	男	博雅学院	江苏大学	电气工程
李东亮	男	博雅学院	江南大学	控制工程及其应用
杨　君	男	博雅学院	安徽理工大学	计算机应用技术
徐　彬	男	博雅学院	江苏大学	计算机技术
葛海军	男	博雅学院	安徽理工大学	地质工程
王惊旻	女	博雅学院	扬州大学	建筑与土木工程
张　沫	男	博雅学院	扬州大学	建筑与土木工程
周靖皓	男	博雅学院	安徽理工大学	机械工程
孙　韬	男	博雅学院	江苏大学	农业机械化工程
陈思研	女	博雅学院	东北财经大学	行政管理
杨　贤	男	博雅学院	贵州大学	电子与通信工程

盐城工学院2012届毕业生考研情况统计表

姓名	性别	所在学院	考研情况	
			学校名称	考取专业
刘　创	男	材料学院	苏州科技学院	建筑与土木工程(专业学位)
陈　明	男	材料学院	苏州科技学院	材料学(学术学位)
孙荣龙	男	材料学院	同济大学	材料学
邢夫龙	男	材料学院	齐齐哈尔大学	材料工程
沈　磊	男	材料学院	中山大学	材料工程
薛俊聪	男	材料学院	华侨大学	材料物理与化学
杨银银	女	材料学院	南京工业大学	材料工程
奚圣海	男	材料学院	南京工业大学	材料工程
刘牧天	男	材料学院	重庆交通大学	材料工程
李功宁	男	材料学院	中国林业科学研究院	材料加工工程
刘赛赛	男	材料学院	北京航空航天大学	移动元计算
石君军	男	材料学院	南京工业大学	材料工程
王　赛	男	材料学院	苏州科技学院	材料学
李梦婷	女	材料学院	江苏大学	材料工程
张　尹	女	材料学院	苏州大学	材料学
陈红菲	女	材料学院	苏州大学	材料学
周翔宇	男	材料学院	江西理工大学	材料工程
荆　涛	男	材料学院	常州大学	材料工程
许　伟	男	材料学院	桂林电子科技大学	材料学
戴兴欣	男	材料学院	苏州大学	材料学
韦　玮	男	材料学院	苏州大学	材料学
徐　鹏	男	材料学院	江苏大学	材料学
冯扣宝	男	材料学院	江苏大学	材料学
曹　君	男	材料学院	南京工业大学	材料学
崔志远	男	材料学院	南京工业大学	材料学
束民泽	男	材料学院	华东理工大学	材料物理与化学
周　超	男	材料学院	华东理工大学	材料物理与化学
胡月阳	男	材料学院	南京工业大学	材料学
仲　林	男	材料学院	东华大学	材料工程
杨　阳	男	材料学院	东华大学	材料工程
曾　鹏	男	材料学院	齐齐哈尔大学	材料加工工程
许　文	男	材料学院	江苏大学	高分子材料
熊书强	男	材料学院	东华大学	材料物理与化学

续表

姓名	性别	所在学院	考研情况	
			学校名称	考取专业
顾章海	男	材料学院	苏州科技学院	应用化学
曾　阳	男	材料学院	常州大学	高分子物理与化学
孙星星	男	材料学院	齐齐哈尔大学	高分子物理和化学
曹桢桢	男	材料学院	东华大学	材料物理与化学
毛　燕	女	材料学院	苏州大学	化学工程与技术
徐　杨	女	材料学院	江苏大学	材料工程
唐丹丹	女	材料学院	苏州大学	化学工程与技术
张红桃	男	材料学院	江苏大学	材料学
陈志远	男	材料学院	南京航空航天大学	材料加工
贾　进	男	材料学院	上海工程技术大学	材料加工
邵启明	男	材料学院	江苏大学	材料加工
曹　欢	男	材料学院	江苏大学	材料加工
吕晶晶	女	材料学院	南京航空航天大学	材料学
韦如军	男	材料学院	上海大学	材料加工
薛　银	女	材料学院	上海应用技术学院	材料加工
周　莹	女	材料学院	上海大学	材料学
何凤娟	女	材料学院	苏州科技学院	材料加工
王　亚	男	材料学院	南京航空航天大学	材料加工
裴广玉	男	材料学院	上海工程技术大学	材料加工
荣　震	男	材料学院	江苏大学	材料加工
花华平	男	材料学院	江苏大学	材料加工
薛广钊	男	材料学院	江苏大学	材料加工
孔祥伟	男	材料学院	东北大学	材料加工
陈　磊	男	材料学院	中国矿业大学	材料加工
蔡中兰	女	材料学院	东南大学	计算机模拟
夏斯明	男	材料学院	上海海事大学	交通运输工程
车世坤	男	材料学院	上海海事大学	交通运输工程
蔡涛涛	男	材料学院	南京林业大学	交通运输工程
张　帅	男	材料学院	南京林业大学	交通信息工程与控制
徐大卫	男	材料学院	河海大学	交通运输工程
周　宇	男	材料学院	河海大学	交通运输工程
聂骁隽	男	材料学院	重庆交通大学	交通运输工程
陈婷婷	女	材料学院	西南交通大学	环境工程

续表

姓名	性别	所在学院	考研情况	
			学校名称	考取专业
徐　琴	女	材料学院	河海大学	交通运输工程
朱　林	女	材料学院	河海大学	交通运输工程
刘庆元	女	材料学院	上海海事大学	交通运输工程
王　晨	男	材料学院	河海大学	交通运输工程
丁海波	男	材料学院	重庆交通大学	道路与铁道工程
杨建伟	男	材料学院	上海海事大学	交通运输工程
王　杰	男	材料学院	长沙理工大学	交通运输工程
张　媛	女	纺服学院	东华大学	纺织工程
孙建春	男	纺服学院	苏州大学	纺织科学与工程
孙兴波	男	纺服学院	河海大学	金融学
吴建兵	男	纺服学院	苏州大学	纺织工程
姜亚运	男	纺服学院	东华大学	纺织化学与染整工程
周海丽	女	纺服学院	东华大学	纺织材料与纺织品设计
臧　雄	男	纺服学院	苏州大学	纺织科学与工程
刁水华	男	纺服学院	苏州大学	纺织工程
陈　林	女	纺服学院	东华大学	纺织化学与染整工程
许　然	女	纺服学院	南通大学	纺织工程
张　伟	男	纺服学院	苏州大学	纺织科学与工程
宣金彦	男	纺服学院	东华大学	纺织工程
周玉俊	男	纺服学院	苏州大学	纺织科学与工程
朱　强	男	纺服学院	苏州大学	纺织科学与工程
岳　静	女	纺服学院	苏州大学	纺织材料与纺织品设计
杨　涛	男	纺服学院	苏州大学	纺织科学与工程
李路影	女	纺服学院	苏州大学	服装设计与工程
张琰卿	女	纺服学院	南通大学	纺织新产品技术与开发
王　亮	男	纺服学院	湖北工业大学	桥梁与隧道工程
庄明宇	男	纺服学院	上海工程技术大学	纺织工程
鞠　帆	女	纺服学院	上海工程技术大学	服装设计与工程
苗赛男	女	纺服学院	苏州大学	纺织科学与工程
姬常青	男	纺服学院	苏州大学	纺织化学与染整工程
金爱燕	女	纺服学院	苏州大学	服装设计与工程
胡珊珊	女	纺服学院	天津工业大学	纺织产品设计
陆　英	女	纺服学院	上海工程技术大学	纺织化学与染整工程

续表

姓名	性别	所在学院	考研情况	
			学校名称	考取专业
钮海丹	女	纺服学院	东华大学	纺织化学与染整工程
陈　凤	女	纺服学院	南通大学	纺织工程
李　浩	男	纺服学院	上海工程技术大学	纺织化学与染整工程
陈远谋	男	纺服学院	兰州大学	高分子化学与物理
王帅杰	男	纺服学院	天津工业大学	纺织工程
叶　航	男	纺服学院	上海工程技术大学	服装设计与工程
茅燕华	女	纺服学院	上海工程技术大学	纺织化学与染整工程
黄　熠	男	纺服学院	上海工程技术大学	纺织化学与染整工程
姜　涛	男	纺服学院	上海工程技术大学	纺织化学与染整工程
戴　杰	男	纺服学院	西安工程大学	纺织工程
陆婷婷	女	纺服学院	上海工程技术大学	纺织化学与染整工程
林鸿文	男	纺服学院	英国爱丁堡大学	企业管理
程　晨	男	化生学院	江苏科技大学	生物化学与分子生物学
孙园园	男	化生学院	武汉工业学院	农业信息化
杜　杰	男	化生学院	苏州大学	生物化学与分子生物学
徐尤勇	男	化生学院	南京工业大学	生物化工
仲　磊	男	化生学院	浙江师范大学	生态学
黄　琪	男	化生学院	江苏大学	生物化学与分子生物学
罗　燕	女	化生学院	温州医学院	生物学
陈　洁	女	化生学院	南京农业大学	植物学
高楠雄	男	化生学院	南京农业大学	植物学
吴燕雯	女	化生学院	华东理工大学	生物化学与分子生物学
张　雅	女	化生学院	温州医学院	生物学
何晓雯	女	化生学院	南通大学	遗传学
花雪梅	女	化生学院	浙江农林大学	食品加工与安全
吕　慧	女	化生学院	上海海洋大学	食品科学与工程
陆健峰	男	化生学院	扬州大学	食品科学与工程
李　政	男	化生学院	上海海洋大学	应用化学
范雨豪	男	化生学院	江南大学	营养与食品卫生学
顾佳宇	女	化生学院	南京农业大学	微生物学
周姗姗	女	化生学院	江南大学	食品科学与工程
卢桂义	女	化生学院	江南大学	食品科学与工程
范培培	女	化生学院	浙江农林大学	设施农业

续表

姓名	性别	所在学院	考研情况	
			学校名称	考取专业
曹　伟	男	化生学院	华东理工大学	有机化学
顾燕芳	女	化生学院	华东理工大学	药学
李　珏	女	化生学院	华东理工大学	药学
李　娟	女	化生学院	常州大学	有机化学
周小清	女	化生学院	武汉大学	分析化学
丁　雁	女	化生学院	南京工业大学	化学工艺
沈　飞	男	化生学院	江苏大学	药学
武运跃	男	化生学院	浙江工业大学	生物化工
王　云	女	化生学院	华东理工大学	药学
葛小东	男	化生学院	常州大学	化学工程
赵海华	男	化生学院	安徽理工大学	化学工艺
张耀雷	男	化生学院	中国林业科学院林产化工研究所	林产化学加工工程
桑　伟	男	化生学院	常州大学	应用化学
骆　骏	男	化生学院	东南大学	英语口译
施东雷	男	化生学院	常州大学	工业催化
陈义峰	男	化生学院	南京工业大学	化学工程
徐海波	男	化生学院	南京工业大学	化学工程
胡志诚	男	化生学院	常州大学	化学工程
李　健	男	化生学院	浙江工业大学	化学工程
李玉茹	女	化生学院	中国矿业大学	化学工程与技术
王　敏	女	化生学院	青岛科技大学	轻化工程与技术
马　颖	女	化生学院	扬州大学	化学工程
曹小丽	女	化生学院	安徽理工大学	应用化学
王锦秀	女	化生学院	安徽师范大学	翻译硕士
钱梦飞	男	化生学院	南京理工大学	应用化学
成杏文	男	化生学院	南京工业大学	应用化学
王静怡	女	化生学院	江苏大学	应用化学
陈婷婷	女	化生学院	南京工业大学	应用化学
张家慧	女	化生学院	浙江工业大学	应用化学
于　琼	女	化生学院	南京理工大学	应用化学
陈　卓	女	化生学院	安徽理工大学	应用化学
任冬红	女	化生学院	江南大学	化学工程
韩　丽	女	化生学院	南京邮电大学	光学工程

续表

姓名	性别	所在学院	考研情况	
			学校名称	考取专业
陈红玉	女	化生学院	南京工业大学	应用化学
刘彬彬	男	化生学院	浙江农林大学	木材科学与技术
姜春晖	男	化生学院	南京邮电大学	光学
许金秋	男	化生学院	南京工业大学	应用化学
肖　峰	男	化生学院	常州大学	应用化学
沙亚利	女	化生学院	浙江工业大学	应用化学
刘　扣	男	环境学院	华东理工大学	环境工程
马建永	男	环境学院	江苏大学	环境工程
朱晓燕	女	环境学院	安徽理工大学	环境工程
刘　友	男	环境学院	安徽理工大学	环境工程
邓　昊	男	环境学院	昆明理工大学	环境工程
苏　垒	男	环境学院	江南大学	环境工程
许亚南	男	环境学院	南京理工大学	环境工程
邵　娟	女	环境学院	南京农业大学	环境工程
高文贵	男	汽车学院	上海理工大学	车辆工程专业
李长林	男	汽车学院	东南大学	车辆工程专业
尤　霖	男	汽车学院	上海理工大学	车辆工程专业
张金龙	男	汽车学院	重庆交通大学	车辆工程专业
高嘉运	男	汽车学院	美国底特律大学	机械工程
章　超	男	汽车学院	美国纽约州立大学水牛分校	机械工程
曹西宁	男	汽车学院	上海工程技术大学	车辆工程
黄　滔	男	汽车学院	南京理工大学	火炮与武器
陆　涛	男	汽车学院	燕山大学	车辆工程
马　可	男	汽车学院	上海理工大学	理论物理
张蒙蒙	男	汽车学院	上海海事大学	载运工具运用工程
刘基冈	男	汽车学院	扬州大学	车辆工程
徐　骏	男	汽车学院	上海理工大学	车辆工程
夏勇	男	优集学院	江苏大学	车辆工程
李伟伟	女	优集学院	北京理工大学	机械工程
杨梁杰	女	优集学院	常州大学	动力工程
朱　春	男	优集学院	江苏大学	动力机械及工程
贾　萧	女	优集学院	苏州大学	机电工程
张森臣	男	优集学院	东华大学	机械制造及其自动化

续表

姓名	性别	所在学院	考研情况	
			学校名称	考取专业
许文文	男	优集学院	中国矿业大学	机械电子工程
马晓康	男	优集学院	辽宁工业大学	机械设计及理论
丁绍建	男	优集学院	南京工业大学	机械设计制造及其自动化
丁　龙	男	优集学院	上海应用技术大学	机械工程
岳明玥	女	优集学院	南通大学	机械制造及其自动化
宣红云	女	优集学院	南京师范大学	应用化学
董　瑶	女	优集学院	中国矿业大学	会计学
朱翔宇	男	电气学院	南京理工大学	电力系统及其自动化
姜　琦	男	电气学院	重庆大学	电力电子
秦霖天	男	电气学院	中国矿业大学	控制理论与控制工程
潘　姣	女	电气学院	南京航空航天大学	控制理论与控制工程
沈　阳	女	电气学院	东南大学	仪器仪表
邱　亮	男	电气学院	江苏大学	控制理论与控制工程
方　涛	男	电气学院	南京理工大学	控制理论与控制工程
周　洁	女	电气学院	江南大学	电力系统及其自动化
赵登步	男	电气学院	江南大学	控制科学与工程
丁其朦	女	电气学院	河海大学	电气工程
陈　磊	男	电气学院	河海大学	电气工程
贺海浪	男	电气学院	西南交通大学	电力系统及其自动化
严　彬	男	电气学院	安徽理工大学	控制科学与工程
沈姣姣	女	电气学院	河海大学	控制理论与控制工程(专硕)
韩　清	男	电气学院	上海工程技术学校	车辆工程
陆雅玲	女	电气学院	上海理工大学	电气工程
李松高	男	电气学院	安徽理工大学	电气工程
陈　敏	女	电气学院	安徽理工大学	电气工程
王任重	男	电气学院	上海工程技术学校	车辆工程
张蕴昕	女	电气学院	江苏大学	电气工程
石文林	男	电气学院	江南大学	控制理论与控制工程(专硕)
唐婷婷	女	电气学院	浙江工业大学	机电工程
周意和	男	电气学院	内蒙古科技大学	控制工程
周　伟	男	电气学院	江南大学	控制理论与控制工程(专硕)
张鸿杰	男	电气学院	江南大学	控制理论与控制工程
李　超	男	电气学院	江苏大学	电气工程

续表

姓名	性别	所在学院	考研情况	
			学校名称	考取专业
杨成玥	男	电气学院	澳大利亚阿德莱德大学	电气工程及其自动化
魏少林	男	土木学院	东南大学	建筑与土木工程
宋立康	男	土木学院	南京工业大学	结构工程
张　勇	男	土木学院	江苏科技大学	防灾减灾
董友伟	男	土木学院	南京航空航天大学	结构工程
夏建飞	男	土木学院	南京航空航天大学	结构工程
姚　尧	男	土木学院	南京工业大学	防震减灾
叶国成	男	土木学院	南京工业大学	结构工程
颜振亚	男	土木学院	南京工业大学	结构工程
王方波	男	土木学院	西安建筑科技大学	结构工程
曹明敏	男	土木学院	大连理工大学	结构工程
陈斌华	男	土木学院	长安大学	交通运输工程
岑广明	男	土木学院	长沙理工大学	道路与铁道工程
王　一	男	土木学院	河海大学	交通运输工程
周亚梅	女	土木学院	上海大学	结构工程
刘良骏	男	土木学院	长沙理工大学	道路与铁道工程
朱　敏	女	土木学院	江苏大学	建筑与土木工程
姜林林	男	土木学院	西安工业大学	结构工程
霍啸苏	男	土木学院	长安大学	桥梁与隧道工程
李中青	男	土木学院	西南交通大学	桥梁工程
秦　添	男	土木学院	长安大学	交通运输工程
王巍巍	男	土木学院	南京航空航天大学	防灾减震工程
朱骁建	男	土木学院	河海大学	工程力学
李庆森	男	土木学院	西安建筑科技大学	土木工程建造与管理
潘凌翔	男	土木学院	南京工业大学	管理科学与工程
古寒冰	男	土木学院	苏州科技学院	市政工程
冯冬燕	女	土木学院	苏州科技学院	市政工程
王亚男	女	土木学院	南京师范大学	供热、供燃气、通风及空调工程
邵泽彪	男	土木学院	天津大学	建筑学
孟　伟	男	土木学院	重庆大学	建筑与土木工程
张　洁	女	设艺学院	扬州大学	美术学装饰美术
朱佳美	女	设艺学院	青岛大学	工业设计工程－服装设计
施晓婷	女	设艺学院	扬州大学	应用美术

续表

姓名	性别	所在学院	考研情况	
			学校名称	考取专业
相玉州	女	设艺学院	扬州大学	美术学-装饰美术
王　巧	女	设艺学院	苏州大学	服装艺术设计与理论研究
吕　庆	女	设艺学院	青岛大学	工业设计工程-服装设计
唐忠斌	男	设艺学院	昆明理工大学	环境艺术设计
杨晶晶	女	设艺学院	苏州大学	艺术设计(专硕)
张　艳	女	设艺学院	南京林业大学	风景园林
郑佳佳	女	设艺学院	东南大学	工业设计工程
卞仪伟	男	设艺学院	南昌大学	工业设计(专硕)
吴锦绣	女	人文学院	南京航空航天大学	外国语言学与应用语言学
沈　婷	女	人文学院	南京师范大学	伦理学
孙红娟	女	人文学院	徐州师范大学	翻译硕士(笔译)
周　梅	女	人文学院	扬州大学	翻译硕士(笔译)
韦　尉	女	人文学院	南京师范大学	教育学
程丹丹	女	人文学院	扬州大学	汉语国际教育
胡星红	女	人文学院	扬州大学	中国现当代文学史
张庆艳	女	人文学院	徐州师范大学	汉语言文字学
郑金星	男	人文学院	海南大学	法律硕士(非法学)
杨　沛	男	人文学院	上海交通大学	法律硕士(非法学)
冯　俊	男	人文学院	上海对外贸易学院	翻译硕士(口译)
戴　清	女	人文学院	上海海事大学	英语(语言学)
纪小曼	女	人文学院	南京大学	法律硕士(非法学)
许　阳	男	人文学院	上海对外贸易学院	法律硕士(非法学)
蔡琦玲	女	人文学院	上海师范大学	语言学及应用语言学
刘佩佩	女	人文学院	上海师范大学	教育学(课程与教学论)
徐亮玲	女	人文学院	云南财经大学	法律硕士(非法学)
郝敬彬	男	信息学院	华东理工大学	控制科学与工程
欧阳广帅	男	信息学院	河海大学	电路与系统
潘　超	男	信息学院	北京工商大学	计算机技术
孙　晨	男	信息学院	南京邮电大学	电子通信工程
吴文兵	男	信息学院	扬州大学	计算机技术
肖黎君	女	信息学院	河海大学	信号与信息处理
蔡小丹	女	信息学院	南京航空航天大学	计算机应用
蔡　羽	男	信息学院	东南大学	计算机应用

续表

姓名	性别	所在学院	考研情况	
			学校名称	考取专业
王　成	男	信息学院	南京理工大学	计算机技术
虞更兴	男	信息学院	宁波大学	计算机
王　伟	男	信息学院	南京邮电大学	计算机专业
惠明坤	男	信息学院	江苏大学	计算机应用技术
姜丹丹	女	机械学院	南京航空航天大学	机械设计及理论
黄宇峰	男	机械学院	南京航空航天大学	机械制造及其自动化
任　宁	男	机械学院	浙江工业大学	机械制造及其自动化
朱琳军	男	机械学院	南京航空航天大学	机械电子工程
张宏伟	男	机械学院	东华大学	企业管理
王栋梁	男	机械学院	南京航空航天大学	机械制造及其自动化
陈冬冬	男	机械学院	江苏大学	机械设计及理论
刘　玉	男	机械学院	江苏大学	机械电子
徐建锋	男	机械学院	江苏大学	机械设计及理论
姚丁琦	男	机械学院	南京航空航天大学	机械工程
陈建军	男	机械学院	南京理工大学	机械电子工程
李仁超	男	机械学院	中国矿业大学	工业工程
陆凯杰	男	机械学院	常州大学	机电一体化
费朋伟	男	机械学院	上海大学	机械制造
袁　欣	女	机械学院	中国矿业大学	机械设计及理论
唐　飞	男	机械学院	新疆石河子大学	农业机械化工程
吕　婷	女	机械学院	苏州大学	机电一体化
李成西	男	机械学院	南京理工大学	人机与环境工程
张　亚	男	机械学院	北京机电研究所	材料加工工程
顾学栋	男	机械学院	新疆塔里木大学	机械电子
邢　强	男	机械学院	山东交通学院	船舶与海洋工程
杨万凡	女	经管学院	江苏大学	企业管理
许　萍	女	经管学院	南京工业大学	会计学
张俐俐	女	经管学院	安徽工业大学	MPACC
李　莉	女	经管学院	江苏科技大学	会计学
陈敏旭	女	经管学院	苏州科技学院	管理科学与工程
王　治	女	经管学院	上海工程技术大学	企业管理
於华杰	女	经管学院	上海工程技术大学	企业管理
蔡飞飞	男	经管学院	北京科技大学	MPACC

续表

姓名	性别	所在学院	考研情况	
			学校名称	考取专业
徐　杰	男	经管学院	江苏大学	MPACC
苏晓梅	女	经管学院	江苏科技大学	会计学
汤晓建	男	经管学院	贵州财经大学	会计学
李超群	女	经管学院	南京农业大学	会计学
顾丽莉	女	经管学院	上海大学	会计学
王　晨	女	经管学院	江苏科技大学	会计学
朱海燕	女	经管学院	浙江工商大学	企业管理
张　帅	男	经管学院	苏州科技学院	管理科学与工程
高恒干	男	经管学院	常州大学	管理科学与工程
于　露	女	经管学院	上海理工大学	国际商务学
毛　琳	女	经管学院	东华大学	国际贸易学
查晨婷	女	经管学院	南京财经大学	财政学
李　玥	女	经管学院	江苏科技大学	管理科学与工程
钟晓纯	女	经管学院	江南大学	计算机应用技术
许　诺	女	经管学院	中国国际关系学院	国际关系
李　娟	女	经管学院	同济大学	企业管理
商运东	男	经管学院	西南政法大学	法律(非法学)
徐　璐	女	经管学院	江苏科技大学	会计(专硕)
钱　绪	男	博雅学院	江苏技术帅范学院	机械工程
苏　磊	男	博雅学院	常州大学	化工机械
王　战	男	博雅学院	安徽工程大学	材料工程
张之荣	男	博雅学院	安徽工程大学	材料工程
钟国旗	男	博雅学院	江苏大学	机械工程
陈丽君	女	博雅学院	江苏师范大学	设计学
王紫田	男	博雅学院	贵州大学	电子与通信工程
杨万标	男	博雅学院	苏州科技学院	结构工程
王　倩	女	博雅学院	南京师范大学	法律硕士(非法学)
姜　旸	女	博雅学院	扬州大学	翻译硕士(笔译)
曹刘蕾	女	博雅学院	江苏大学	会计
赵惠萍	女	博雅学院	安徽财经大学	经济学
王依依	女	博雅学院	扬州大学	结构工程
李慧媛	女	博雅学院	安徽工程大学	检测技术与自动化装置
张冠先	男	博雅学院	加拿大汤普森河大学	工商管理硕士

盐城工学院2013届毕业生考研情况统计表

姓名	性别	所在学院	考研情况	
			学校名称	考取专业
李桂权	男	机械学院	江苏大学	车辆工程
洪晓文	男	机械学院	沈阳理工大学	火炮自动武器与弹药工程
黄　飞	男	机械学院	江苏大学	管理科学与工程
梁　晖	男	机械学院	上海工程技术大学	机械工程(专硕)
谢奇志	男	机械学院	浙江理工大学	机械设计及理论
衣陈晨	男	机械学院	西安工业大学	机械电子工程
曹振丰	男	机械学院	上海工程技术大学	机械电子工程
左成亚	男	机械学院	江苏大学	机械工程
乐康康	男	机械学院	南京林业大学	机械电子工程
张　娜	女	机械学院	上海工程技术大学	机械电子工程
马　健	男	机械学院	安徽工程大学	材料工程
文　潇	男	机械学院	安徽工程大学	材料工程
周　越	男	机械学院	上海大学	机械设计及理论
唐小聪	男	机械学院	南京航空航天大学	机械制造及其自动化
付　旋	男	机械学院	上海大学	机械设计制造及其自动化
宋丽娟	女	机械学院	江南大学	机械设计制造及其自动化
孙志鹏	男	机械学院	南通大学	机械制造及其自动化
李佩鸿	男	机械学院	安徽理工大学	机械工程(专硕)
朱　洋	男	机械学院	江西理工大学	机械工程(专硕)
徐　影	女	机械学院	南通大学	车辆电子与新能源技术
王建国	男	机械学院	南京航空航天大学	机械工程(专硕)
徐阁甫	男	机械学院	江南大学	设计学
张　浩	男	机械学院	南京航空航天大学	机械电子工程
佟　祯	女	机械学院	常州大学	机械设计制造及其自动化
曹　艳	女	机械学院	浙江农林大学	林业工程(专硕)
顾玲丽	女	机械学院	南京农业大学	机械设计及理论
郑　亮	男	机械学院	苏州大学	机械工程(专硕)
谢飞翔	男	机械学院	西安工业大学	机械设计制造及其自动化
宋志强	男	机械学院	浙江农林大学	林业工程(专硕)
徐若羲	女	机械学院	美国雪城大学	机械工程
曾欠欢	男	机械学院	江苏大学	机械设计及理论
王　伟	男	机械学院	上海工程技术大学	机械设计及理论
王　秋	女	机械学院	江苏科技大学	机械制造及自动化

续表

姓名	性别	所在学院	考研情况	
			学校名称	考取专业
王朝阳	男	机械学院	华东理工大学	动力工程及热物理
周晓斌	男	机械学院	重庆大学	车辆工程
朱文娟	女	机械学院	西安工业大学	机械设计及理论
杨立志	女	化生学院	南京工业大学	微生物学
姜晓莺	女	化生学院	常州大学	分析化学
严金贝	男	化生学院	常州大学	有机化学
朱　倩	女	化生学院	华东理工大学	药学
王跃伟	男	化生学院	常州大学	化学工程
沈丽明	女	化生学院	南京大学	物理化学
李全全	女	化生学院	西北大学	材料化学
夏　进	男	化生学院	辽宁大学	应用化学
姜思炜	女	化生学院	浙江工业大学	化学工程与技术
成　建	男	化生学院	上海工程技术大学	企业管理
高金荣	女	化生学院	江苏大学	物理化学
滕宏程	男	化生学院	东南大学	化学工程与技术
黄　芸	女	化生学院	南京农业大学	预防兽医学
杨智景	男	化生学院	宁波大学	海洋生物
杨振东	男	化生学院	常州大学	化学工程
武雅文	女	化生学院	南京农业大学	海洋科技
马玉涛	男	化生学院	华东理工大学	有机化学
周　杰	男	化生学院	南京农业大学	水产养殖
吴　帆	女	化生学院	江苏大学	无机化学
张　超	男	化生学院	常州大学	化学工程
徐秋红	女	化生学院	浙江工业大学	食品科学与工程
李　杰	男	化生学院	南京工业大学	化学工艺
吴　骏	男	化生学院	扬州大学	动物营养鱼饲料科学
徐　倩	女	化生学院	南通大学	病原生物学
周治萍	女	化生学院	东南大学	化学工程与技术
陈　超	男	化生学院	江苏大学	化学工程
葛　林	男	化生学院	南京林业大学	生物化工
方国锋	男	化生学院	上海海洋大学	食品科学与工程
陈婷婷	女	化生学院	南京农业大学	水生生物学
乔仁静	女	化生学院	江苏大学	化学工程

续表

姓名	性别	所在学院	考研情况	
			学校名称	考取专业
费爱荣	女	化生学院	江苏大学	化学工程
韦庆杰	女	化生学院	南京农业大学	渔业
彭娇娇	女	化生学院	徐州医学院	生理学
张　爽	女	化生学院	西北大学	化学工程
施柳茜	女	化生学院	苏州大学	药剂学
蒋晓萍	女	化生学院	常州大学	材料工程
金朝俊	男	化生学院	扬州大学	化学工程
唐　进	男	化生学院	兰州理工大学	应用化学
陈　坤	男	化生学院	常州大学	化学工程
李叶涛	女	化生学院	江苏大学	化学工程
周吉祥	男	化生学院	常州大学	化学工程
贾成浩	男	化生学院	扬州大学	化学工艺
郭　杰	男	化生学院	南京农业大学	水产养殖
段艳文	男	化生学院	安徽理工大学	化学工艺
王亚云	女	化生学院	厦门大学	无机化学
栾一飞	男	化生学院	徐州医学院	生物化学与分子生物学
黄旭娟	女	化生学院	中国林业科学研究院	林产化学加工工程
邱　浩	男	化生学院	苏州大学	生物化学与分子生物学
乔云飞	男	化生学院	江苏大学	化学工程
朱叶飞	男	化生学院	上海海洋大学	水产养殖
胡茂俊	男	化生学院	南京农业大学	海洋科学
王婷婷	女	化生学院	南京林业大学	化学工程
朱　祺	男	化生学院	浙江工业大学	生物化工
王　娇	女	化生学院	常州大学	环境工程
吴建霞	女	化生学院	安徽理工大学	化学工程
吴欢欢	女	化生学院	扬州大学	中药学
潘正东	男	化生学院	中国林业科学研究院资源昆虫研究所	应用化学
洪浩月	男	化生学院	常州大学	化学工程
徐志刚	男	化生学院	安徽理工大学	化学工艺
杨双双	女	化生学院	安徽理工大学	化学工程
朱　文	女	化生学院	温州医学院	微生物
许秀丽	女	化生学院	山东轻工业大学	发酵工程

续表

姓名	性别	所在学院	考研情况	
			学校名称	考取专业
李　丹	女	化生学院	安庆师范学院	无机化学
吴文静	女	化生学院	南京农业大学	渔业
时维邦	男	经管学院	中山大学	应用统计学
吕　婷	女	经管学院	苏州大学	法律硕士
石丹丹	女	经管学院	上海对外经贸大学	企业管理
陈　钊	男	经管学院	哈尔滨工业大学	土地资源管理
杜庆德	男	经管学院	西南财经大学	金融学
杜　丽	女	经管学院	安徽理工大学	管理科学与工程
王嗣亮	女	经管学院	贵州财经大学	会计学
熊　伟	男	经管学院	江苏大学	企业管理
胡永惠	女	经管学院	安徽理工大学	管理科学与工程
戚雅婷	女	经管学院	兰州商学院	国际贸易学
潘　蔚	女	经管学院	上海海事大学	会计学
杨方梅	女	经管学院	苏州科技学院	管理科学与工程
张　莹	女	经管学院	江苏大学	会计专业硕士
佘　睿	女	经管学院	南京理工大学	会计专业硕士
朱昕毅	男	电气学院	合肥工业大学	电力电子
韩　晨	男	电气学院	上海工程技术大学	电力系统及自动化
臧海岗	男	电气学院	安徽理工大学	电力电子与电力传动
汤延祺	男	电气学院	江苏大学	电力电子与电力传动
徐淅淅	女	电气学院	重庆大学	电力电子及电力传动
李　宝	男	电气学院	西南交通大学	电力电子及电力传动
徐　鹏	男	电气学院	江南大学	电力电子及电力传动
程　欣	男	电气学院	江苏大学	电力系统
张舒辉	男	电气学院	江苏大学	电力电子及电力传动
丁晓迪	男	电气学院	江南大学	控制工程
段　然	男	电气学院	中国矿业大学	电力电子及电力传动
于学洋	男	电气学院	江南大学	电力工程
李勇群	男	电气学院	河海大学	电气工程
周　宇	男	电气学院	南京工程学院	电气工程
汪　敏	女	电气学院	河海大学	控制工程
宋晓尘	女	电气学院	上海对外贸易学院	经济法学
施　慧	女	电气学院	江苏大学	农业电气自动化

续表

姓名	性别	所在学院	考研情况	
			学校名称	考取专业
覃　伟	男	电气学院	重庆邮电大学	控制科学与工程
丁　甜	女	电气学院	南京理工大学	控制理论与控制工程
钱修生	男	电气学院	南京理工大学	控制理论与控制工程
陆　苗	女	电气学院	华东理工大学	控制理论与控制工程
徐艳坤	男	电气学院	中国矿业大学	控制工程
赵云枫	男	电气学院	扬州大学	控制工程
殷　骏	男	电气学院	沈阳航空航天大学	控制理论与控制工程
苏静文	女	电气学院	南京邮电大学	检测技术与自动化装置
徐　颖	女	电气学院	江南大学	控制工程
袁　俊	男	电气学院	江苏大学	车辆工程
施伟丰	男	电气学院	南京邮电大学	控制理论与控制工程
路　璐	女	电气学院	天津工业大学	控制工程
滕秋霞	女	电气学院	上海大学	控制科学与工程
唐金亚	女	电气学院	江南大学	控制科学与工程
姜丽丽	女	电气学院	合肥工业大学	电气工程
杨　慧	女	电气学院	安徽理工大学	控制工程
顾倩文	女	电气学院	东华大学	控制理论与控制工程
夏敏芳	女	电气学院	上海理工大学	电力电子
刘智豪	男	电气学院	香港城市大学	先进科技与管理
孟祥瑞	男	人文学院	昆明理工大学	国际贸易
费　越	女	人文学院	云南大学	法律硕士
瞿小艳	女	人文学院	上海财经大学	法律硕士
刘　丽	女	人文学院	江西科技师范大学	思想政治教育
孟　悦	女	人文学院	江苏师范大学	汉语国际教育
陈　晨	女	人文学院	广西师范大学	教育学原理
吴泽群	男	人文学院	南京师范大学	应用心理学(专硕)
殷　俊	女	人文学院	南京航空航天大学	外国语言学及应用语言学
单媛媛	女	人文学院	南京财经大学	马克思主义基本原理
徐怡然	女	人文学院	上海海事大学	英语语言文学
霍建楠	男	人文学院	苏州大学	汉语国际教育
黄　逸	女	人文学院	南通大学	高等教育学
孟菲儿	女	人文学院	扬州大学	汉语国际教育
李　萍	女	设艺学院	扬州大学	美术学

续表

姓名	性别	所在学院	考研情况	
			学校名称	考取专业
方霖慧	女	设艺学院	安徽农业大学	园艺
陈逸珉	女	设艺学院	江苏大学	工业设计工程
谢　星	女	设艺学院	南京林业大学	工业设计工程
俞　璐	女	设艺学院	苏州大学	艺术设计
王小童	女	设艺学院	扬州大学	环艺
徐碧莱	女	设艺学院	日本国书日本语大学	日语
蒋　蕾	女	材料学院	常州大学	材料工程
姚　瑶	女	材料学院	南京工业大学	材料学
祁宏庆	女	材料学院	南京工业大学	材料学
单鸿猷	男	材料学院	河海大学	土木工程材料
邵学祥	男	材料学院	上海师范大学	应用化学
李志鹏	男	材料学院	苏州科技学院	环境工程
郜效娇	女	材料学院	常州大学	材料工程
时圣杰	男	材料学院	苏州科技学院	环境工程
李赵华	男	材料学院	苏州科技学院	环境工程
居正慧	女	材料学院	同济大学	材料学
金　鑫	女	材料学院	华侨大学	材料物理与化学
李　震	男	材料学院	南京财经大学	国民经济学
光鉴森	男	材料学院	河海大学	材料学（水泥基材料）
张　凯	男	材料学院	江苏大学	材料学
朱哲誉	男	材料学院	江苏大学	材料工程
卢　豹	男	材料学院	河海大学	材料学（水泥基材料）
邢亚兵	男	材料学院	南京工业大学	材料工程
秦　吉	男	材料学院	南京工业大学	材料学
王涤非	男	材料学院	安徽理工大学	材料化学工程
毛洪凯	男	材料学院	江苏大学	材料工程学
张作松	男	材料学院	常州大学	材料物理与化学
朱　建	男	材料学院	常州大学	材料物理与化学
刘　茜	女	材料学院	同济大学	材料学
史玉芬	女	材料学院	常州大学	材料物理
许晓敏	女	材料学院	安徽理工大学	材料学
赵杉月	男	材料学院	江苏大学	材料学
王瑜琦	女	材料学院	江苏大学	材料学

续表

姓名	性别	所在学院	考研情况	
			学校名称	考取专业
刘 巍	男	材料学院	同济大学	无机非金属材料
刘 旭	男	材料学院	武汉理工大学	材料科学与工程
贺嘉伟	男	材料学院	西安建筑科技学院	材料工程
冯厚坤	男	材料学院	江苏大学	材料科学与工程
周学芹	女	材料学院	常州大学	材料物理与化学
柳嘉伟	男	材料学院	江苏大学	材料工程
沈家军	男	材料学院	西安建筑科技学院	材料工程
王 敏	男	材料学院	中国科学技术大学	地球化学
田本强	男	材料学院	西南科技大学	材料工程
高多多	女	材料学院	常州大学	材料工程
陈潇健	男	材料学院	扬州大学	材料学
赵银屏	女	材料学院	南京林业大学	材料加工工程
刘 兵	男	材料学院	浙江理工大学	材料物理与化学
唐 洋	男	材料学院	华东理工大学	材料科学与工程
孙朝旭	男	材料学院	东华大学	材料工程
魏良云	女	材料学院	常州大学	材料工程
曹小玉	女	材料学院	东华大学	材料物理与化学
王淑仪	女	材料学院	华东理工大学	材料科学与工程
路 璐	女	材料学院	常州大学	材料工程
刘莉莉	女	材料学院	常州大学	材料学
王兵钦	男	材料学院	苏州大学	化学工程
章 祥	男	材料学院	南京理工大学	材料学
孙 祥	男	材料学院	常州大学	材料工程
陈德明	男	材料学院	江西理工大学	材料工程
徐刘碗	男	材料学院	兰州交通大学	材料加工工程
林 斌	男	材料学院	苏州大学	材料学
周 军	男	材料学院	江西理工大学	材料工程
黄 超	男	材料学院	华东理工大学	材料科学与工程
高 凯	男	材料学院	西安建筑科技学院	材料加工工程
张明锁	男	材料学院	江苏大学	材料学
徐 峰	男	材料学院	哈尔滨工程大学	金属表面与性能
尹益鑫	女	材料学院	上海海事大学	交通运输规划与管理
尹小文	女	材料学院	上海海事大学	交通运输规划与管理

续表

姓名	性别	所在学院	考研情况	
			学校名称	考取专业
包金华	男	材料学院	辽宁工业大学	交通规划与管理
孙旺旺	男	材料学院	长安大学	交通运输工程
徐新东	男	材料学院	河海大学	交通运输工程
徐秋雅	女	材料学院	上海海事大学	交通运输与规划
徐　波	女	材料学院	河海大学	道路与铁道工程
仲燕飞	女	材料学院	重庆交通大学	道路与铁道工程
樊　强	男	材料学院	重庆交通大学	道路与铁道工程
潘良兴	男	材料学院	上海海事大学	交通运输规划与管理
孙加华	男	土木学院	重庆大学	建筑与土木工程
吴利华	女	土木学院	北京工业大学	岩土工程
徐　州	男	土木学院	安徽建筑大学	结构工程
何　梁	男	土木学院	南京航空航天大学	建筑与土木工程
陈　诚	男	土木学院	西安科技大学	建筑与土木工程
梁业强	男	土木学院	西安工业大学	建筑与土木工程
还文超	男	土木学院	苏州科技学院	建筑与土木工程
戴飞飞	男	土木学院	解放军理工大学	建筑与土木工程
杜　杨	男	土木学院	南京理工大学	结构工程
徐　超	男	土木学院	江苏大学	结构工程
戴　静	男	土木学院	南京工业大学	地质工程
陈德昊	男	土木学院	沈阳建筑大学	桥梁工程
季洋洋	女	土木学院	华东交通大学	桥梁工程
房　磊	男	土木学院	四川外国语大学	翻译硕士
李延杰	男	土木学院	解放军理工大学	建筑与土木工程
彭　来	男	土木学院	广西科技大学	结构工程
杨　坡	男	土木学院	河海大学	建筑与土木工程
杨　俊	男	土木学院	西安理工大学	岩土工程
郑亚东	男	土木学院	太原科技大学	应用力学
张　涛	男	土木学院	辽宁工业大学	工程力学
阎　雨	女	土木学院	苏州科技学院	管理工程与科学
王洁炜	男	土木学院	太原理工大学	市政工程
曹洋洋	男	土木学院	美国底特律大学	工程管理
巴思顿丁	男	土木学院	美国底特律大学	环境工程
倪　凯	男	土木学院	美国底特律大学	土木与环境工程

续表

姓名	性别	所在学院	考研情况	
			学校名称	考取专业
胡　慧	女	土木学院	澳大利亚墨尔本大学	土木工程
张汇哲	男	土木学院	美国底特律大学	土木与环境工程
朱年华	女	纺服学院	上海工程技术大学	纺织材料与纺织品设计
吴　娟	女	纺服学院	江南大学	纺织工程纺织管理(专硕)
陈吴健	男	纺服学院	浙江理工大学	纺织工程
卞　莹	女	纺服学院	苏州大学	纺织工程
李　雅	女	纺服学院	苏州大学	纺织工程
王　静	女	纺服学院	江南大学	纺织工程
任　娟	女	纺服学院	南通大学	纺织工程
张　磊	男	纺服学院	浙江理工大学	纺织工程
葛明政	男	纺服学院	苏州大学	纺织科学与工程
唐　薇	女	纺服学院	苏州大学	纺织工程
蒋　瑾	女	纺服学院	上海工程技术大学	纺织科学与工程
朱　燕	女	纺服学院	天津工业大学	纺织材料与纺织品设计
王　亚	男	纺服学院	上海工程技术大学	纺织工程
董　凯	男	纺服学院	东华大学	纺织材料与纺织品设计
施美景	女	纺服学院	苏州大学	纺织工程
奚　桐	女	纺服学院	上海工程技术大学	纺织工程
岳冬婷	女	纺服学院	江南大学	纺织工程
马　丽	女	纺服学院	天津工业大学	功能纺织品的设计与制备
丛茂云	女	纺服学院	南通大学	技术纺织品开发与应用
张　倩	女	纺服学院	东华大学	功能纺织品的设计与制备
谷有众	男	纺服学院	江南大学	纺织工程
陈　阳	女	纺服学院	东华大学	先进纺织品制造技术
张　莉	女	纺服学院	江南大学	纺织工程
李悦玮	女	纺服学院	浙江理工大学	纺织材料与纺织品设计
阮　兰	女	纺服学院	上海工程技术大学	服装设计与工程
刘　婷	女	纺服学院	浙江理工大学	服装设计与工程
李冰冰	女	纺服学院	苏州大学	服装设计与工程
严雅洁	女	纺服学院	北京服装学院	服装设计与工程
张蓉蓉	女	纺服学院	苏州大学	纺织化学与染整工程
谢　伟	男	纺服学院	苏州大学	纺织化学与染整工程
孙从振	男	纺服学院	东华大学	纺织化学与染整工程

续表

姓名	性别	所在学院	考研情况	
			学校名称	考取专业
刘仕琪	男	纺服学院	苏州大学	纺织化学与染整工程
江坤朔	男	纺服学院	东华大学	纺织化学与染整工程
高亚云	男	纺服学院	东华大学	纺织化学与染整工程
顾荷慧	女	纺服学院	上海交通大学	sap erp 咨询顾问(工程硕士)
钱峰峰	男	信息学院	华东理工大学	控制科学与工程
马金花	女	信息学院	福建师范大学	信号与系统
邵静雯	女	信息学院	河海大学	模式识别与智能系统
王　聪	女	信息学院	江苏大学	通信与信息工程
刘　委	女	信息学院	江苏大学	通信与信息工程
董　伟	男	信息学院	河海大学	信号与信息处理
曹春梅	女	信息学院	西安工程大学	通信与信息工程
宋　灿	女	信息学院	华北电力大学	电力系统与通信
姚　浩	男	信息学院	江苏大学	模式识别和人工智能
钮　伟	男	信息学院	南京大学	信号与信息处理
何韩庆	男	信息学院	江苏大学	通信与信息工程
杨志平	女	信息学院	哈尔滨商业大学	信号与信息处理
吴蔚杰	男	信息学院	南京邮电大学	信号与信息处理
顾彤辰	男	信息学院	南京邮电大学	电子与通信工程
卢盼盼	女	信息学院	江苏大学	会计
陆春燕	女	信息学院	西安电子科技大学	计算机科学与技术
苏亚运	女	信息学院	同济大学	计算机科学与技术
邢　晖	男	信息学院	长春理工大学	计算机网络
许　辉	男	信息学院	东南大学	计算机科学与技术
张传玉	女	信息学院	江苏大学	计算机应用技术
郁　超	男	信息学院	英国爱丁堡大学	计算机应用技术
钱　文	男	优集学院	上海大学	文化经济
张　庭	男	优集学院	江南大学	计算机科学与技术
徐吉伟	男	优集学院	江苏大学	机械工程
张佳南	女	优集学院	东华大学	机械设计制造及其自动化
张景玉	男	优集学院	江苏大学	机械工程
蒋培露	女	汽车学院	上海工程技术大学	车辆工程
陆昌玉	男	汽车学院	上海工程技术大学	车辆工程
张翟辉	男	汽车学院	同济大学	控制工程

续表

姓名	性别	所在学院	考研情况	
			学校名称	考取专业
唐　娟	女	汽车学院	上海工程技术大学	车辆工程
张家乐	男	汽车学院	天津科技大学	机械工程
吴艾静	女	汽车学院	上海海事大学	机械工程
蔡承默	男	汽车学院	西南交通大学	机械设计及理论
丁仁凯	男	汽车学院	江苏大学	载运工具运用工程
汪德成	男	汽车学院	上海工程技术大学	车辆工程
王　建	男	汽车学院	上海理工大学	车辆工程
贺俊杰	男	汽车学院	上海理工大学	车辆工程
高孟雪	女	汽车学院	上海理工大学	机械工程
黄星星	男	汽车学院	上海理工大学	车辆工程
陈伟峰	男	汽车学院	上海工程技术大学	车辆工程
韦　健	男	汽车学院	上海理工大学	车辆工程
陈艳虹	女	环境学院	南京理工大学	应用化学
陈希超	男	环境学院	常州大学	环境工程
殷　波	男	环境学院	江南大学	环境科学与工程
马　杰	男	环境学院	南京师范大学	环境地理
陆祎韵	女	环境学院	苏州科技学院	环境科学与工程
彭　云	女	环境学院	南京师范大学	环境科学
张　雯	女	环境学院	常州大学	环境工程
顾林霞	女	博雅学院	江苏大学	工程力学
王　群	男	博雅学院	扬州大学	建筑与土木工程(专硕)
刘　行	女	博雅学院	扬州大学	美术学
胡　敏	女	博雅学院	南京理工大学	工业设计
王　露	女	博雅学院	河海大学	软件工程(专硕)
黄　凯	男	博雅学院	浙江工商大学	物流工程
沙晓梅	女	博雅学院	上海师范大学	电子与信息工程
王　飞	男	博雅学院	安徽理工大学	机械工程(专硕)
徐　潞	男	博雅学院	南京理工大学	机械工程
刘阳耀	男	博雅学院	佳木斯大学	机械工程
戴毅斌	男	博雅学院	江苏科技大学	机械工程(专硕)
武晨光	男	博雅学院	安徽理工大学	机械工程
冒岳飞	男	博雅学院	集美大学	农业化机械
薛风伟	男	博雅学院	扬州大学	翻译硕士

续表

姓名	性别	所在学院	考研情况	
			学校名称	考取专业
邱　超	男	博雅学院	河海大学	水文与水资源
陈晓龙	男	博雅学院	常州大学	机械电子工程
范文韬	男	博雅学院	常州大学	凝聚态物理
余振鹏	男	博雅学院	河海大学	桥梁隧道

后记

榜样的力量是无穷的,榜样就在我们身边。连续编撰出版 8 年的《难忘的考研岁月》(原名《光荣与梦想》)丛书记录了莘莘学子勤耕不辍的奋斗历程,汇聚了考研学子拼搏进取的榜样力量。她们陪伴着考研学子度过漫天飞雪的严冬,迎来春华秋实的季节。考研学子们饱含深情地说,是《难忘的考研岁月》给了他们正确的航向、坚强的意志、前行的力量和心灵的慰藉。

一届又一届的盐工学子秉承“笃学格致、厚德重行”的校训,弘扬新四军“铁军精神”,奋发图强,学有所成。其中,有许多有志青年考取了国内外重点高校硕士研究生,他们凤凰涅槃、玉汝于成,用行动演绎了现代版的“囊萤映雪”、“铁杵成针”的故事,诠释了“英雄莫问出路”、“付出终有回报”的哲理。

非淡泊无以明志,非宁静无以致远。决心考研,需要抵挡很多诱惑:恋爱的花前月下,网络的精彩无限,旅游的逍遥自在……决心考研,还需要面对很多两难选择:就业还是考研?女友(男友)还是考研?享受还是吃苦?……克服这些诱惑和两难选择,唯有宁静以致远。宁静是一种无形的力量,也是一次生命的升华,是一次精神上的飞跃,也是一架通往人生最高境界的天梯。被称为印度独立之父的圣雄·甘地,尽管其一生的大部分时间都在牢狱中度过,但由于他内心的宁静和恬淡,始终能够处变不惊,最终以“非暴力不合作运动”的争取民族独立解放的方式赢得了印度的独立;在甘地之后,无论是打破南非种族制度的曼德拉,还是争取美国黑人民权的马丁·路德·金,无论是推翻韩国独裁统治的金大中,还是努力争取缅甸人民福祉的昂山素姬,他们都坚贞不渝地持守着“宁静致远”的人生信条。

毋庸讳言,“宁静以致远”并非具有雄才韬略的政治家独具的品质,考研是小事,考研却能成就大品质。不管风吹浪打,不管车马喧哗,闲庭信步、采菊东篱、心远地僻。在考研的旅程中,心灵的宁静会在狂风暴雨的激烈气氛中给我们留得一份清醒和自在;在天寒地冻的子夜里,温暖我们那冰冷的手心;在酷暑炎夏的烈日中,为我们撑起一把遮阳伞。宁静的心灵是我们精神上的至高财富,只有心灵宁静的人,才是真正的勇者。

亲爱的朋友,当你以宁静的心境读完这本书时,你是否在该书引导下坚定了奋斗方向、明确了考研目标、掌握了学习方法、汲取了前行力量?亲爱的朋友,当你掩卷深思时,你是否心潮澎湃、信心倍增、跃跃欲试?亲爱的朋友,心动不如行动!我们相信,明年的今天,你将成为《难忘的考研岁月》里新的主人公!

最后,向在本书的出版过程中给予宝贵指导的盐城工学院党委书记、博士生导师姚冠新教授,校长、博士生导师王保林教授表示诚挚的谢意!向大力关心支持考研工作的全体校领导,向为本书的出版付出了辛勤劳动的各二级学院和有关部门负责人,向全体学生工作战线的同仁,向苏州大学出版社的全体同仁,表示由衷的感谢!

编 者

2013 年 9 月 30 日